南水北调中线工程文物保护项目
河南省考古发掘报告
第22号

许昌考古报告集（一）
（襄城前顿与许昌十王墓地）

河南省文物局　编　著

科学出版社
北京

内 容 简 介

　　本书是南水北调中线工程河南段文物保护项目——襄城前顿墓地和许昌十王墓地的考古发掘报告集。全书分为上、下两编，上编为襄城前顿墓地，共发表51座墓葬，时代包括战国、东汉、唐、宋以及明清时期；下编为许昌十王墓地，共发表灰坑7个、灰沟1条以及墓葬34座，时代包括新石器时代、两汉及宋代。为研究许昌地区新石器时代文化、战国、两汉以及唐宋明清时期文化面貌提供了较为丰富的考古学材料。

　　本书可供从事文物考古、历史学及相关学科的研究者和大专院校相关专业师生阅读、参考。

图书在版编目(CIP)数据

　　许昌考古报告集. 一，襄城前顿与许昌十王墓地 / 河南省文物局编著. —北京：科学出版社，2016.4
　　（南水北调中线工程文物保护项目河南省考古发掘报告. 第22号）
　　ISBN 978-7-03-048077-4

　　Ⅰ. ①许… 　Ⅱ. ①河… 　Ⅲ. ①墓葬（考古）–发掘报告–许昌市 　Ⅳ. ①K872.613

　　中国版本图书馆CIP数据核字（2016）第084368号

责任编辑：张亚娜 李　茜 / 责任校对：邹慧卿

责任印制：肖　兴 / 封面设计：陈　敬

科 学 出 版 社 出版
北京东黄城根北街 16 号
邮政编码：100717
http://www.sciencep.com

中国科学院印刷厂 印刷

科学出版社发行　各地新华书店经销

*

2016年4月第 一 版　　开本：889×1194　1/16
2016年4月第一次印刷　　印张：13 3/4　插页：38
字数：396 000

定价：218.00元

（如有印装质量问题，我社负责调换）

Reports on the Cultural Relics Conservation
in the South-to-North Water Diversion Project
Henan Vol.22

Archaeological Reports of Xuchang (1)
(Qiandun Cemetery in Xiangcheng and
Shiwang Cemetery in Xuchang)

Administration of Cultural Heritage of Henan Province

Science Press
Beijing

南水北调中线工程文物保护项目

河南省考古发掘报告编辑委员会

南水北调中线工程文物保护项目

河南省考古发掘报告第22号

许昌考古报告集（一）
（襄城前顿与许昌十王墓地）

主　编

毛德新　　姚军英

副主编

赵广杰

报告执笔

姚军英　　陈文利　　文春峰

项目承担单位

河南省文物考古研究院
许昌市文物考古研究管理所

前　言

　　作为举世瞩目的特大型水利建设项目，南水北调中线工程的文物保护工作在河南是史无前例的。无论是工程涉及区域之广大，还是文物点分布的密集程度和价值之高，在河南的考古史上都是前所未有的。因此，当黄河小浪底水利枢纽工程和长江三峡库区的文物保护工作结束后不久，随着南水北调中线工程设计规划和施工的渐次展开，世人的目光便开始聚焦古老的中原大地。如何在配合特大型工程建设的同时，使中原大地珍贵的文化遗产得到有效保护，成为河南文物部门的重要任务。

　　南水北调中线工程包括水源地和总干渠两个主要项目。水源地丹江口水库地跨河南、湖北两省，总淹没面积达370平方公里，其中河南省境内占170平方公里，约占总面积的46%。总干渠起自河南省淅川县的陶岔，流经河南、河北、北京、天津等省市，全长1276公里，其中河南境内达731公里，约占总长度的58%。从南阳盆地沿太行山东麓北行，流经南阳、平顶山、许昌、郑州、焦作、新乡、鹤壁、安阳8个省辖市32个县（市、区），南水北调中线工程纵贯了古代中原的核心区域。在淹没区和总干渠沿线及其附近分布的文物点，既有旧石器时代的化石地点和古人类遗迹，也有新石器时代的大型聚落，更有数量众多、内涵丰富的反映不同文化风格及其交融过程的历史时期的城址、墓葬群、古代建筑和石刻艺术等。可以说，纵贯河南南北的总干渠，在中原大地形成了一条极为难得的融汇各个文化发展时期和各种文化因素的古代文化廊道。

　　南水北调中线工程河南段的文物保护工作，有以下几个显著特点：

　　一是全国文物考古队伍积极参与。1994～2005年，河南省组织协调省内外有关文物考古、科研和工程设计单位，对南水北调中线工程丹江口河南淹没区和总干渠沿线进行文物调查、复核和确认工作。经国家有关部门复核确认，南水北调中线工程共涉及河南境内文物点330处。2005年，南水北调中线工程河南段文物保护抢救工作正式启动。河南省文物考古研究所和中国社会科学院考古研究所、武汉大学历史系、陕西省考古研究院等来自全国各地的50余家文物考古单位，先后参加南水北调中线工程河南段的文物保护抢救工作。河南省文物局积极组织协调，在工作中强化大局意识、质量意识、安全意识和服务意识，组织专家现场指导，安排部署市县文物部门进行巡视，为考古发掘单位提供优良的工作环境，确保工程建设和文物保护工程顺利进行。

　　二是保护抢救了一大批珍贵文物。南水北调文物保护不仅工程浩大，而且总干渠绝大部分是开挖明渠，更容易造成文物的破坏和损害。我们组织考古队伍提前介入，对将要开工渠段的已知文物点进行抢救发掘，有效地保护了文物。其中不乏历史价值、科学价值、艺术价值颇高的珍贵文物。如徐家岭墓地清理的一座战国早期楚国贵族墓葬，出土的一件小口鼎上铸有多达49字的清晰铭文，铭文上有岁星纪年和墓主人身份等，对于研究墓葬年代及墓主人身份提供了重要资料；鹤壁关庄墓地发现的清代西安府守备之墓，出土了一批金质头饰，造型优美，制作精细，特别是一件印有喜鹊登梅图案的金冠，工艺精良，有极高的艺术价值；博爱聂村墓地出土的4件唐代三彩钵，做工精湛，造型精美，是唐三彩器物中不可多得的精品。

三是考古发现具有重要的科学研究价值。如鹤壁刘庄遗址在全国首次发现分布密集、排列规律的大面积先商文化墓地，填补了先商文化发掘和研究工作的一项空白，是该研究领域的重大学术突破；安阳固岸墓地在我国第一次发现了以二十四孝为题材的东魏时期围屏石榻，首次发现了明确纪年的东魏墓葬，出土了大批北齐时期陶俑、瓷器和多方北齐、东魏墓志等重要文物，是研究豫北地区北朝时期的丧葬习俗和陶塑艺术，白瓷、黑瓷的起源和制作工艺，以及北齐和东魏时期的书法艺术的宝贵资料；卫辉大司马墓地唐代乞扶令和夫妇合葬墓的发掘，为研究我国隋唐时期的官吏体制、书法艺术和社会的繁盛提供了新证据；温县徐堡发现了龙山、西周、春秋、战国、汉、宋、明和清时期连续叠压的古城址，是目前黄河流域所发现的龙山文化城址中保存较好、规模较大的一座城址，填补了豫西北龙山城址发现的空白；荥阳薛村遗址为二里头文化晚期到早商文化时期的大型遗址，该遗址的发掘保护工作，对于研究薛村遗址聚落的结构、内部功能区的划分及其特点，探讨夏、商文化的演变的态势和更替有重要的学术意义和科学研究价值；荥阳关帝庙遗址发现了保存完整的商代晚期小型聚落，聚落功能齐全，分居住区、制陶区、祭祀区、墓葬区四部分，在我国商代考古发掘中尚属首次；新郑唐户遗址发现了大面积裴李岗文化时期的居住基址，房址形制结构特点和排水系统的使用，反映了裴李岗文化时期较为先进的建筑理念。

四是考古发掘与课题研究有机结合。在发掘过程中，不仅注重各类文物的抢救保护，而且采用现代科技手段，最大可能地采集各类标本。特别是对于出土的人骨、兽骨进行了性别、年龄、病理以及DNA等方面的鉴定；按照国家地理信息标准，对每处文物点都测量绘制了要素齐全的总平面图，为今后文物普查和保护奠定了基础。如武汉大学历史系对辉县大官庄墓地的一座9个墓室的大型汉墓，进行了发掘现场三维重建和近景摄影测绘技术的全面测绘，通过数字测绘技术、计算机虚拟现实技术，建立了三维的考古对象模型；山东大学在博爱西金城遗址发掘中，设立了主要涉及古地貌、动物、植物、石器、陶器以及遗址资源域十余个子课题的环境考古课题，是开展多学科综合研究的一次重大尝试。

河南省南水北调工程文物保护工作走过了艰辛而光荣的历程。我们积极探索大型项目建设中文物保护抢救工作的新路子，更新管理理念，创新管理机制，培育专业队伍，提升研究层次，取得了非凡的荣誉。安阳固岸墓地、鹤壁刘庄遗址、荥阳娘娘寨遗址、荥阳关帝庙遗址、新郑唐户遗址、新郑胡庄墓地6个项目先后被评为"全国十大考古新发现"。鹤壁刘庄遗址、荥阳娘娘寨遗址、荥阳关帝庙遗址、新郑唐户遗址、新郑胡庄墓地、淅川沟湾遗址6个项目荣获"全国田野考古质量奖"。国家文物局授予河南省文物局南水北调文物保护办公室"全国文化遗产保护工作先进集体"荣誉称号。

河南省南水北调中线工程文物保护工作一直受到各级领导的关心和社会各界的支持。全国政协张思卿副主席曾率团视察河南省南水北调工程文物保护工作。国务院南水北调办公室和国家文物局各位领导多次亲临一线检查指导，帮助排忧解难。河南省委、省政府多次召开会议，研究解决文物抢救保护工程中的重大问题。南水北调中线干线工程建设管理局、南水北调中线水源有限责任公司、河南省南水北调中线干线工程领导小组办公室、河南省人民政府移民工作领导小组办公室对南水北调文物保护工作也给予了大力支持和帮助。国家诸多考古学家多次深入到文物保护抢救现场，对重大学术问题和考古发掘质量给予帮助指导。社会各界特别是新闻媒体给予了极大关注和广泛宣传。

为了更好地利用考古资料开展学术研究，充分展示河南省南水北调中线工程文物保护项目考古发掘的巨大成果，河南省文物局积极组织考古发掘单位及时对考古发掘资料进行整理和研究，编辑出版考古发掘报告，以期进一步推动文物保护和考古学研究工作。

河南省文物局

2010年5月

目　录

上编　襄城前顿墓地

下编　许昌十王墓地

插 图 目 录

上编　襄城前顿墓地

下编　许昌十王墓地

彩 版 目 录

图 版 目 录

上　编

襄城前顿墓地

第一章 概　　述

第一节　墓地位置与自然环境

前顿墓地位于河南省襄城县王洛乡前顿村，地理坐标：东经113°26′，北纬 33°57′，海拔83~94米。东北距许昌市约37千米，墓地西面为前顿村和后顿村，南面为田庄（图1-1；彩版一）。墓地所在位置为一处高岗，二十世纪五六十年代曾被平整，现存地势自北向南呈台阶状（图1-2）。地表大部分为基本农田，常年植被有小麦、玉米、红薯等基本农作物。

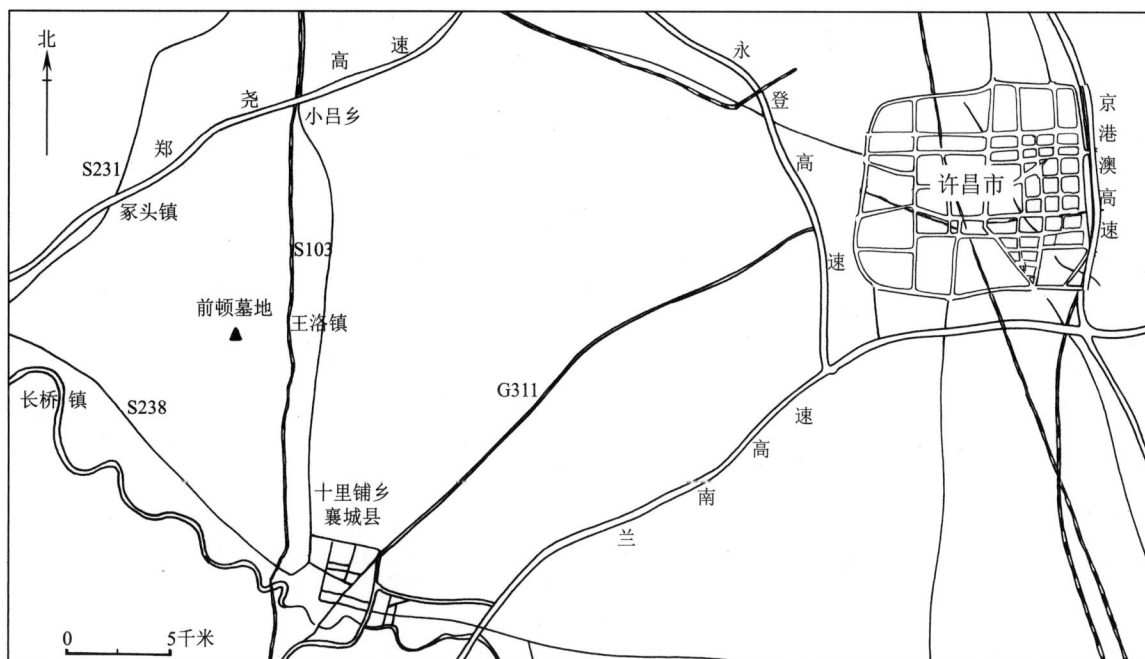

图1-1　前顿墓地位置示意图

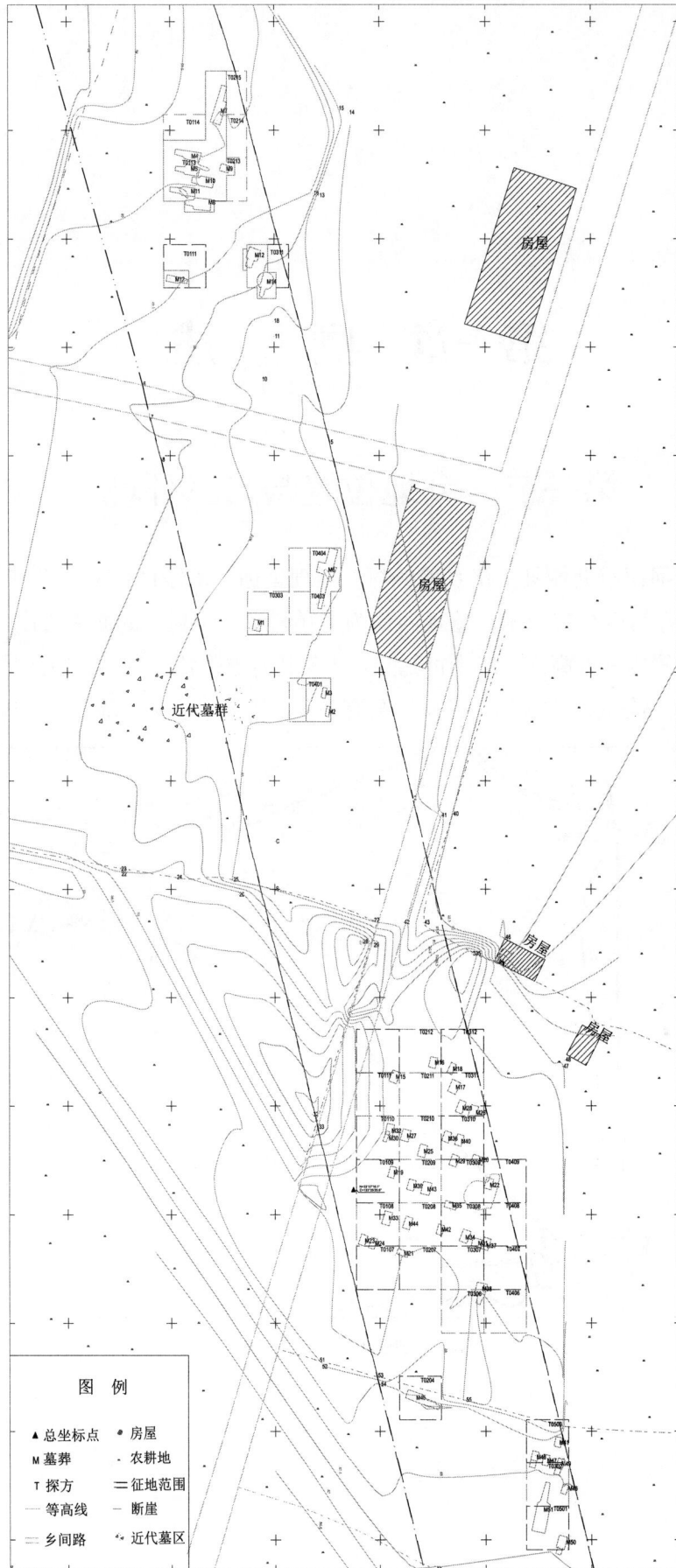

图1-2　前顿墓地地理环境示意图

襄城县位于中原腹地，地处伏牛山脉东段，黄淮平原西缘，为许昌市属县，面积920平方千米，县境西南部为连绵起伏的浅山区，以马棚山为最高，海拔462.7米；北部为丘陵地带，海拔90~128米；中东部为平原，海拔80~90米；东部低洼，海拔64米。全县地势西高东低，坡降为1：1600。

襄城县属淮河流域，境内有大小河流16条，遍及全县16个乡（镇），多为西北—东南流向，总长299.5千米，包括北汝河、颍河、马黄河、苇子河、新范河、高阳河、上纲河、柳叶江、南北涅河、马拉河、运粮河、柳河、湛河、小泥河、文化河。其南部为沙汝河水系，东部属颍河水系。

第二节　发掘经过

为配合南水北调受水区配套供水工程15号口门襄城段的施工建设，受河南省文物局南水北调文物保护办公室委托，许昌市文物考古研究管理所（原许昌市文物工作队）于2012年底组织人员对前顿墓地进行考古勘探，勘探面积30000平方米，发现古墓葬51座。根据勘探结果和墓葬分布状况及地形将墓地分为两个区域。Ⅰ区位于杨楼至田庄水泥路路西的岗地最高处，呈东南—西北向，共有墓葬14座；Ⅱ区位于水泥路东，由高到低依次分布于1级和2级台地上，共有37座墓葬（图1-3；彩版二）。该墓地发掘总基点设在杨楼至田庄水泥路路边的网通167号水泥线杆处。虚拟坐标点：Ⅰ区设在总基点北偏西24°44′，两者直线距离117.34米；Ⅱ区设在总基点南偏东1°，两者直线距离82.92米；均位于布方区西南角，从虚拟坐标点依次向东、北统一布方编号。

许昌市文物考古研究管理所（原许昌市文物工作队）于2013年1月8日开始对前顿墓地进行抢救性考古发掘，至2013年3月12日结束，历时两个月，野外工作全部结束之后，随即开始转入室内资料整理阶段（彩版三）。

第三节　地层堆积

由于墓地范围内土地经过平整，地层堆积比较简单。地层堆积大体情况如下：

第①层：厚0.15~0.3米，土色灰褐，土质较软，结构疏松。包含有大量植物根系及少量塑料制品等当代垃圾。该层全方分布。

第②层：厚0~0.5米，土色黄，带有灰斑，土质较硬，结构较致密。包含有料礓石颗粒、碎砖块和陶瓷片等。由于平整土地，其中个别探方内②层局部分布。

②层以下为浅黄色黏土，土质较硬，结构致密，包含有料礓石颗粒和红色黏土颗粒，为自然生土。

第二章　战国时期墓葬

战国时期墓葬共发现32座，即M15、M16、M17、M18、M19、M20、M21、M22、M23、M24、M25、M26、M27、M28、M29、M32、M33、M34、M35、M36、M37、M39、M40、M41、M42、M43、M44、M46、M47、M48、M49、M50。现按墓号顺序叙述如下。

一、M15

1. 墓葬概况

位于2013XWQIIT0111东北部并延伸至ⅡT0112。开口于②层下，打破生土，口部距地表0.6米，方向20°（图1-4；图版一，1）。

墓葬形制：该墓为长方形竖穴土坑墓，口部平面形状呈长方形，直壁，平底。长2.7、宽2.12、深3.2米。墓底四周均设有生土二层台，不甚规整，宽0.18~0.37、高0.4~0.8米。

填土：为含有料姜颗粒的褐色杂土，土质较硬。

葬具：二层台四壁残存木椁朽痕，由于呈局部分布，具体尺寸不详。

葬式、性别及年龄：墓底残存人骨一具，腐朽严重，可辨葬式为仰身直肢，头向北，足向南，面向上，年龄性别均不详。

2. 随葬品

墓室底部东壁清理出随葬陶器一组，由于烧制火候较低，残破严重，可辨器型的有壶、敦、豆、鼎、匜、壶盖各2件，部分已无法提取。均为泥质褐胎黑皮陶。

豆　2件。均残，敞口，圆唇，折腹，浅盘，细柄中空，喇叭形柄座，器表隐约可见有彩绘纹饰，大部分已脱落。M15：1，口径14.8、底径10.8、高17.3厘米（图1-5，9；图版一二，5）；M15：2，口径14.8、底径10.6、高15.2厘米（图1-5，8；图版一二，6）。

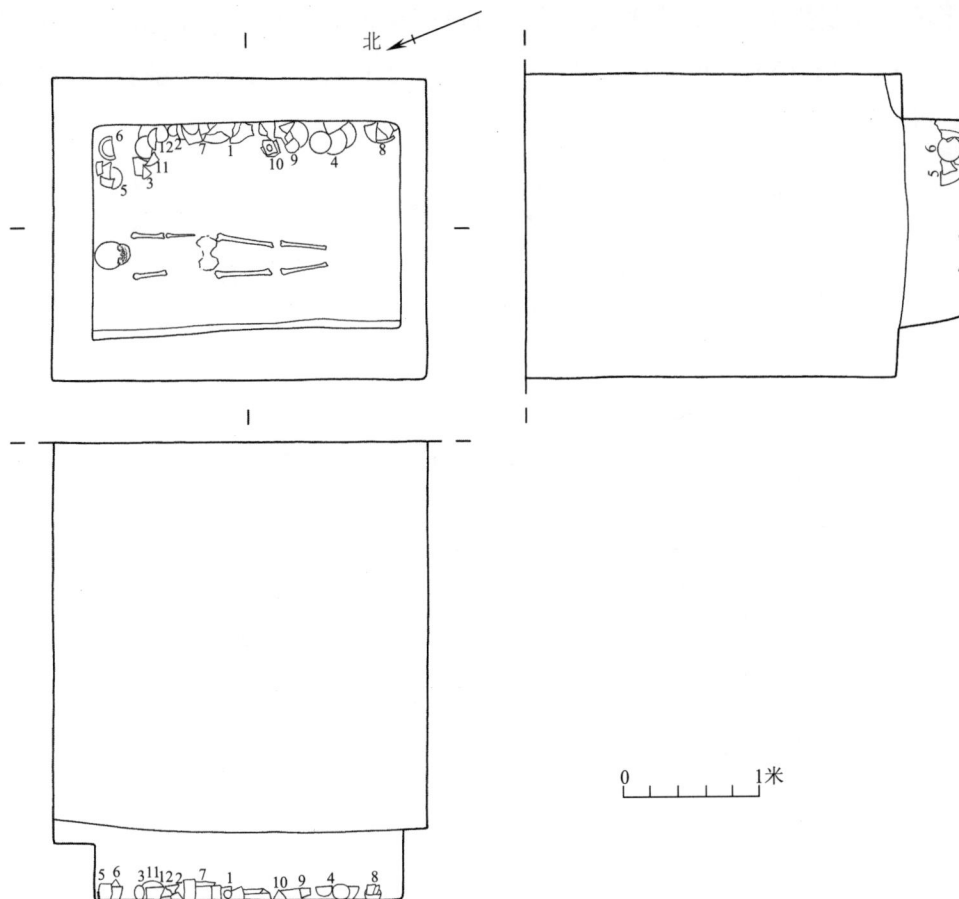

图1-4 M15平、剖面图
1、2.陶豆 3、4.陶壶 5、6.陶敦 7、8.陶匜 9、10.壶盖 11、12.陶器（不辨器型）

敦 2件。均残，盖、身形制相同，均为敞口，斜沿，尖唇。器身略高于盖，扣合后近椭圆形，盖钮和器足均作"S"状。盖及器身均饰有凹弦纹，器表饰有彩衣，大部分已脱落。M15：5，盖及器身均饰三周凹弦纹。口径16.8、通高22.1厘米（图1-5，7；图版一三，3）；M15：6，残存器身，底部下垂较甚，器身有四周凹弦纹，口部饰有红彩，部分已脱落。口径16、残高12.4厘米（图1-5，10；图版一三，4）。

匜 2件。近圆形，敞口，尖圆唇，折腹，平底，有饼状皿座，不甚规整，口沿两侧分别有短流和内凹指窝形匜鋬。器身饰彩衣，大部分已脱落。M15：7，口沿内侧有明显刮痕。口径9.4、底径4.4、高3.2厘米（图1-5，2；图版一三，5）；M15：8，流残。口径10、底径7.2、高2.8厘米（图1-5，1；图版一三，6）。

壶圈足 2件。器身已残，仅存圈足。壶底为凹圜底，高圈足外侈，束腰。近底部饰一周凹弦纹。M15：3，底径15.4、残高10.5厘米（图1-5，3；图版一三，1）；M15：4，底径

16.8、残高8.2厘米（图1-5，4；图版一三，2）。

壶盖　2件。均残，子口较深，盖顶平整，近中部饰两周凹弦纹，弦纹外围等距离装有三个"S"形纽，盖顶及纽均饰白色彩衣，大部分已脱落。M15：9，盖径10.3、口径5.4、残高11.1厘米（图1-5，6；图版一四，1）；M15：10，盖径10.4、口径4.5、残高11.8厘米（图1-5，5；图版一四，2）。

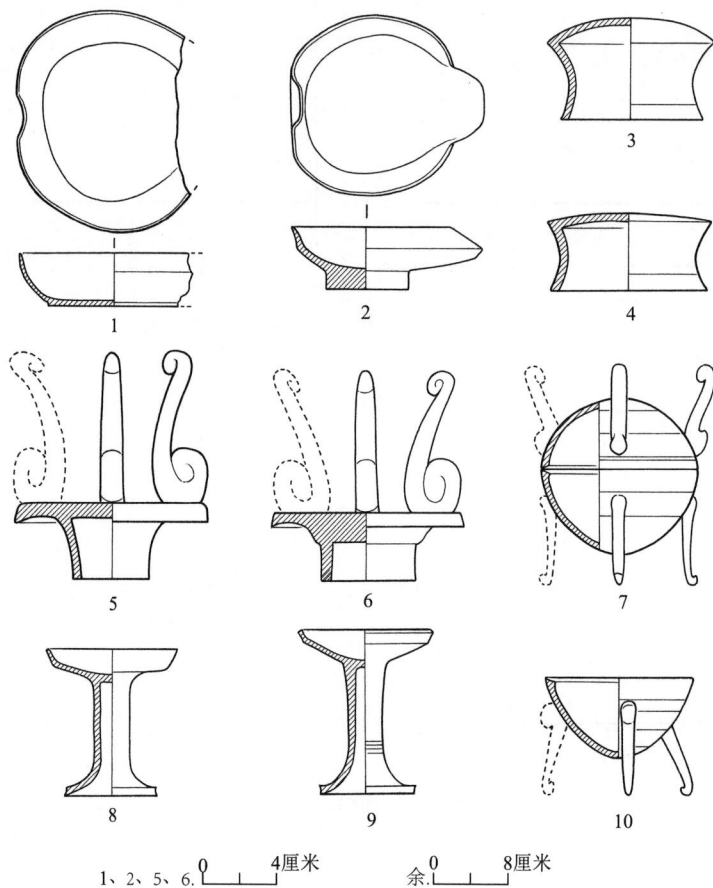

图1-5　M15出土器物

1、2.陶匜（M15：8、7）　　3、4.陶壶圈足（M15：3、4）　　5、6.陶壶盖（M15：10、9）
7、10.陶敦（M15：5、6）　　8、9.陶豆（M15：2、1）

二、M16

1. 墓葬概况

位于2013XWQIIT0212东南部。开口于②层下，打破生土，口部距地表0.5米，方向10°（图1-6；图版一，2）。

墓葬形制：该墓为长方形竖穴土坑墓，口部平面形状呈长方形，直壁，平底，四壁规整。

长2.2、宽1.6、深3.7米。墓底西、北两壁有活土二层台，宽0.3~0.4、高0.2米。

填土：为含有料姜颗粒的褐色杂土，土质较硬。

葬具：不详。

葬式、性别及年龄：墓底残存人骨一具，腐朽严重，可辨葬式为仰身直肢，性别年龄等不详。

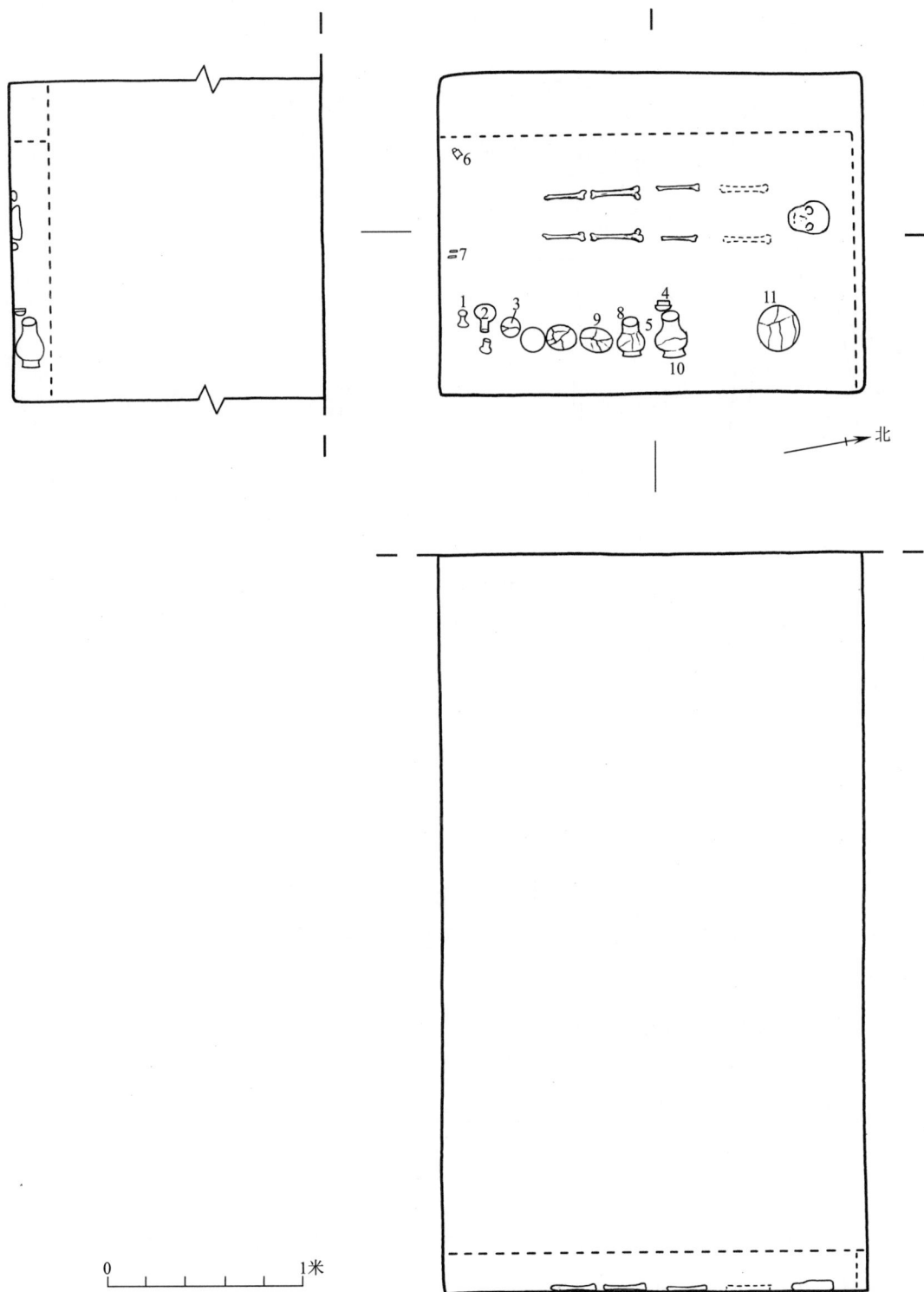

图1-6　M16平、剖面图

1、2.陶豆　3、9.陶敦　4、5.壶盖　6.铜铃（4件）　7.铜璜（2件）　8、10.陶壶　11.陶鼎

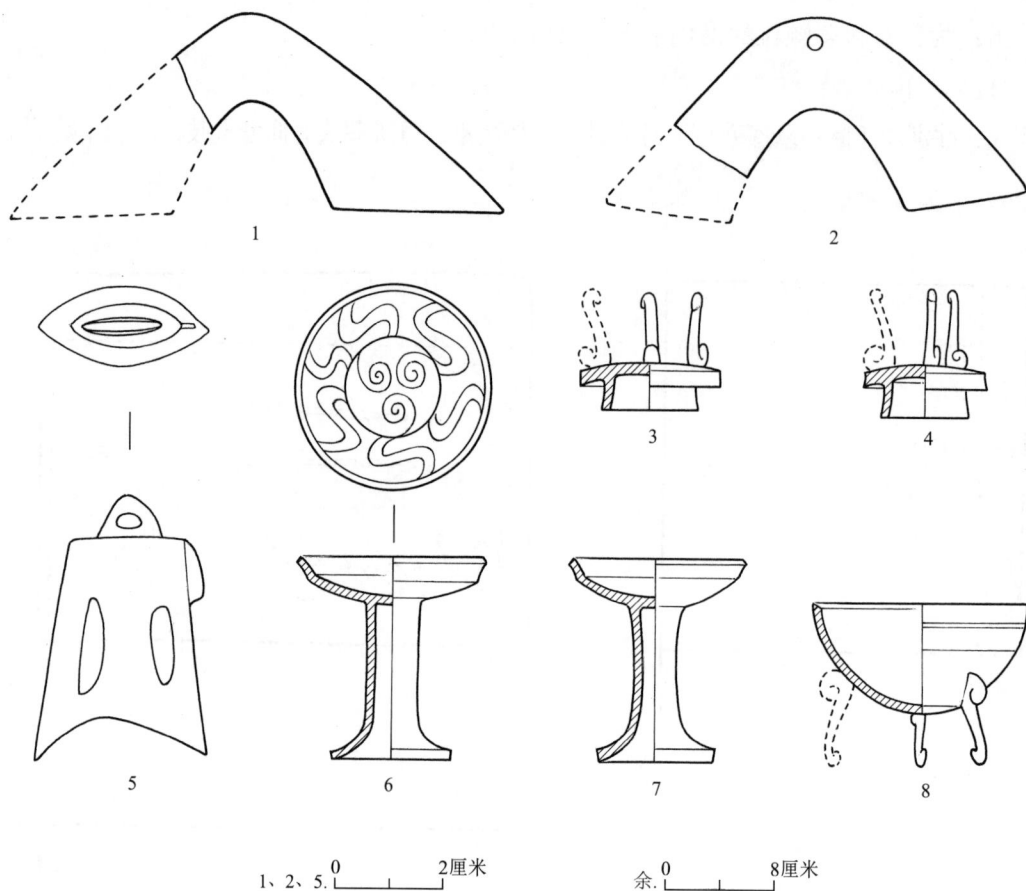

图1-7　M16出土器物

1、2.铜璜（M16：7-2、1）　3、4.陶壶盖（M16：4、5）　5.铜铃（M16：6-1）
6、7.陶豆（M16：2、1）　8.陶敦（M16：3）

2. 随葬品

墓底东壁发现随葬陶器一组，由于烧制火候较低，残碎严重，部分已无法提取。可辨器型有壶、敦、豆、壶盖各2件、鼎1件；另外，人骨附近还清理出铜铃1件、铜璜2件。

（1）陶器

可提取复原陶器5件。均为泥质灰陶。

敦　1件。M16：3，残存器身，近半球形。敞口，斜沿，尖唇。器身略高于盖，扣合后近椭圆形，盖纽和器足均作"S"状。外口沿饰红彩，腹及底饰三周凹弦纹。口径16、高11.6厘米（图1-7，8；图版一四，5）。

豆　2件。敞口，圆唇，折腹，浅盘，细柄中空，喇叭形柄座。豆盘内饰二周凹弦纹，另饰有黄彩，并由红彩勾画卷云纹，部分已脱落。M16：1，口径12.4、底径8.4、高14.6厘米（图1-7，7；图版一四，3）；M16：2，口径13、底径9、高14.5厘米（图1-7，6；图版一四，4）。

壶盖　2件。子口较深，弧顶，近中部饰一周凹弦纹，弦纹四周等距离饰三个"S"形纽，盖顶及纽饰红、白彩，大部分已脱落。M16：4，盖径10.6、口径7、高8.4厘米（图1-7，3；图版一四，6）；M16：5，盖径10、口径6、高8.8厘米（图1-7，4；图版一五，1）。

（2）铜器

5件。均为青铜材质。

铃　4件（图版一五，2）。M16：6-1，合瓦形，整体窄高，环纽，器身镂空，下缘凹弧较浅，尖脚，无铃舌。最宽3.1、最厚1.4、高4.8厘米（图1-7，5）。

璜　2件（图版一五，3）。桥形，单面有外郭，或拱顶内缘有一圆孔，两端齐平，素面。M16：7-1（图1-7，2），拱顶内缘有一孔，两端斜直，宽7.8、高3.7厘米；M16：7-2，宽9.3、高3.5厘米（图1-7，1）。

三、M17

1. 墓葬概况

位于2013XWQIIT0311西北部，开口于②层下，打破生土，口部距地表0.5米，方向20°（图1-8；图版一，3）。

墓葬形制：该墓为长方形竖穴土坑墓，口部平面形状呈长方形，直壁，平底，四壁规整。长2.9、宽1.72、深2.4米。

填土：为含有料姜颗粒的褐色杂土，土质较硬。

葬具：不详。

葬式、性别及年龄：墓底中部发现人骨一具，腐朽严重，葬式为仰身直肢，头向北，足向南，面向上。

2. 随葬品

墓主头骨北部清理出随葬陶器一组，由于烧制火候较低，残破严重，经过清理，可辨器型有壶、敦各1件，壶已无法提取。

敦　1件。M17：1，残存器身，泥质灰陶。近半球形，直口微敞，斜沿，尖圆唇，弧腹，近球形底及腹之间等距装有三个"S"形足；外口沿有断续刮痕，腹及底饰三周凹弦纹。口径16、高10.5厘米（图1-9；图版一五，4）。

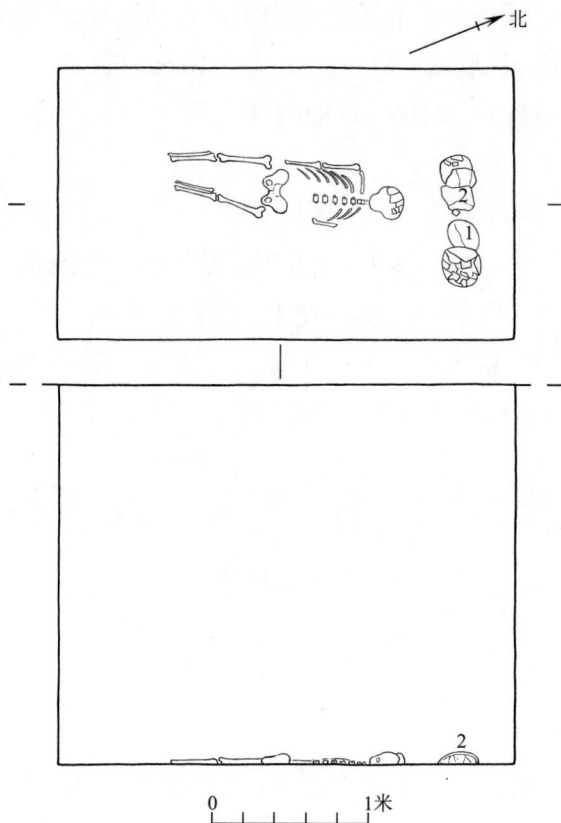

图1-8　M17平、剖面图
1.陶敦　2.陶壶

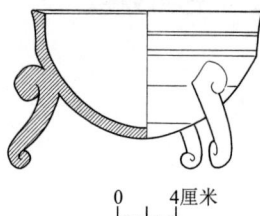

图1-9　M17出土陶敦（M17：1）

四、M18

1. 墓葬概况

位于2013XWQIIT0312西南部并延伸至IIT0311。开口于②层下，打破生土，口部距地表0.5米，方向20°（图1-10）。

墓葬形制：该墓为长方形竖穴土坑墓，口部平面形状呈长方形，直壁，平底。长2.6、宽1.26、深1.2米。

填土：为含黏土颗粒及料礓石颗粒的褐色杂土，土质稍硬。

葬具：不详。

葬式、性别及年龄：墓底残存人骨朽痕，性别、年龄等均不详。

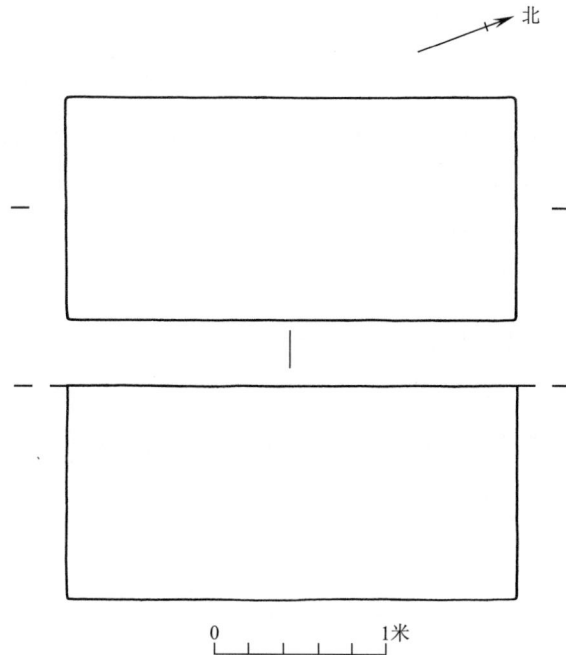

图1-10　M18平、剖面图

2. 随葬品

在墓室北部距口部0.5米处的填土中清理出泥质灰陶壶1件。

壶　1件。M18：1，泥质灰陶，侈口，方唇，长颈微束，溜肩，鼓腹，下腹弧收至底，平底微凹。肩及腹部饰四周凸棱。口径11.2、腹部最大径21.5、底径10、高26厘米（图1-11；图版一五，5）。

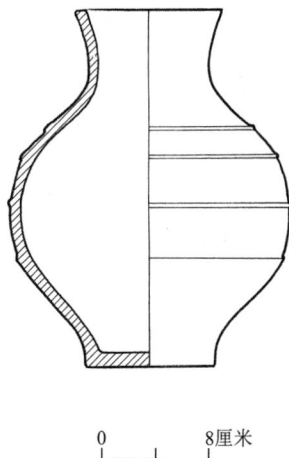

图1-11　M18出土陶壶（M18：1）

五、M19

1. 墓葬概况

位于2013XWQIIT0109东北部。开口于②层下，打破生土，口部距地表0.6米，方向195°（图1-12；图版一，4）。

墓葬形制：该墓为长方形竖穴土坑墓，口部平面形状呈长方形，直壁，平底。长2.42、宽1.44、深1.74米。

填土：为含黏土颗粒及料姜石颗粒的褐色杂土，土质稍硬。

葬具：不详。

葬式、性别及年龄：墓底发现人骨一具，腐朽严重，葬式为仰身直肢，头向南，足向北，面向上，性别、年龄不详。

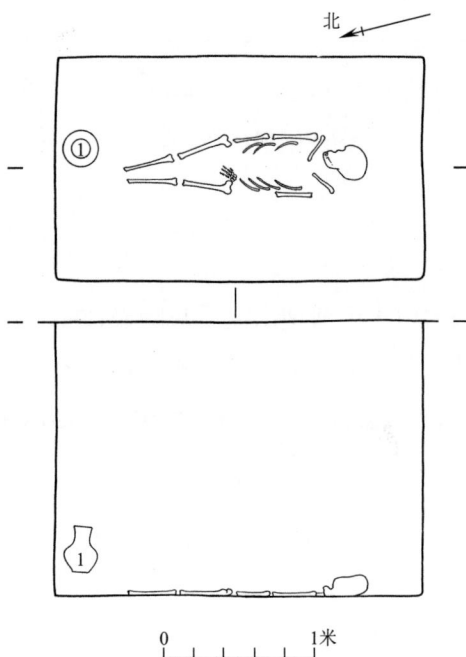

图1-12　M19平、剖面图
1. 陶壶

2. 随葬品

靠北壁中间位置清理出陶壶1件。

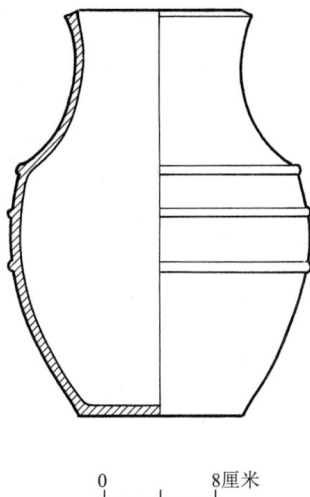

图1-13　M19出土陶壶（M19：1）

　　壶　1件。M19：1，泥质灰陶，侈口，方唇，长颈微束，溜肩，鼓腹，下腹斜收至底；肩及腹饰三道凸棱。口径11.8、腹径22、底径11、高28厘米（图1-13；图版一五，6）。

六、M20

1. 墓葬概况

　　位于2013XWQIIT0310东南部，并延伸至IIT0309。开口于②层下，打破生土，口部距地表0.6米，方向105°（图1-14）。

　　墓葬形制：该墓为长方形竖穴土坑墓，口部平面形状呈长方形，直壁，平底。长2.8、宽1.5、深2.04米。

　　填土：为含黏土颗粒及料姜石颗粒的褐色杂土，土质稍硬。

　　葬具：不详。

　　葬式、性别及年龄：墓底残存人骨一具，葬式为仰身屈肢，头向东，足向西，面向、性别、年龄等均不详。

2. 随葬品

　　在人骨北部靠东壁偏北清理出随葬陶器一组，由于烧制火候较低，残碎严重，部分已不辨器型，可辨器型有壶、豆各2件，鼎、匜各1件，部分已无法提取。可提取器物共5件，其中陶壶仅可提取壶盖。均为泥质灰陶，部分烧制火候低，部分陶质呈暗红色。

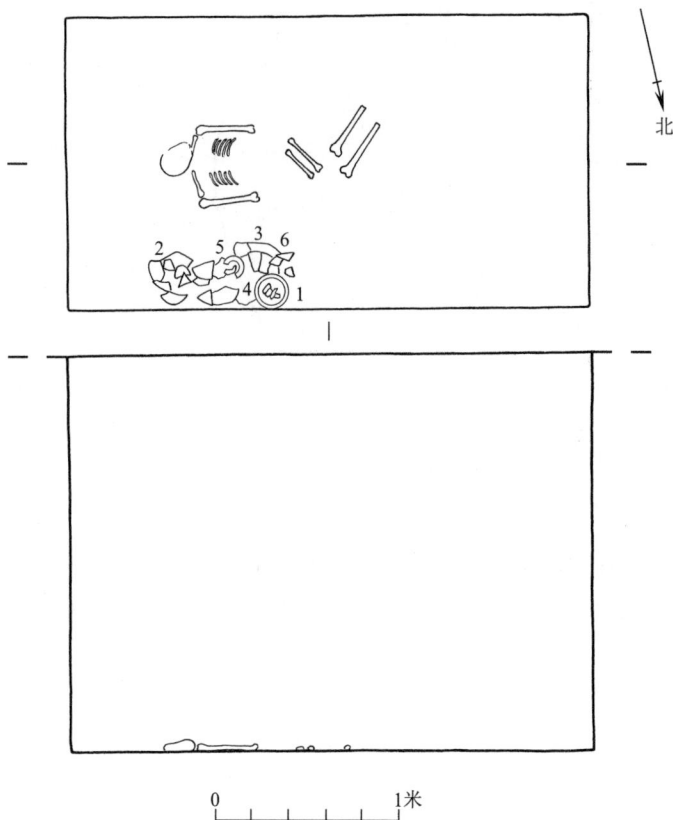

图1-14　M20平、剖面图
1.陶匜　2、3.陶豆　4、5.陶壶　6.陶鼎

　　匜　1件。M20：1，器物制作粗劣，不甚规整。口部形状略近三角形，敛口，斜方唇，弧腹，饼状足，口沿两侧分别有流和内凹指窝形鋬，流较宽。器身内外饰白衣，大部分已脱落。口径8.8、底径5.6、高4.4厘米（图1-15，1；图版一六，1）。

　　豆　2件。泥质灰陶，直口，斜方唇，折腹，浅盘，细柄中空，喇叭形柄座。豆盘内饰两周凹弦纹，并饰彩衣，勾画卷云纹，大部分已脱落。M20：2，口径13.2、底径8.6、高15.8厘米（图1-15，3；图版一六，2）；M20：3，口径13.2、底径8、高15.2厘米（图1-15，2；图版一六，3）。

　　壶盖　2件。烧制火候低，陶质呈暗红色。弧顶，子口较深，近中部饰一周凹弦纹，弦纹外等距离装有三个"S"形纽，均残。M20：4，盖径11.5、口径6.2、高4.2厘米（图1-15，4；图版一六，4）；M20：5，盖径10、口径6.8、残高4.2厘米（图1-15，5；图版一六，5）。

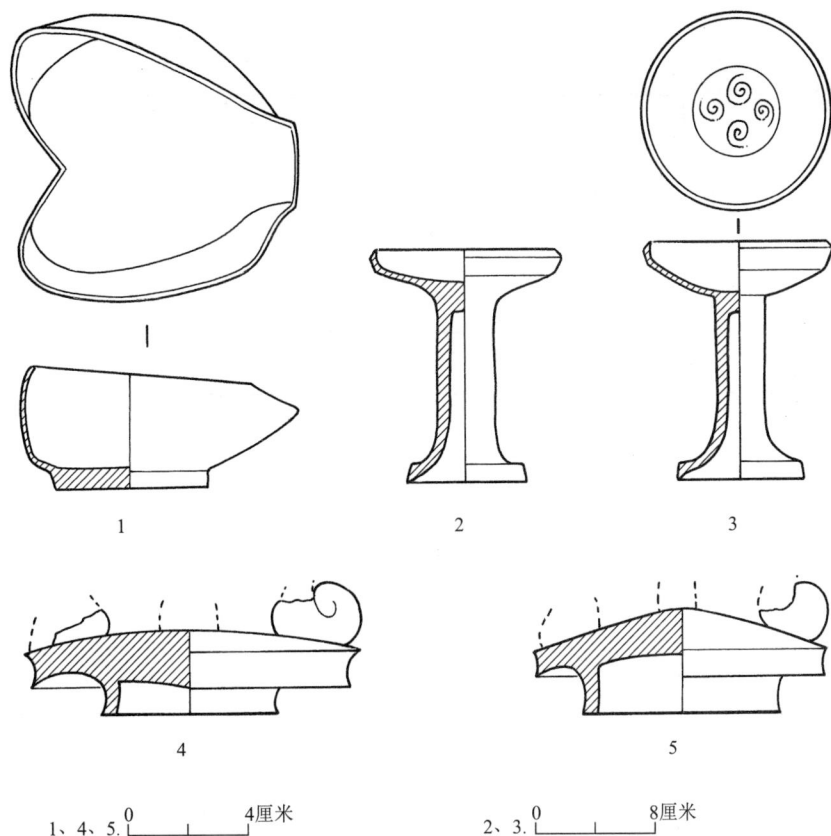

图1-15　M20出土器物

1.陶匜（M20：1）　2、3.陶豆（M20：3、2）　4、5.陶壶盖（M20：4、5）

七、M21

1. 墓葬概况

位于2013XWQIIT0207西北部。开口于②层下，打破生土，口部距地表0.5米，方向110°（图1-16；图版二，1）。

墓葬形制：该墓为长方形竖穴土坑墓，口部平面形状呈长方形，直壁，平底。长2.6、宽1.3、深2.4米。北壁距口部1.7米中部有一壁龛，宽0.4、高0.5、进深0.2米。

填土：为含黏土颗粒及料姜石颗粒的褐色杂土，土质稍硬。

葬具：不详。

葬式、性别及年龄：墓底残存人骨一具，腐朽严重，推测葬式为仰身直肢葬，根据朽痕可以辨识骨架头向东，足向西。

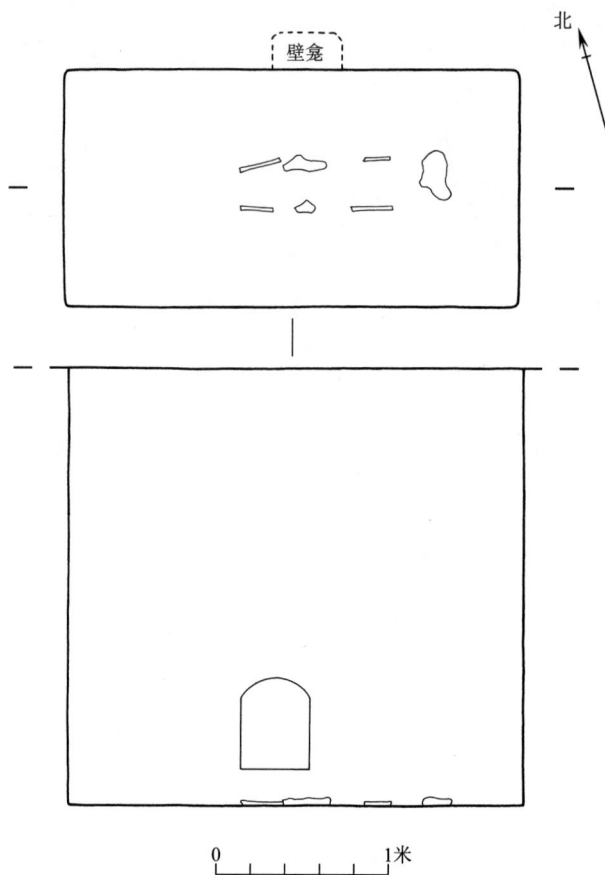

图1-16　M21平、剖面图

2. 随葬品

　　距口部2米处发现有泥质灰陶残片，可辨器型为圜底罐，陶质较差，残破严重，无法提取。

八、M22

1. 墓葬概况

　　位于2013XWQIIT0409中部偏西。开口于②层下，打破生土，口部距地表0.4米，方向10°（图1-17；图版二，2）。

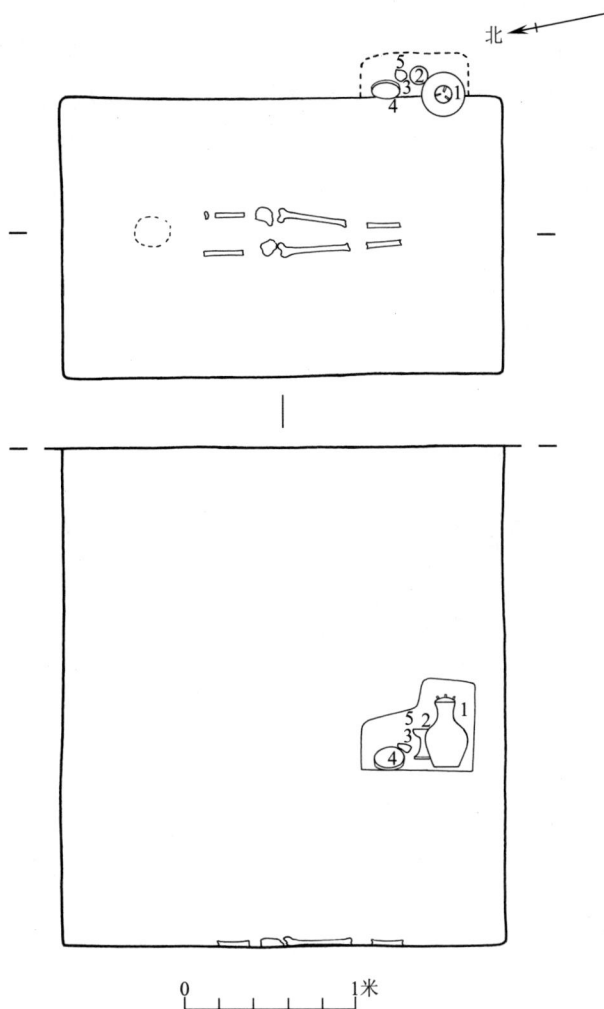

图1-17　M22平、剖面图
1.陶壶　2.陶豆　3.陶匜　4、5.陶鼎

　　墓葬形制：该墓为长方形竖穴土坑墓，口部平面形状呈长方形，直壁，平底，四壁规整。长2.6、宽1.6、深2.86米。东壁距口部1.36米偏南有一壁龛，不甚规整，最宽0.66、高0.3~0.5、进深0.24米。

　　填土：为含黏土颗粒及料姜石颗粒的褐色杂土，土质稍硬。

　　葬具：不详。

　　葬式、性别及年龄：墓底残存人骨一具，腐朽严重，葬式不详，根据朽痕可以辨识墓主头向北，足向南。

2. 随葬品

　　壁龛内随葬陶器一组，由南向北依次为壶、豆、匜各1件，鼎2件，其中鼎烧制火候低，残碎严重，无法提取，仅残存鼎盖。均为泥质灰陶，部分呈暗红色。

壶　1套。M22：1，盖平顶，子口较深，盖顶外周装有三个"S"形纽，烧制火候低，陶质较差，呈暗红色。器身近直口，斜方唇，长颈微束，圆肩，鼓腹，下腹斜收至底，矮圈足。器身有轮修痕迹，颈部饰两周凹弦纹，肩部对称饰有兽面辅首，上腹饰三周凹弦纹，上部两弦纹之间有一周戳印纹饰。盖及器身饰彩衣，大部分已脱落。口径13、腹径27、底径15、通高48厘米（图1-18，1；图版一六，6）。

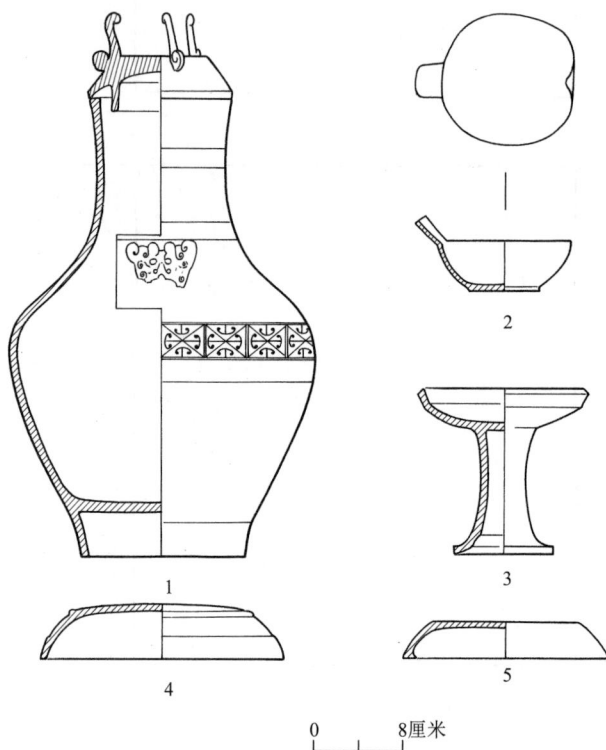

图1-18　M22出土器物

1.陶壶（M22：1）　2.陶匜（M22：3）　3.陶豆（M22：2）　4、5.陶鼎盖（M22：4、5）

豆　1件。M22：2，敞口，斜方唇，折腹，浅盘，细柄中空，喇叭形柄座，座沿近平，饰一周凸弦纹。口径13.5、底径8.8、高14.4厘米（图1-18，3；图版一七，1）。

匜　1件。M22：3，口部近圆形，敞口，斜方唇，弧腹，饼状足，口沿两侧对称饰近长方形流和内凹指窝形鋬，流较宽且长。器身饰白衣。口径11.4、底径6.4、高6.4厘米（图1-18，2；图版一七，2）。

鼎盖　2件。M22：4，弧顶，敞口，盖顶有一周较高的凸棱，器表饰彩衣，近盖沿处有一周凹槽。口径22.4、高4.8厘米（图1-18，4；图版一七，3）；M22：5，平顶，敞口，沿面内勾。口径19.4、高3.2厘米（图1-18，5；图版一七，4）。

九、M23

1. 墓葬概况

　　位于2013XWQIIT0108西南部。开口于②层下，打破生土，口部距地表0.6米，方向15°（图1-19；图版二，3）。

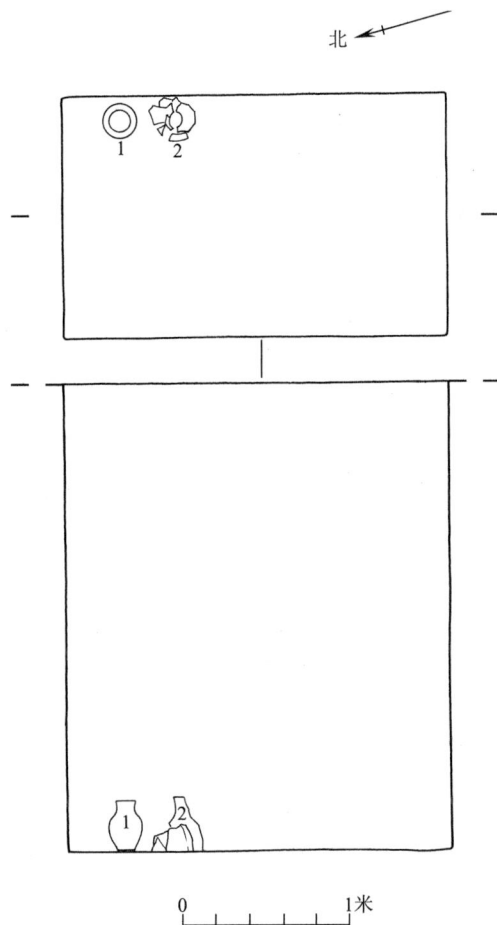

图1-19　M23平、剖面图
1、2. 陶壶

　　墓葬形制：该墓为长方形竖穴土坑墓，口部平面形状呈长方形，直壁，平底。长2.3、宽1.4、深2.7米。

　　填土：为含黏土颗粒及料姜石颗粒的褐色杂土，土质稍硬。

　　葬具：不详。

　　葬式、性别及年龄：墓底残存人骨一具，腐朽严重，葬式不详，根据朽痕可辨出墓主头向北，足向南。

2. 随葬品

靠近东壁偏北部清理出陶壶2件。

壶　2件。泥质灰陶。M23：1，敞口，方唇，短颈微束，溜肩，鼓腹，弧腹下收，平底。肩与腹部饰有四周凸棱。口径12.8、腹径18.4、底径10、高28.5厘米（图1-20，2；图版一七，5）；M23：2，直口微敞，方唇，长颈微束，球形腹，圈足外撇。颈、肩、腹分别饰两周凹弦纹，圈足饰一周凹弦纹，器身饰彩衣，大部分已脱落。口径11.8、腹径30、底径16.8、高44厘米（图1-20，1；图版一七，6）。

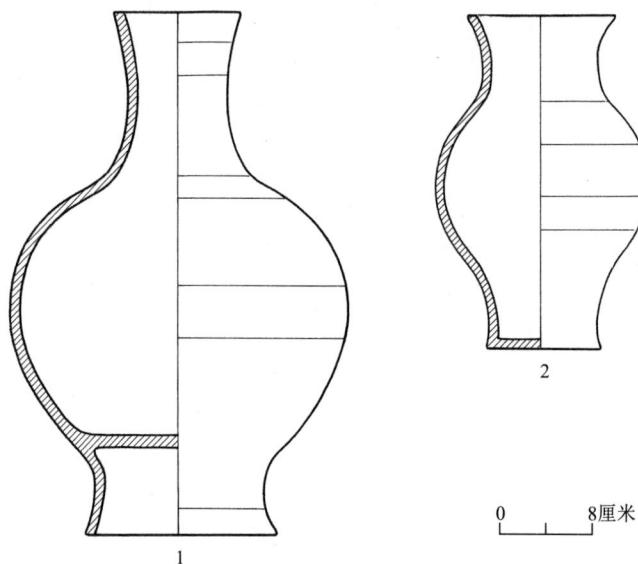

图1-20　M23出土器物
1、2. 陶壶（M23：2、1）

一○、M24

1. 墓葬概况

位于2013XWQIIT0108南部并延伸至ⅡT0107。开口于②层下，打破生土，口部距地表0.6米，方向15°（图1-21；图版二，4）。

墓葬形制：该墓为长方形竖穴土坑墓，口部平面形状呈长方形，直壁，平底。长2.6、宽1.6、深2.96米。墓底西壁有活土二层台，宽0.24、高0.22米。

填土：为含黏土颗粒及料姜石颗粒的褐色杂土，土质稍硬。

葬具：不详。

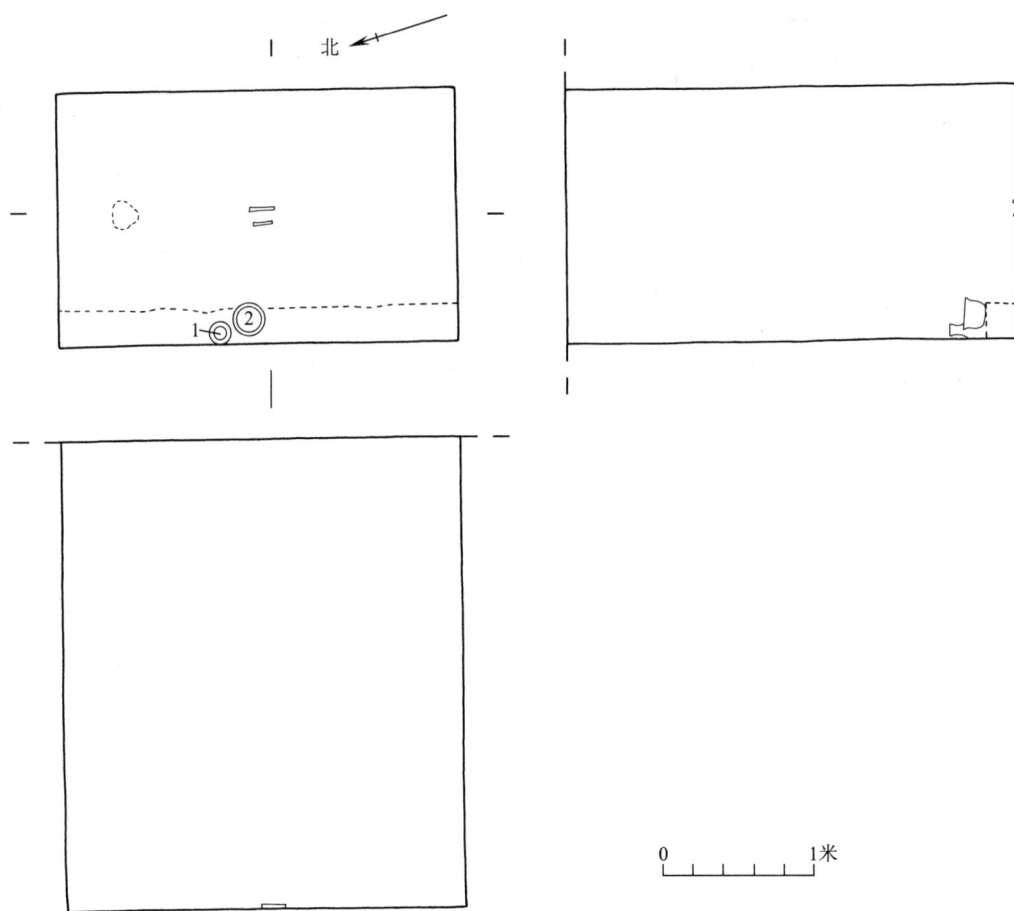

图1-21　M24平、剖面图
1.陶壶　2.陶盂

葬式、性别及年龄：墓底残存人骨一具，腐朽严重，已不辨葬式，根据朽痕可辨墓主头向北。

2. 随葬品

西壁下二层台中部清理出陶壶和陶盂各1件。均为泥质灰陶。

壶　1件。M24：1，直口微敞，方圆唇，短束颈，鼓肩，弧腹下收，平底内凹。肩和腹部饰三周凸棱。口径11.1、腹径16.8、底径9.8、高24.4厘米（图1-22，1；图版一八，1）。

盂　1件。M24：2，直口微敛，平折沿，尖唇，折腹，平底。素面。口径17.6、底径11.4、高11.4厘米（图1-22，2；图版一八，2）。

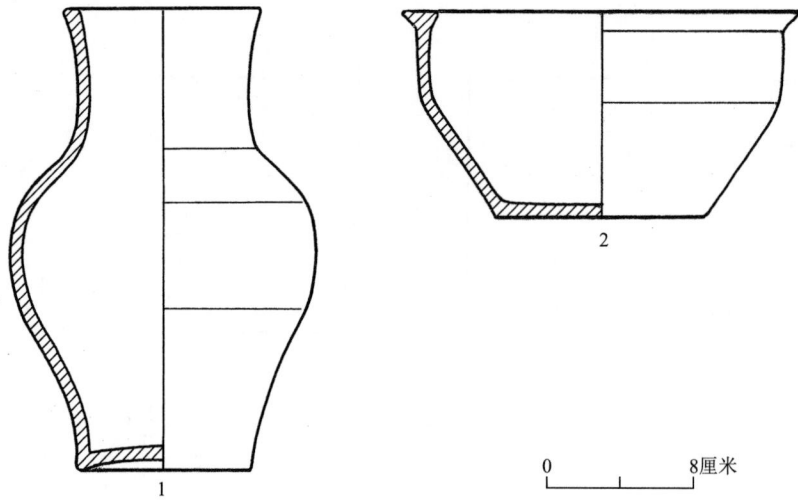

图1-22　M24出土器物
1.陶壶（M24∶1）　　2.陶盂（M24∶2）

一一、M25

1. 墓葬概况

位于2013XWQIIT0210中南部。开口于②层下，打破生土，口部距地表0.3米，方向13°（图1-23）。

墓葬形制：该墓为长方形竖穴土坑墓，口部平面形状呈长方形，直壁，平底。长2.9、宽1.8、深2.76米。

填土：为含黏土颗粒及料姜石颗粒的褐色杂土，土质稍硬。

葬具：墓底残存有木棺朽痕，长1.6、宽0.54米。

葬式、性别及年龄：人骨腐朽严重，呈粉末状，葬式、性别、年龄等均不详。

2. 随葬品

无随葬品。

北

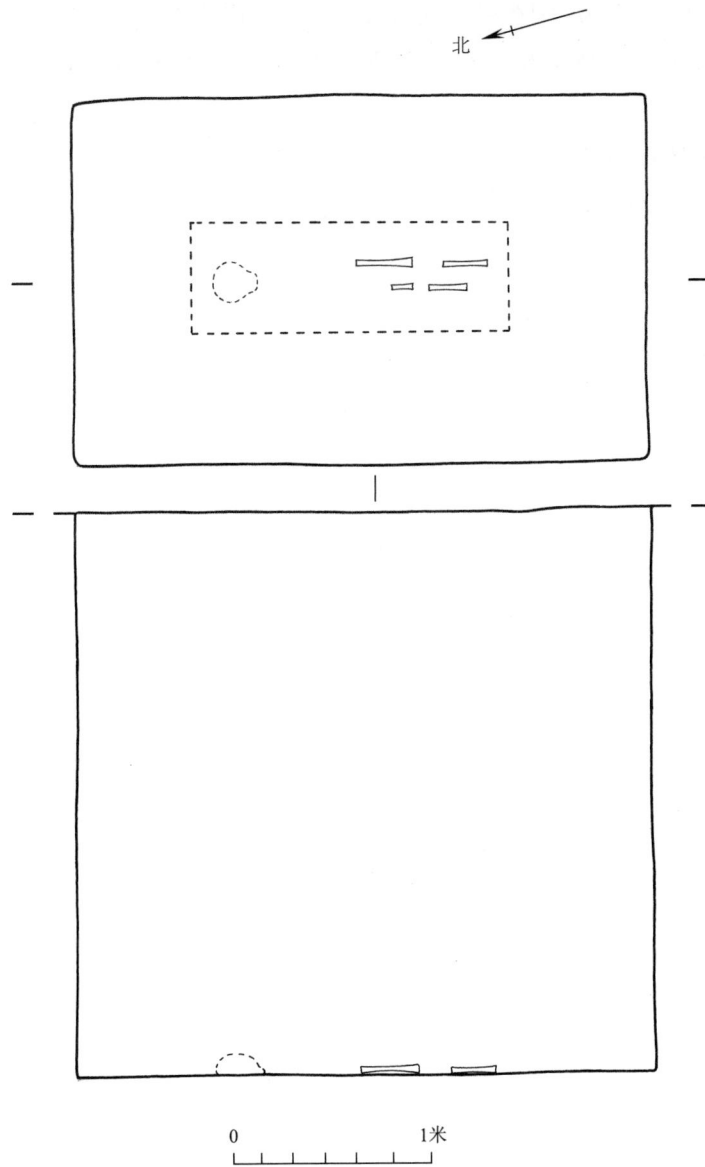

图1-23　M25平、剖面图

一二、M26

1. 墓葬概况

位于2013XWQIIT0311东南部并延伸至ⅡT0310。开口于②层下，打破生土，口部距地表

0.4米，方向10°（图1-24；图版三，1）。

墓葬形制：该墓为长方形竖穴土坑墓，口部平面形状呈长方形，直壁，平底，四壁规整。长2.5、宽1.8、深4米。在北壁距墓底0.4处设有一壁龛，宽1.6、高0.8、进深0.2米。

填土：为含黏土颗粒及料姜石颗粒的褐色杂土，土质稍硬。

葬具：一棺一椁，仅余朽痕，其中棺痕长1.8、宽0.7米，椁痕呈"亚"字形，长1.9、宽1.6、厚0.12米。

葬式、性别及年龄：墓底中部发现人骨一具，仰身直肢葬，头向北，足向南，面向上，年龄性别等均不详。

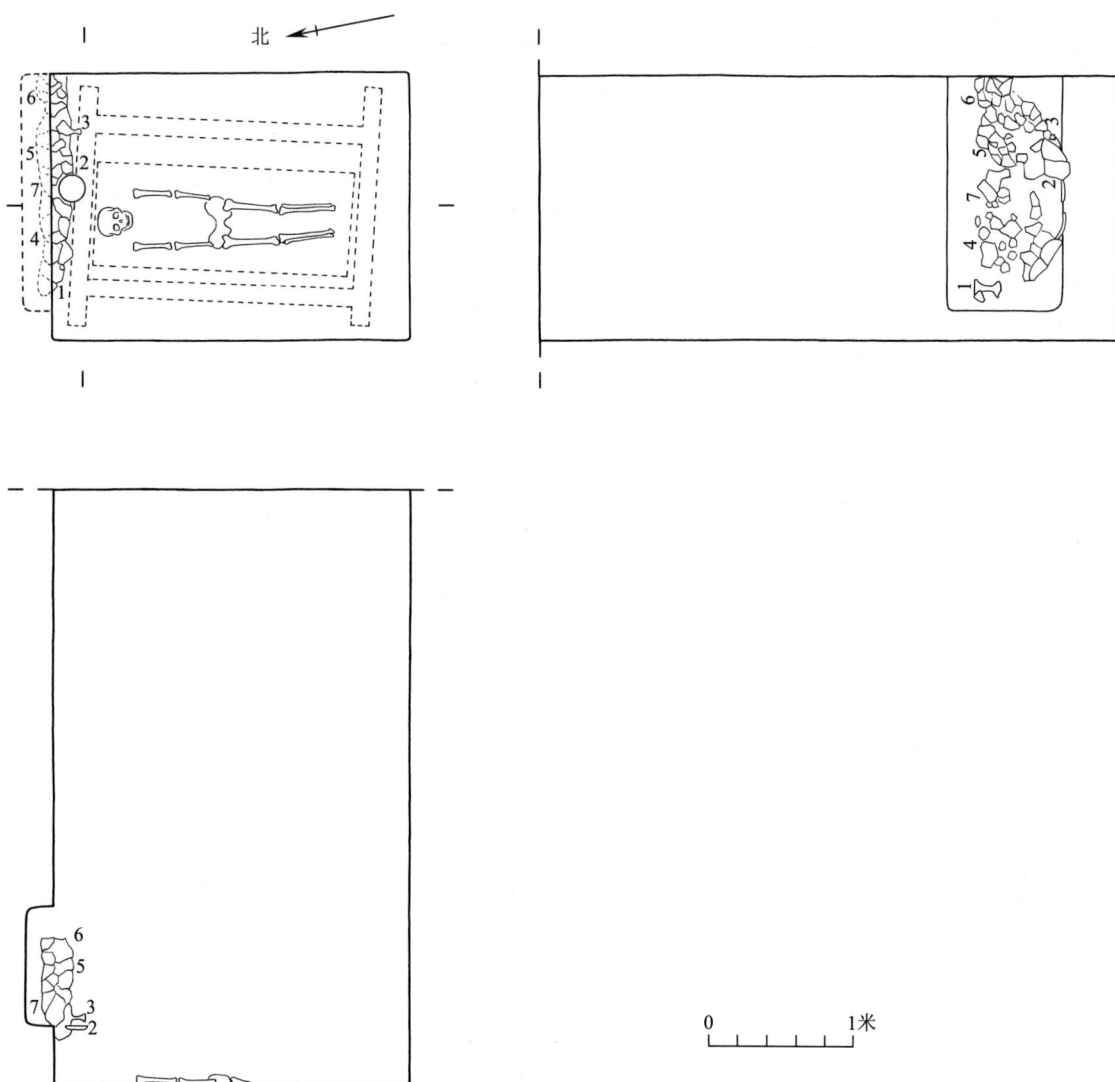

图1-24　M26平、剖面图
1、2、5、6.陶豆　3.陶鼎　4.陶匜　7.陶壶

2. 随葬品

随葬品位于壁龛内，由于长时间挤压，部分随葬品残碎严重，已不辨器型，其中可辨器型的有壶、鼎、匜各1件，豆4件，可提取器物仅有2件陶豆。

豆　2件。泥质灰陶，敞口，圆唇，折腹，浅盘，细柄中空，喇叭形柄座。器表饰白衣，大部分已脱落。M26：1，口径15、底径9、高15厘米（图1-25，2；图版一八，3）；M26：2，器形稍大，豆盘外壁有较显的瓦楞纹，细柄两端分别饰三周较粗的凹弦纹。口径18.5、底径11.7、高17厘米（图1-25，1；图版一八，4）。

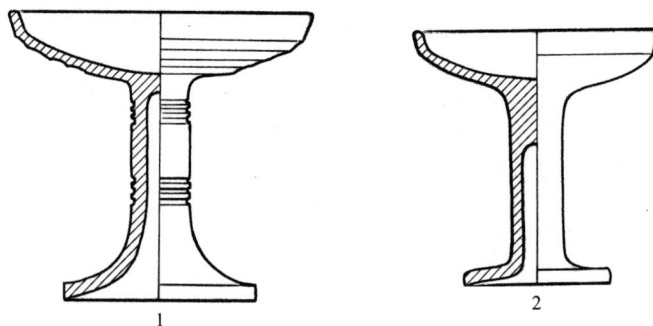

0 ———————— 8厘米

图1-25　M26出土器物
1、2.陶豆（M26：2、1）

一三、M27

1. 墓葬概况

位于2013XWQIIT0210西部。开口于②层下，打破生土，口部距地表0.3米，方向15°（图1-26；图版三，2）。

墓葬形制：该墓为长方形竖穴土坑墓，口部平面形状呈长方形，直壁，平底。长2.8、宽2、深3米。墓底东部设有活土二层台，宽0.4、高0.1米。

填土：为含黏土颗粒及料姜石颗粒的褐色杂土，土质稍硬。

葬具：不详。

葬式、性别及年龄：墓底偏西发现人骨一具，葬式为仰身直肢，头向北，足向南，面向西，性别、年龄等不详。

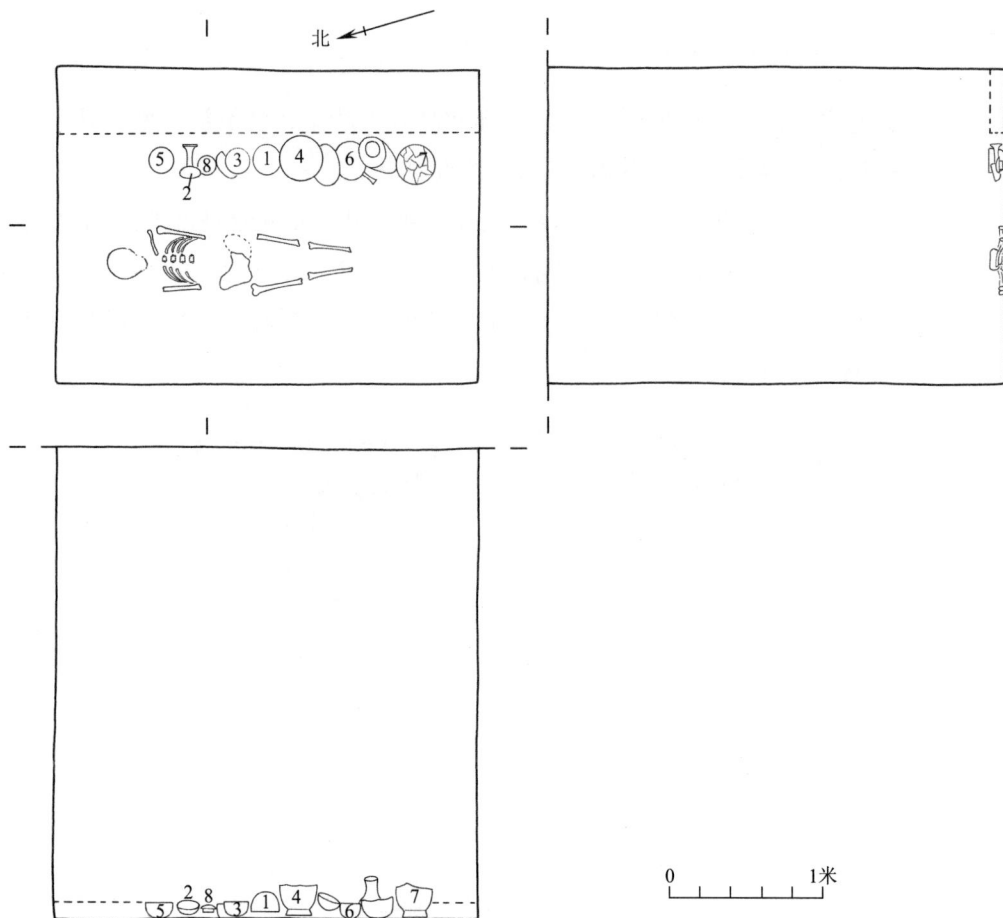

图1-26　M27平、剖面图

1.陶鼎　2.陶豆　3、5.陶敦　4、7.陶壶　6、8.器盖

2. 随葬品

人骨东部靠近二层台清理出随葬陶器一组，由于烧制火候低，残碎严重，部分已不辨器型，可辨器型的有壶、敦、器盖各2件，豆、鼎各1件。部分已无法提取，可提取4件。均为泥质灰褐皮陶。

敦　1件。M27：3，残存器身，近半球形，敞口，方唇，弧腹，底部微垂，底及腹之间等距装有三个"S"形足。腹部及底饰三周较宽的凹弦纹。口径16、残高10.6厘米（图1-27，1；图版一九，1）。

豆　1件。M27：2，敞口，尖唇，折腹，浅盘，细柄中空，喇叭形柄座。口径13、底径9、高17.2厘米（图1-27，4；图版一八，6）。

壶　1件。M27：4，残存圈足，壶底微凹，高圈足微撇，足底部饰一周较粗的凹弦纹。底径13、残高13.2厘米（图1-27，3；图版一九，2）。

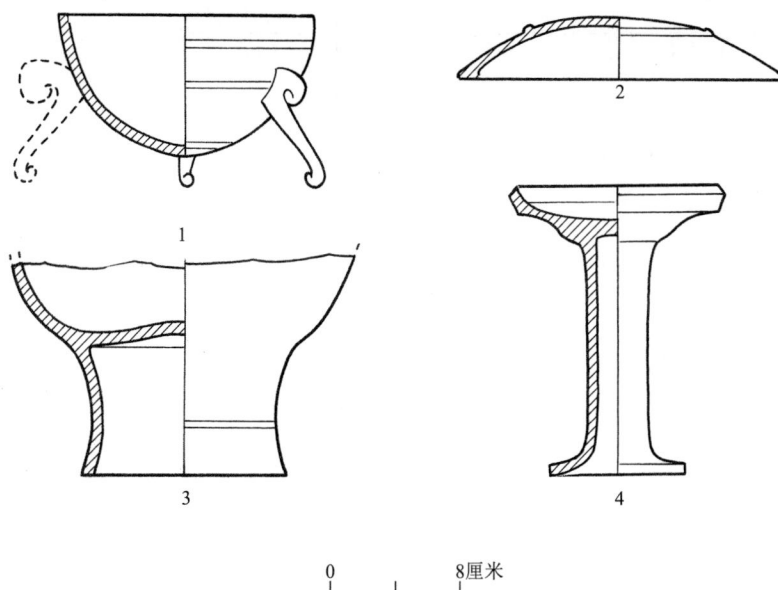

图1-27　M27出土器物

1.陶敦（M27：3）　2.鼎盖（M27：1）　3.陶壶（M27：4）　4.陶豆（M27：2）

鼎盖　1件。M27：1，弧顶，盖顶有一周较高的凸棱，沿部饰一周较宽的红彩，部分已脱落。口径22、高3.8厘米（图1-27，2；图版一八，5）。

一四、M28

1. 墓葬概况

位于2013XWQIIT0311南部。开口于②层下，打破生土，口部距地表0.4米，向15°（图1-28；图版三，3）。

墓葬形制：该墓为长方形竖穴土坑墓，口部平面形状呈长方形，直壁，平底，四壁规整。长2.9、宽1.7、深3.2米。墓底东部设有活土二层台，宽0.28~0.35、高0.2米。

填土：为含黏土颗粒及料姜石颗粒的褐色杂土，土质稍硬。

葬具：不详。

葬式、性别及年龄：墓底中部发现人骨一具，葬式为仰身直肢，头向北，足向南，面向上，年龄、性别等不详。

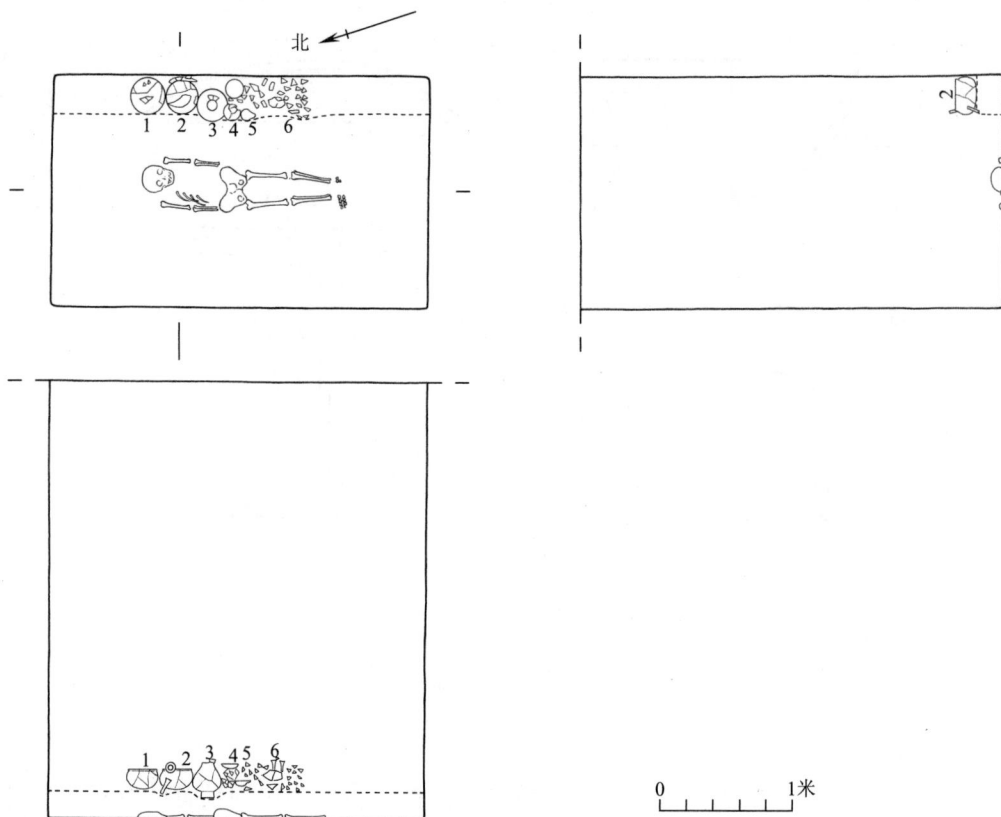

图1-28　M28平、剖面图
1、2.陶鼎　3.陶壶　4、6.陶豆　5.陶匜

2. 随葬品

二层台中部发现随葬陶器一组，由于烧制火候低，残碎严重，部分已不辨器型，可辨器型的有壶、匜、器盖各1件，豆、鼎各2件。部分已无法提取，可提取6件（套）。均为泥质灰陶。

鼎　2件。均残存器身。敛口，方唇，椭圆形附耳较直，弧腹，平底，底部附有三个较高的锥状足，足尖外撇。上腹饰一周较粗的凸弦纹。M28：1，口径23、腹径24.5、底径21、高21厘米（图1-29，4；图版一九，3）；M28：2，口径21.7、腹径23、底径20、高24厘米（图1-29，1；图版一九，4）。

壶　1套。M28：3，口承盖，弧顶，顶饰三孔。器身直口微敞，方唇，长颈微束，溜肩，鼓腹，圈足微撇。下腹饰浅显绳纹，盖及器身饰彩衣，大部分已脱落。口径12、腹径22、底径11.8、通高40.5厘米（图1-29，5；图版一九，5）。

豆　2件。敞口，尖圆唇，折腹，浅盘，细柄中空，喇叭形柄座。M28：4，柄座较大，沿面微鼓。口径12.7、底径9.5、高14厘米（图1-29，3；图版一九，6）；M28：6，口径13、底径

8、高16厘米（图1-29，2；图版二〇，2）。

匜　1件。M28：5，口部形状呈弧边三角形，敛口，尖唇，弧腹，饼状足，口沿两侧对称饰近长方形流和内凹指窝形鋬，流较宽。器身饰白衣，大部分已脱落。口径9、底径6、高4.4厘米（图1-29，6；图版二〇，1）。

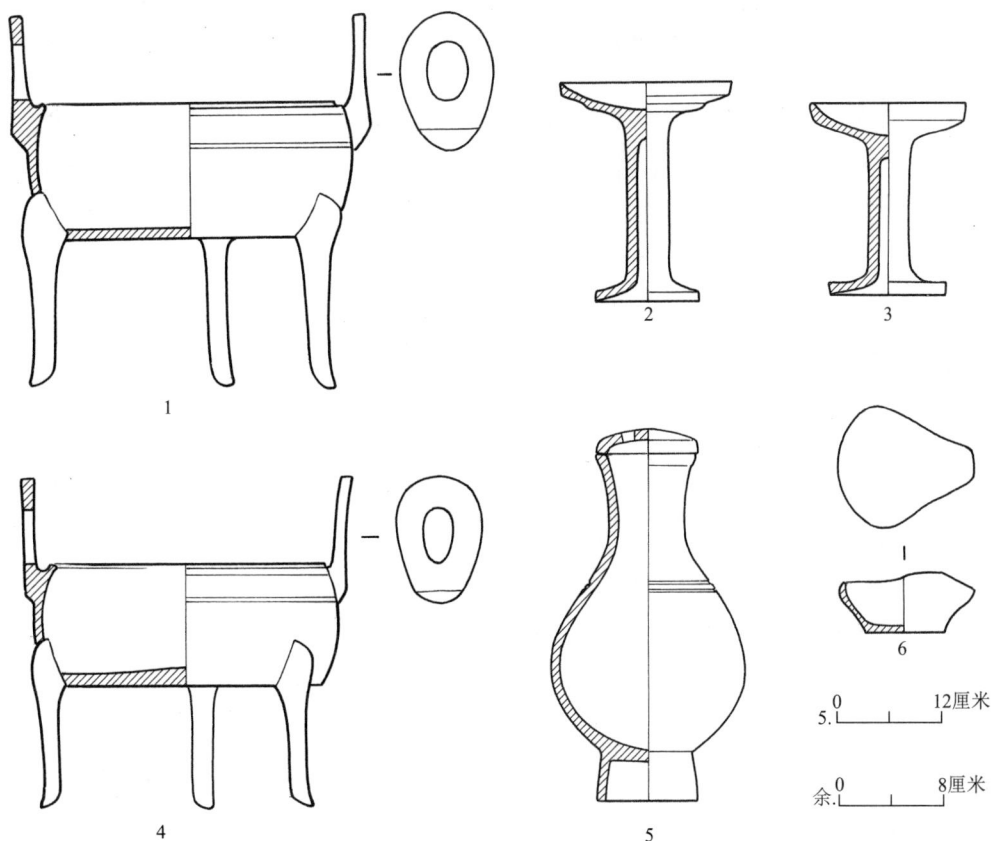

图1-29　M28出土器物

1、4.陶鼎（M28：2、1）　2、3.陶豆（M28：6、4）　5.陶壶（M28：3）　6.陶匜（M28：5）

一五、M29

1. 墓葬概况

位于2013XWQⅡT0310南部偏西并延伸至Ⅱ T0309。开口于②层下，打破生土，口部距地表0.7米，方向20°（图1-30；图版三，4）。

墓葬形制：该墓为长方形竖穴土坑墓，口部平面形状呈长方形，直壁，平底，四壁规整。长2.46、宽1.4、深3.7米。墓底东、西壁设有生土二层台，宽0.2、高0.2米。

填土：为含黏土颗粒及料姜石颗粒的褐色杂土，土质稍硬。

葬具：木棺，仅余朽痕，朽痕长2.02、宽0.97米，棺痕四周清理出铜环51件。

葬式、性别及年龄：墓底发现人骨一具，腐朽严重，人骨已不辨葬式，可辨墓主头向北，其余情况不详。

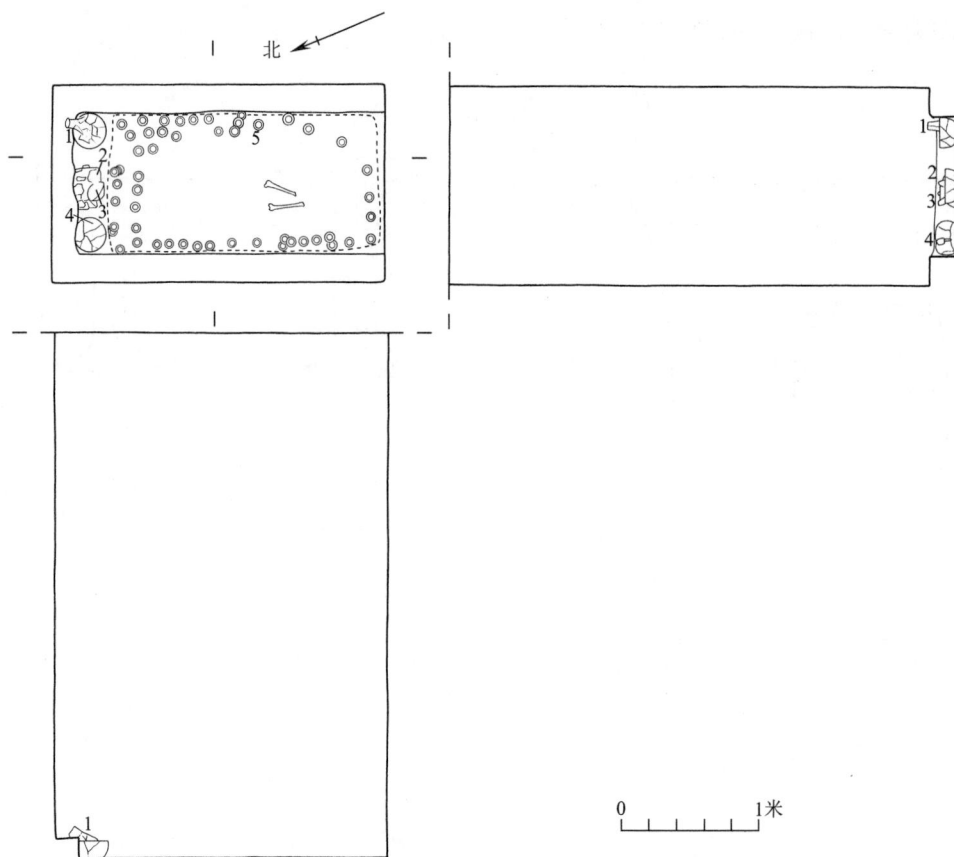

图1-30　M29平、剖面图
1.陶豆　2.陶匜　3.陶敦　4.陶高柄壶　5.铜环（51件）

2. 随葬品

近北壁清理出随葬陶器一组，由于烧制火候较低，残碎严重，经过清理，可辨器型有高柄壶、敦、豆、匜各1件，另有铜环51件。

（1）陶器

4件。均为泥质灰陶。

敦　1套。M29：3，盖、身形制相同，均为敞口，斜沿，尖唇。扣合后呈椭圆形，盖纽和器足均作"S"形，盖及器身分别饰两周和一周凹弦纹，器身饰彩衣，大部分已脱落。口径16.2、通高24厘米（图1-31，1；图版二〇，5）。

高柄壶　1件。M29：4，近直口，方唇，短束颈，溜肩，扁鼓腹，圆柱状矮柄，中空，喇叭形柄座。肩及腹分别饰一周凹弦纹，两弦纹之间饰黄彩，部分已脱落。口径3.3、腹径8.8、底径9.2、高16厘米（图1-31，5；图版二〇，6）。

豆　1件。M29：1，敞口，方唇，斜腹，浅盘，细柄中空，喇叭形柄座。口径12.6、底径7.7、高14.8厘米（图1-31，4；图版二〇，3）。

匜　1件。M29：2，口部呈圆形，侈口，尖圆唇，浅折腹，饼状足，口沿外有近长方形流，流两侧有明显捏制流时留下的指窝，鋬不显。口径7.5、底径6.4、高3厘米（图1-31，2；图版二〇，4）。

（2）铜器

环　51件（图版二一，1）。圆环形片状，截面近线形，素面，个别器身有布纹痕迹。M29：5-1~51，外径6.4、内径3.5、厚约0.1厘米（图1-31，3）。

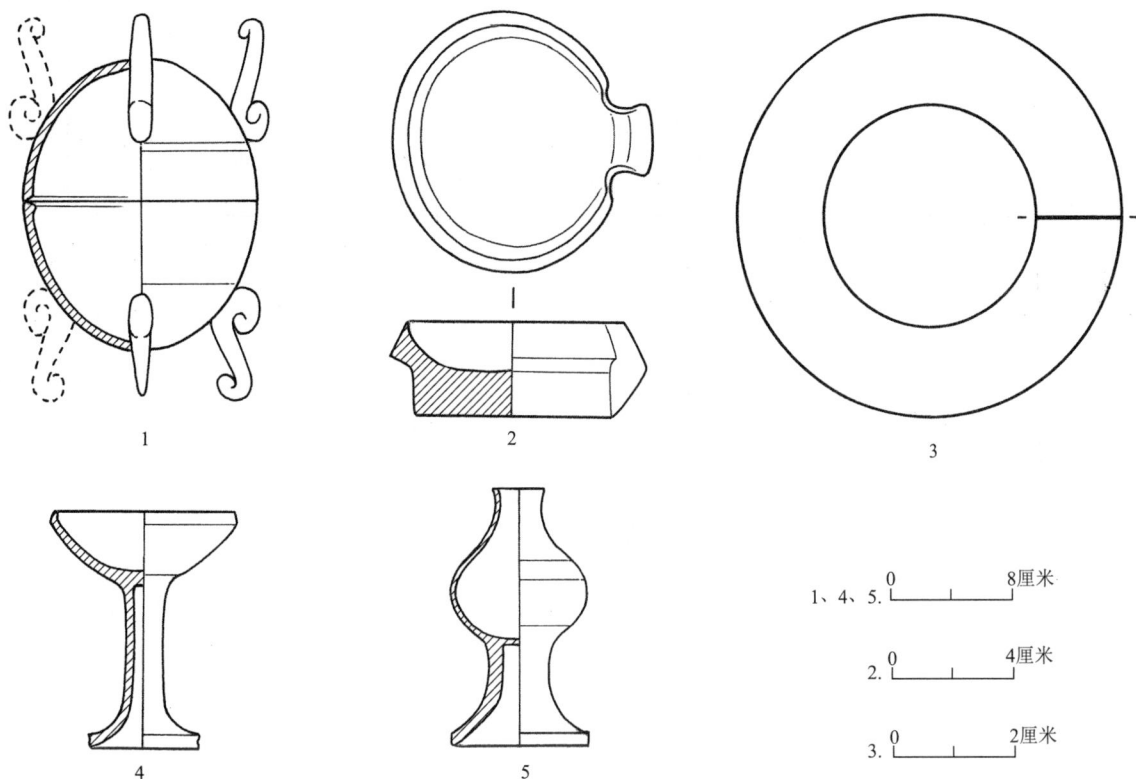

图1-31　M29出土器物

1.陶敦（M29：3）　2.陶匜（M29：2）　3.铜环（M29：5-1）　4.陶豆（M29：1）
5.陶高柄壶（M29：4）

一六、M32

1. 墓葬概况

位于2013XWQIIT0110东北部。开口于②层下，打破生土，南部被M30打破，口部距地表0.3米，方向5°（图1-32）。

墓葬形制：该墓为长方形竖穴土坑墓，口部平面形状呈长方形，直壁，平底。长2.7、宽1.8、深3.3米。

填土：为含黏土颗粒及料姜石颗粒的褐色杂土，土质稍硬。

葬具：不详。

葬式、性别及年龄：墓底残存人骨一具，腐朽严重，葬式为仰身直肢，可辨头向北，足向南。

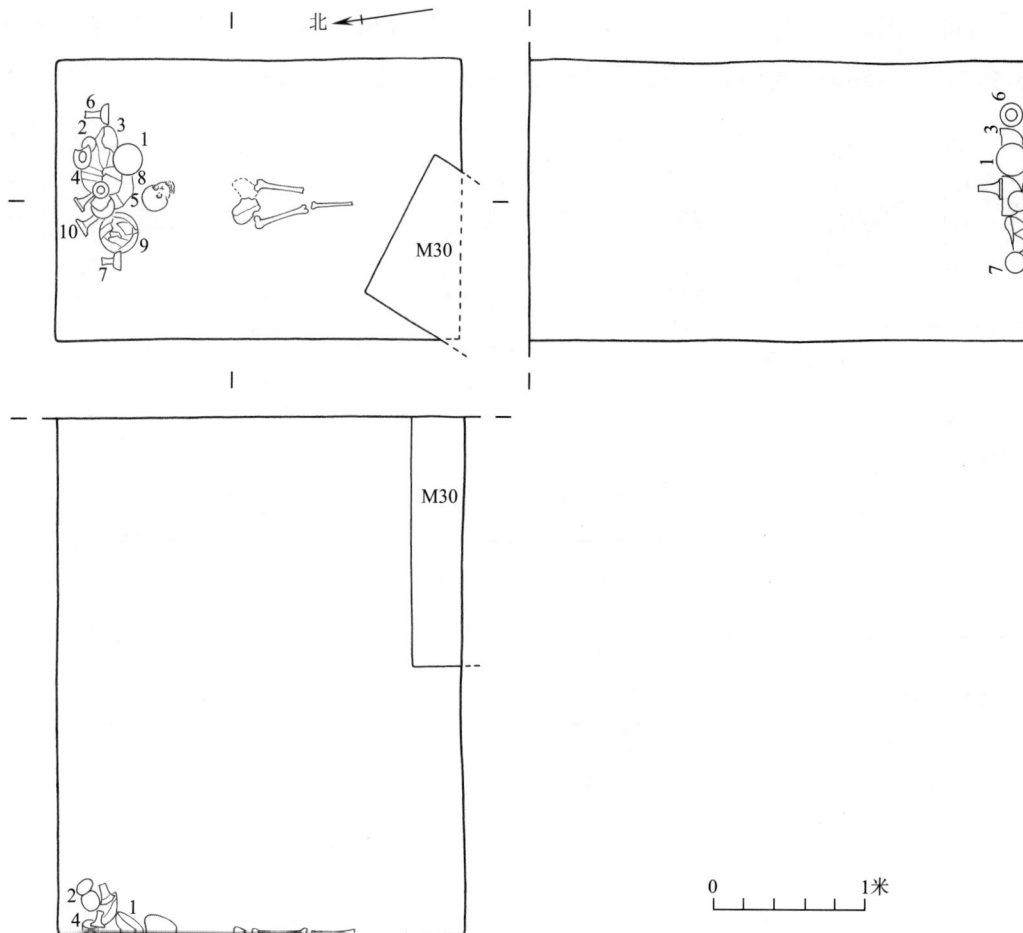

图1-32　M32平、剖面图

1.陶器盖　2.陶匜　3.陶鼎　4.陶盂　5.蚌饰　6、7.陶豆　8.铜璜（2件）　9、10.陶壶

2. 随葬品

头骨前与北壁之间清理出随葬陶器一组，由于烧制火候较低，残碎严重，部分已不辨器型，可辨器型有盂、器盖、匜、鼎各1件，豆、壶各2件。陶壶已无法提取，可提取者6件，另外还发现有铜璜2件和蚌饰件1件。

（1）陶器

6件。泥质灰陶或灰褐陶。

鼎　1件。M32：3，泥质灰陶。敛口，方唇，矮领，弧腹，圜底，三蹄形足。腹及底饰绳纹。口径25、腹径28、高25厘米（图1-33，1；图版二一，5）。

盂　1件。M32：4，泥质灰褐陶。敞口，斜折沿，方唇，斜折腹较浅，为平底，器底内部有泥条盘筑痕迹。口径17、底径8、高4.8厘米（图1-33，3；图版二一，6）。

匜　1件。M32：2，泥质灰褐陶。口部形状呈近弧边三角形，敛口，尖圆唇，弧腹，矮饼状足，口沿两侧分别饰流和内凹指窝形錾，流较宽。口径11.6、底径6.6、高5.6厘米（图1-33，7；图版二一，4）。

豆　2件。泥质灰陶。M32：6，直口微敛，方唇内勾，折腹，浅盘，细柄中空。口径12、残高9.6厘米（图1-33，4；图版二二，2）；M32：7，豆盘残，细柄中空，喇叭状柄座。底径11.5、残高12厘米（图1-33，6；图版二二，3）。

器盖　1件。M32：1，泥质灰褐陶。覆钵形，弧顶，中部有一矮柱状捉手，中空。口径18、捉手径7.5、高8.4厘米（图1-33，2；图版二一，3）。

（2）蚌器

蚌饰　1件。M32：5，扁球形，中部有圆形穿孔。直径1.2厘米（图1-33，5；图版二二，1）。

（3）铜器

璜　2件。片状较薄，拱桥形，拱顶内缘有一圆孔，单面或双面均有外郭，两端齐平或呈兽首状。M32：8-1，双面均有外郭，两端呈兽首状，双面均有简单勾画纹饰。残宽7.3、残高3.5厘米（图1-33，8）；M32：8-2，单面有外郭，素面，两端齐平，外角较尖。宽9.5、高3.3厘米（图1-33，9；图版二二，4）。

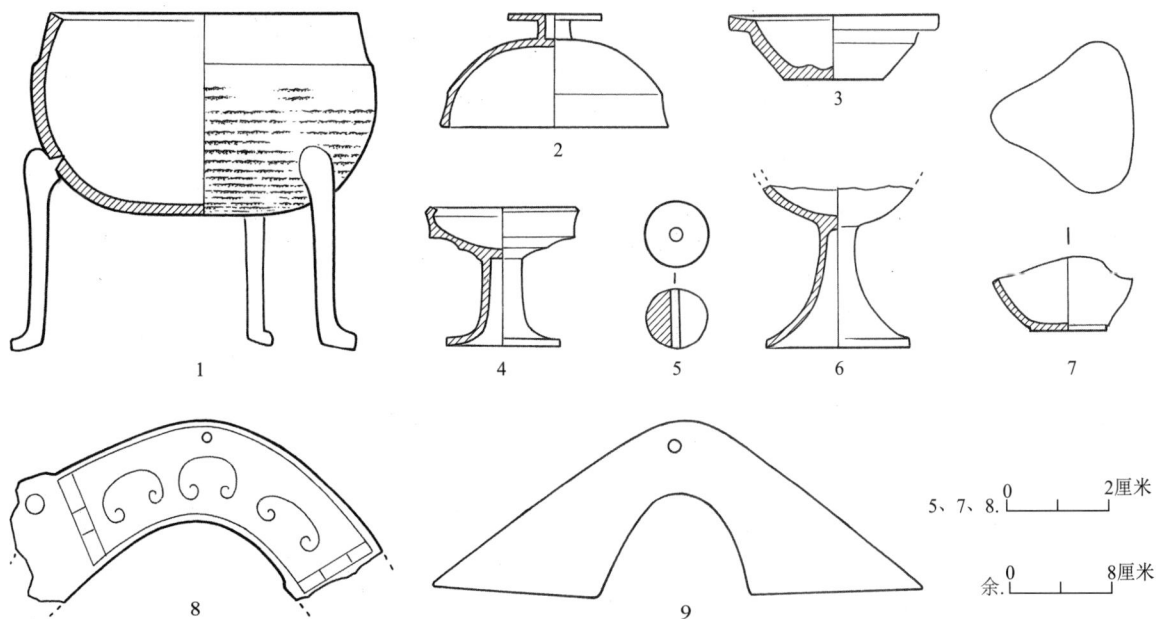

图1-33　M32出土器物

1.陶鼎（M32：3）　2.陶器盖（M32：1）　3.陶盂（M32：4）　4、6.陶豆（M32：6、7）
5.蚌饰（M32：5）　7.陶匜（M32：2）　8、9.铜璜（M32：8-1、2）

一七、M33

1. 墓葬概况

位于2013XWQIIT0108东北部。开口于②层下，打破生土，口部距地表0.7米，方向15°（图1-34；图版四，1）。

墓葬形制：该墓为长方形竖穴土坑墓，口部平面形状呈长方形，直壁，平底，四壁规整。长3.2、宽2、深3.9米。

填土：为含黏土颗粒及料姜石颗粒的褐色杂土，土质稍硬。

葬具：木棺，仅余朽痕，朽痕长2.2、宽0.9、残高0.32米。

葬式、性别及年龄：墓底中部残存人骨一具，葬式为仰身直肢，头向北，足向南，面向上。

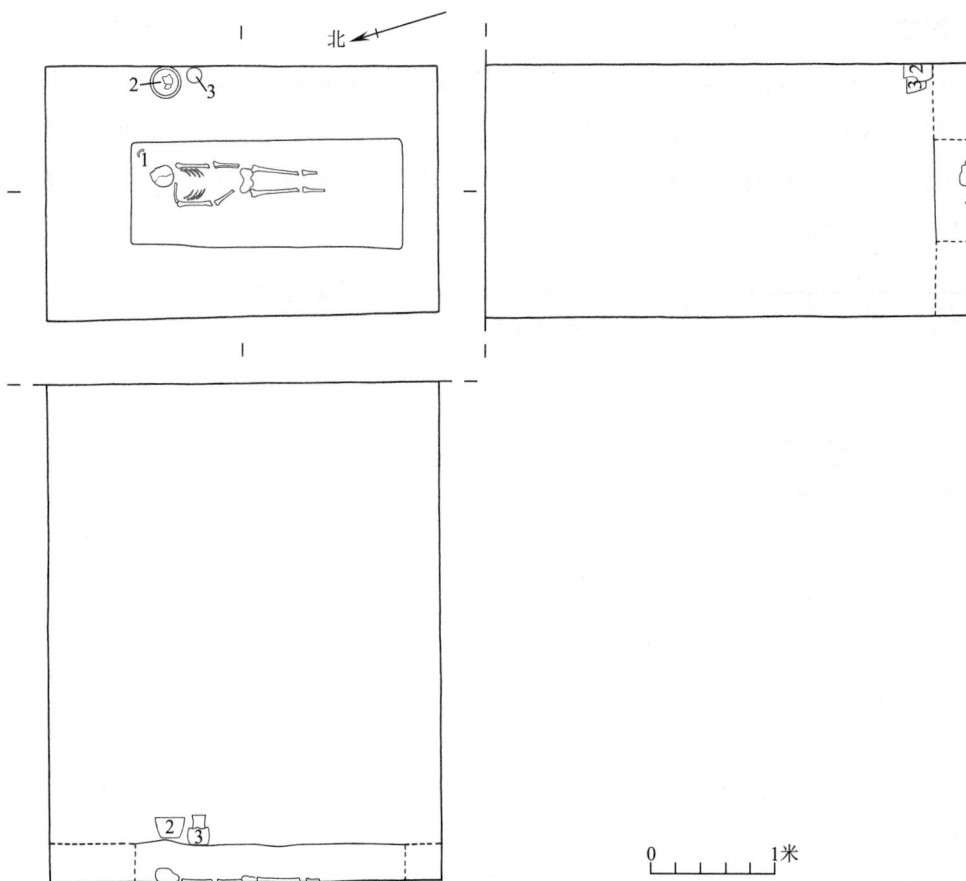

图1-34　M33平、剖面图
1.铜璜（2件）　2.陶盂　3.陶壶

2. 随葬品

墓主头骨东、西两侧分别清理出铜璜各1件；靠东壁偏北位置清理出随葬陶器一组，由于烧制火候较低，残碎严重，经过清理，可辨器型有壶、盂各1件，其中壶已无法提取。

盂　1件。M33：2，泥质灰陶。敞口微敛，平折沿，方唇，深斜腹，平底微凹。口径23.2、底径11.4、高12厘米（图1-35，3；图版二二，6）。

铜璜　2件（图版二二，5）。片状较薄，拱桥形，单面有内外郭或只有外郭，拱顶内缘有一圆形穿孔，两端斜直，素面。M33：1-1，单面有内外郭。宽9.6、高4厘米（图1-35，1）；M33：1-2，单面有外郭。宽8.2、高3.9厘米（图1-35，2）。

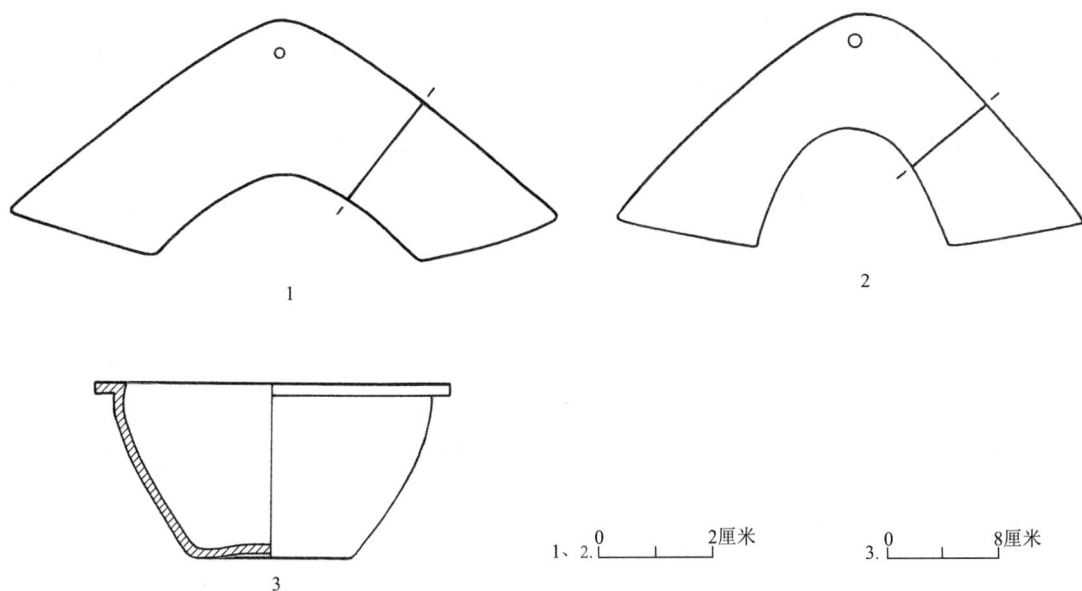

图1-35　M33出土器物
1、2.铜璜（M33：1-1、2）　3.陶盂（M33：2）

一八、M34

1. 墓葬概况

位于2013XWQIIT0308南部。开口于②层下，打破生土，口部距地表0.5米，方向20°（图1-36；图版四，2）。

墓葬形制：该墓为长方形竖穴土坑墓，口部平面形状呈长方形，直壁，平底，四壁规整。长2.8、宽1.7、深4.3米。墓底靠东壁有活土二层台，宽0.3、高0.2米。

填土：为含黏土颗粒及料姜石颗粒的褐色杂土，土质稍硬。

葬具：不详。

葬式、性别及年龄：墓底中部发现人骨一具，葬式为仰身直肢，头向北，足向南，面向上。其他情况不详。

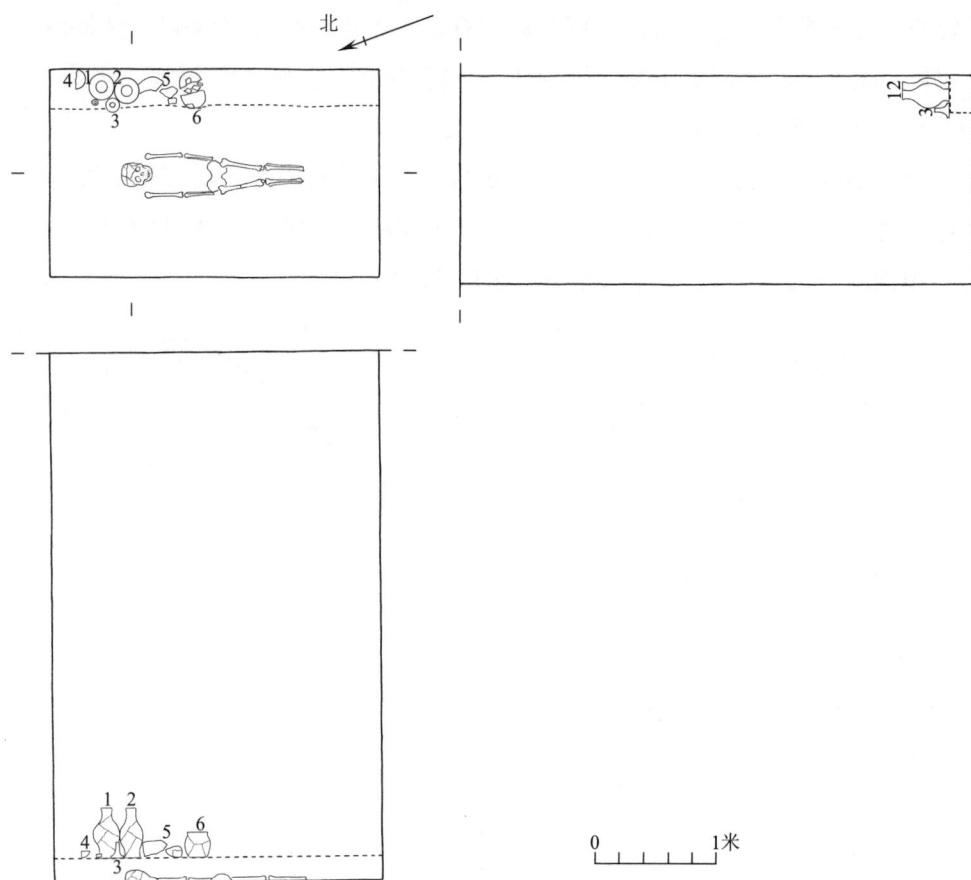

图1-36　M34平、剖面图

1、2.陶壶　3、4.陶豆　5.陶鼎　6.陶敦

2. 随葬品

二层台上偏北清理出随葬陶器一组，由于烧制火候较低，残碎严重，经过清理，可辨器型有鼎、敦各1件，壶、豆各2件。部分已无法提取，可提取者4件（套）。均为泥质灰陶。

壶　2套。口承饼状盖，子口较浅，盖顶微弧，中部饰一周凹弦纹，沿饰三组，均残。器身直口微敞，方唇，长颈微束，溜肩，圆鼓腹，圈足微撇，颈、肩、腹分别饰两周凹弦纹，圈足饰一周凹弦纹，肩与腹弦纹之间饰有对称兽面辅首，兽面口部有一圆孔。M34：1，口径8.7、腹径25.2、底径15、盖径10.8、通高41.5厘米（图1-37，2；图版二三，1）；M34：2，腹部两弦纹之间及辅首饰红彩。口径9.8、腹径24.4、底径15、盖径10.5、通高43厘米（图1-37，1；图版二三，2）。

豆　2件。敞口，斜方唇，折腹，浅盘，细柄中空，喇叭形柄座，盘内饰两周凹弦纹。

M34∶3，口径13.3、底径8、高15厘米（图1-37，3；图版二三，3）；M34∶4，口径13.4、底径8、高15厘米（图1-37，4；图版二三，4）。

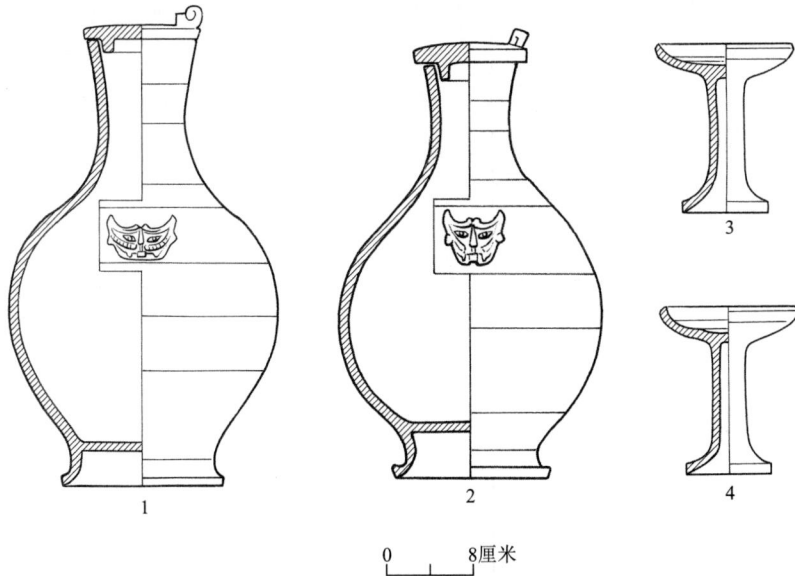

图1-37　M34出土器物

1、2.陶壶（M34∶2、1）　　3、4.陶豆（M34∶3、4）

一九、M35

1. 墓葬概况

位于2013XWQIIT0308西北部并延伸至ⅡT0309。开口于②层下，打破生土，口部距地表0.3米，方向102°（图1-38；图版四，3）。

墓葬形制：该墓为长方形竖穴土坑墓，口部平面形状呈长方形，直壁，平底，四壁规整。长2.9、宽1.6、深3.6米。墓底靠东壁设有活土二层台，宽0.5、高0.1米。

填土：为含黏土颗粒及料姜石颗粒的褐色杂土，土质稍硬。

葬具：木棺，仅余朽痕，朽痕长1.8、宽0.5米。

葬式、性别及年龄：墓底残存人骨一具，葬式为仰身直肢，根据朽痕可辨识出墓主头向东，足向西。其余情况不详。

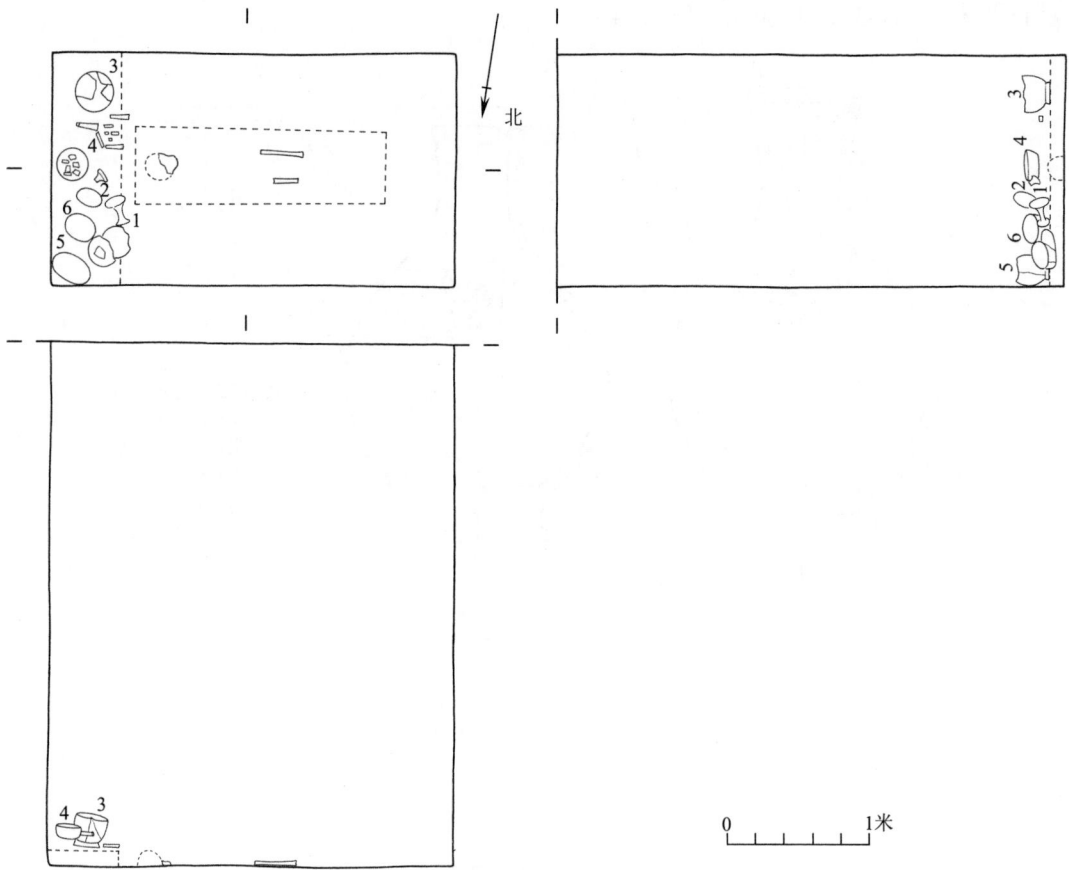

图1-38　M35平、剖面图
1、2.陶豆　3、5.陶壶　4.陶鼎　6.陶敦

2. 随葬品

二层台上清理出随葬陶器一组，由于烧制火候较低，残碎严重，经过清理，可辨器型有鼎、敦各1件，壶、豆各2件。部分已无法提取，可提取者2件。均为泥质灰陶。

豆　2件。敞口，斜方唇，折腹，浅盘底部有四周刮抹痕迹，细柄中空，喇叭形柄座。盘内中部饰白衣，红彩勾画卷云纹，细柄两端分别饰有三周较粗的凹弦纹。M35：1，口径16.4、底径10.6、高15.5厘米（图1-39，1；图版二三，5）；M35：2，口径16.4、底径10.6、高14.5厘米（图1-39，2；图版二三，6）。

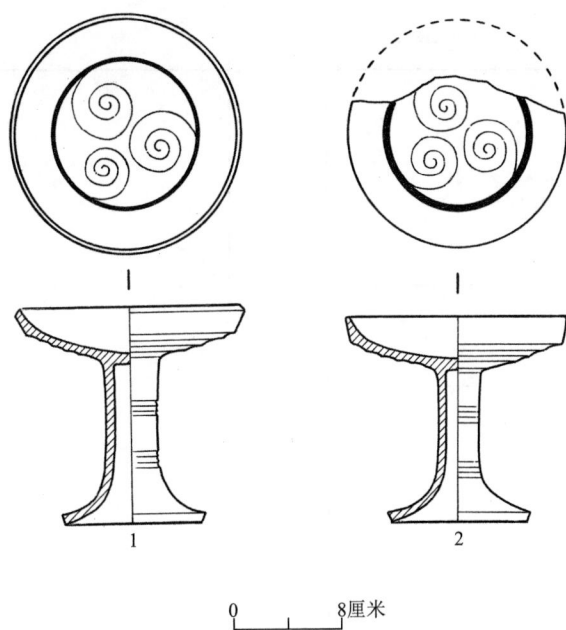

图1-39　M35出土陶豆
1、2.陶豆（M35：1、2）

二○、M36

1. 墓葬概况

位于2013XWQⅡT0310西部。开口于②层下，打破生土，口部距地表0.6米，方向15°（图1-40）。

墓葬形制：该墓为长方形竖穴土坑墓，口部平面形状呈长方形，直壁，平底。长2.4、宽1.5、深2.7米。

填土：为含黏土颗粒及料姜石颗粒的褐色杂土，土质稍硬。

葬具：不详。

葬式、性别及年龄：墓底中部偏北残存人骨一具，葬式为仰身屈肢，头向北。其余情况不详。

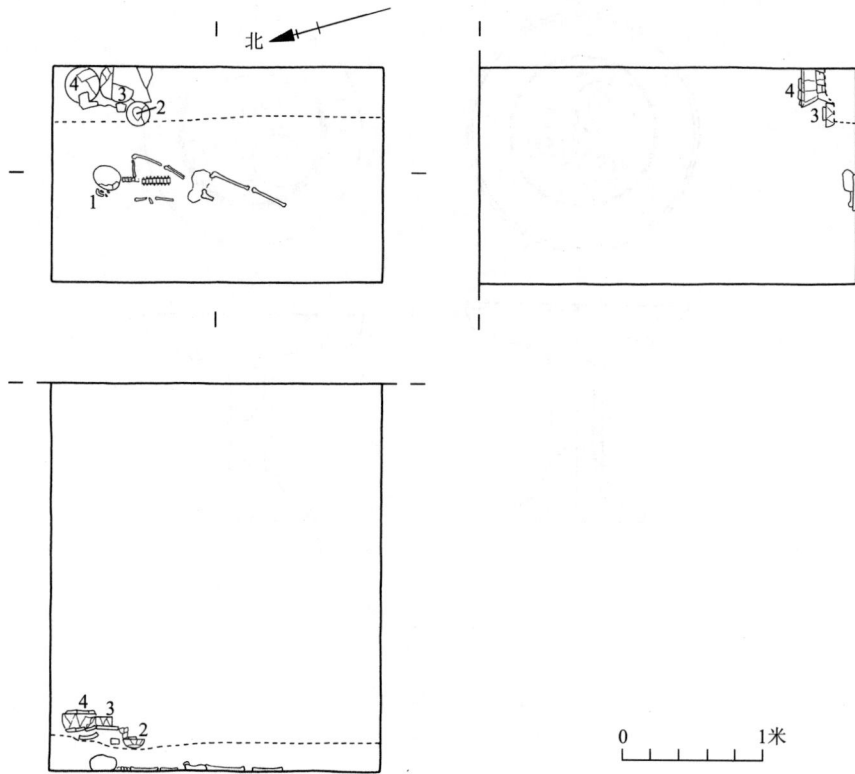

图1-40　M36平、剖面图
1.铜璜（2件）　2.陶盘　3.陶匜　4.陶壶

2. 随葬品

墓主头骨西部发现铜璜2件；墓室东北部清理出随葬陶器一组，由于烧制火候较低，残碎严重，经过清理，可辨器型有壶、盘、匜各1件，其中壶和匜已无法提取。均为泥质灰陶。

（1）陶器

盘　1件。M36∶2，敞口，斜方唇内勾，浅斜腹，平底。口径16、底径8.2、高3.2厘米（图1-41，3；图版二四，2）。

（2）铜器

璜　2枚（图版二四，1）。片状较薄，拱桥形，单面有内外郭，或拱顶内缘有一圆孔，两端齐平或斜直，素面。M36∶1-1，两端齐平。宽8.9、高4.1厘米（图1-41，1）；M36∶1-2，拱顶内缘有一圆孔，两端斜直。宽8.2、高3.7厘米（图1-41，2）。

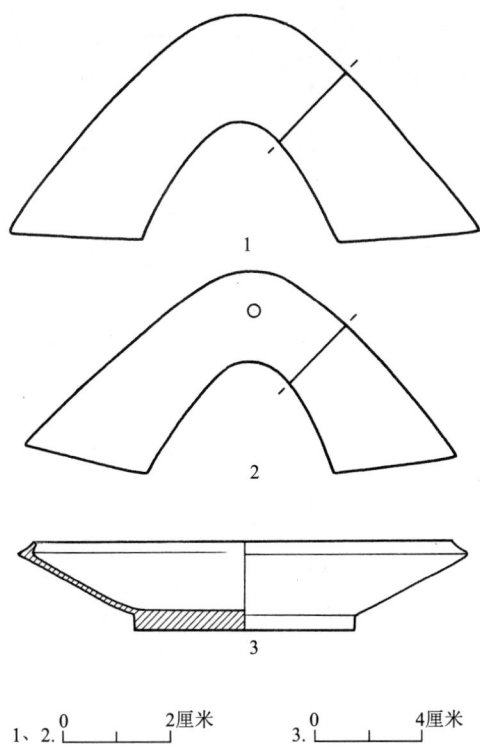

图1-41　M36出土器物

1、2.铜璜（M36：1-1、2）　3.陶盘（M36：2）

二一、M37

1.墓葬概况

位于2013XWQⅡT0308东南部并延伸至ⅡT0408、ⅡT0307、ⅡT0407。开口于②层下，打破生土，西部被M31打破，口部距地表0.6米，方向20°（图1-42；图版四，4）。

墓葬形制：该墓为长方形竖穴土坑墓，口部平面形状呈长方形，直壁，平底。长2.9、宽1.8、深3.8米。东壁之下设有活土二层台，宽0.4、高0.1米。

填土：为含黏土颗粒及料姜石颗粒的褐色杂土，土质稍硬。

葬具：不详。

葬式、性别及年龄：墓底中部发现人骨一具，葬式为仰身直肢，头向北，足向南，面向上，性别年龄不详。

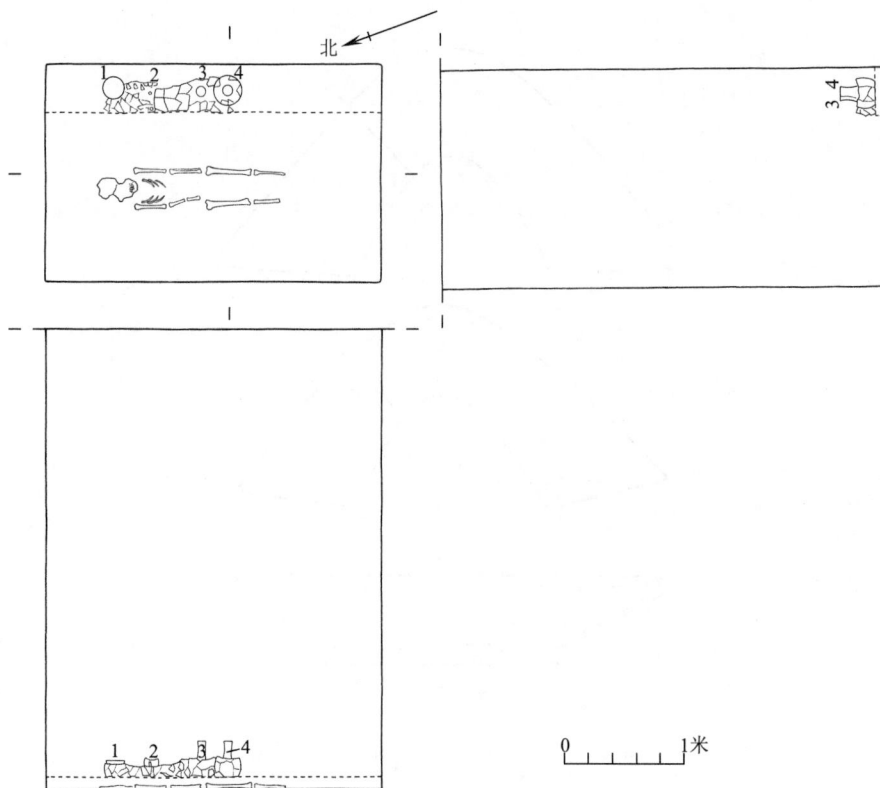

图1-42　M37平、剖面图
1、2.陶豆　　3、4.陶壶

2. 随葬品

二层台偏北部清理出随葬陶器一组，由于烧制火候较低，残碎严重，经过清理，可辨器型有壶、豆各2件。均为泥质灰陶，其中陶壶无法提取。

豆　1件。M37：1，敞口，斜方唇，弧腹微折，浅盘，细柄中空，喇叭形柄座。盘内及外沿饰红彩。口径14.2、底径9.5、高15厘米（图1-43；图版二四，3）。

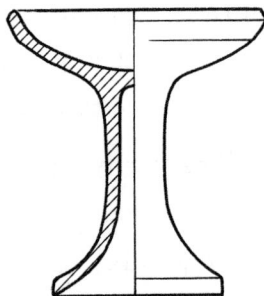

图1-43　M37出土陶豆（M37：1）

二二、M39

1. 墓葬概况

位于2013XWQIIT0209中西部。开口于②层下，打破生土，口部距地表0.3米，方向15°（图1-44）。

墓葬形制：该墓为长方形竖穴土坑墓，口部平面形状呈长方形，直壁，平底。长2.4、宽1.7、深3.1米。

填土：为含黏土颗粒及料姜石颗粒的褐色杂土，土质稍硬。

葬具：不详。

葬式、性别及年龄：墓底残存人骨朽痕，葬式不详，可辨墓主头向北，其余情况不详。

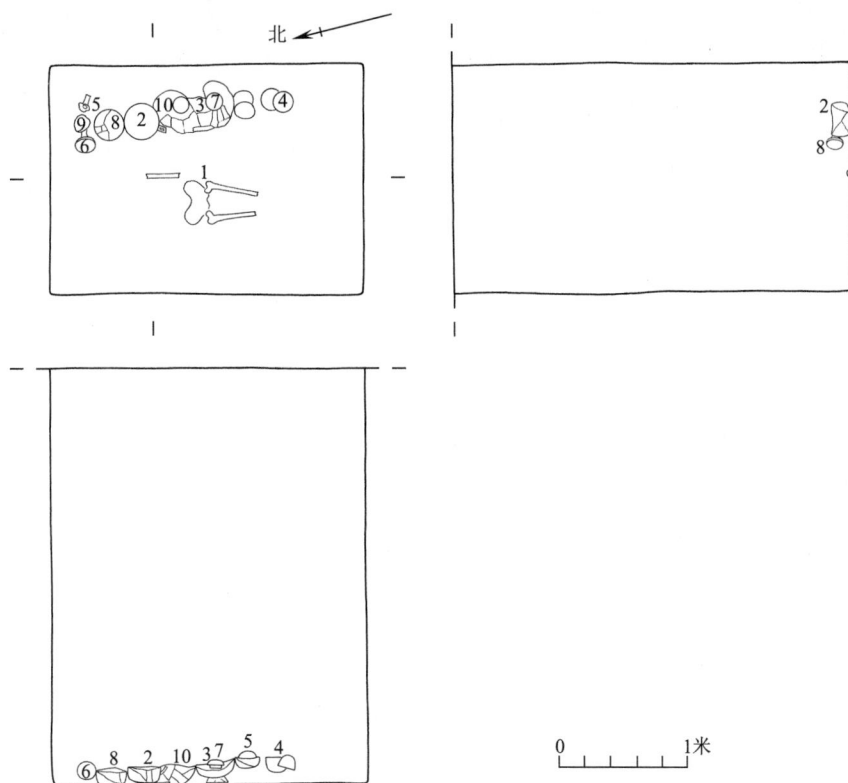

图1-44　M39平、剖面图

1.蚌饰　2、8.陶鼎　3、10.陶壶　4、5.陶敦　6.陶豆　7.陶器盖　9.陶匜

2. 随葬品

人骨东侧清理出随葬陶器一组，由于烧制火候较低，陶质较差，又经长时间挤压，部分陶器残碎严重，已不辨器型，可辨器型的有豆、壶盖、匜各1件，壶、鼎、敦各2件。部分已无法

提取，可提取者6件（套），均为泥质灰陶。另外，还清理出蚌饰品1件。

（1）陶器

6件（套）。

鼎　1套。M39：2，子口承盖，弧顶，盖顶中央有一周较高的凸棱，内饰红衣，近盖沿处有一周凹槽。器身口部微敛，方唇，长方形附耳弯曲外撇，斜弧腹，平底。底附三个较高的蹄形足，鼎足为四棱状，足端外撇，底跟处模印象形兽面，上腹饰一周凹弦纹。口径20.5、底径25、盖径22、通高26厘米（图1-45，1；图版二四，5）。

壶　1件。M39：3，残存圈足，较高，外撇，近底部饰一周凹弦纹。底径13.6、残高8.8厘米（图1-45，4；图版二四，6）。

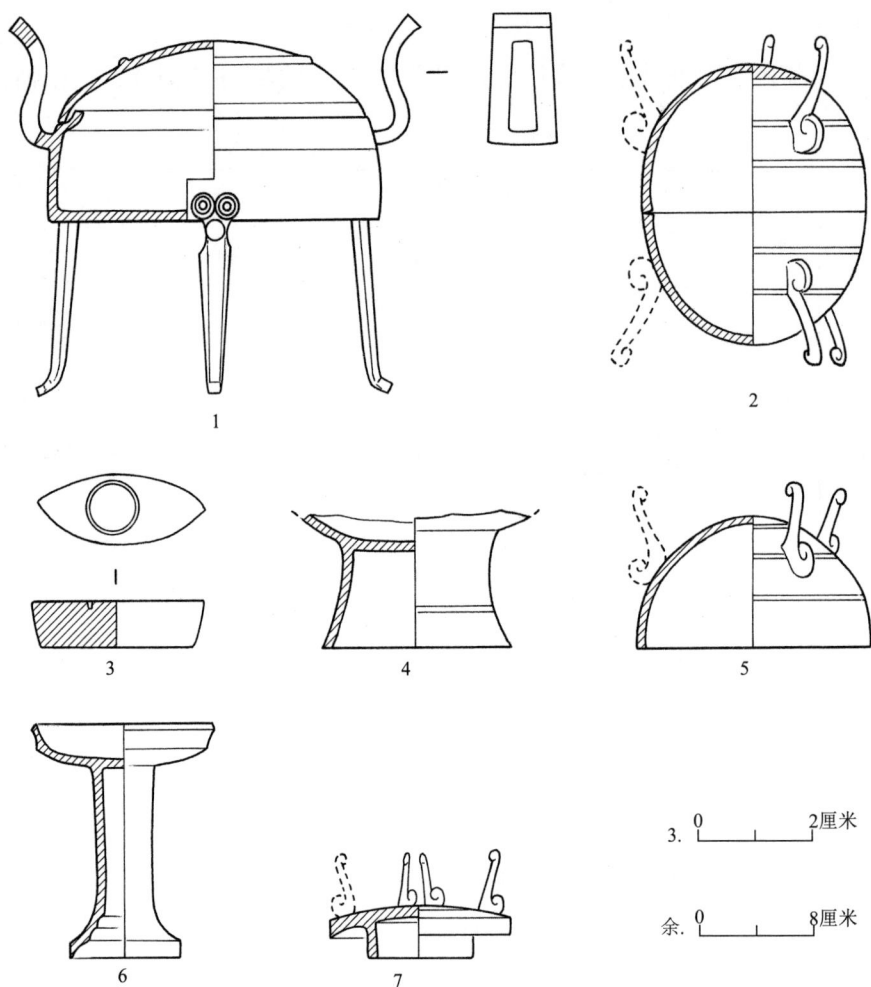

图1-45　M39出土器物

1.陶鼎（M39：2）　2、5.陶敦（M39：4、5）　3.蚌饰（M39：1）　4.陶壶（M39：3）

6.陶豆（M39：6）　7.陶壶盖（M39：7）

敦　2件（套）。均残，盖、身形制相同，均为敞口，斜沿，尖唇。器身略高于盖，扣合后近椭圆形，盖纽和器足均作"S"状。盖及器身均饰有凹弦纹，器表饰有彩衣，大部分已脱落。M39：4，盖及器身口沿饰红彩。口径16、通高22厘米（图1-45，2；图版二五，2）；M39：5，残存器盖，顶饰彩衣，勾画卷云纹。口径16.2、残高11.2厘米（图1-45，5；图版二五，1）。

豆　1件。M39：6，敞口近直，方圆唇，折腹，浅盘，细柄中空，喇叭形柄座。豆盘饰彩衣，大部分已脱落。口径13.5、底径8、残高16厘米（图1-45，6；图版二五，3）。

壶盖　1件。M39：7，弧顶，子口较深，近中部饰一周凹弦纹，弦纹四周等距离装有四个"S"形纽。顶及纽均饰彩衣，大部分已脱落。盖径11、子口径7.5、高7.6厘米（图1-45，7；图版二五，4）。

（2）蚌器

蚌饰　1件。M39：1，梭形，两端尖，中间较宽，中部刻有圆形凹槽。长3、宽1.2、厚0.8厘米（图1-45，3；图版二四，4）。

二三、M40

1. 墓葬概况

位于2013XWQIIT0310中部。开口于②层下，打破生土，口部距地表0.6米，方向15°（图1-46；图版五，1）。

墓葬形制：该墓为长方形竖穴土坑墓，口部平面形状呈长方形，直壁，平底。长2.6、宽1.5、深2.4米。墓底靠东壁设有活土二层台，宽0.24、高0.3米。

填土：为含黏土颗粒及料姜石颗粒的褐色杂土，土质稍硬。

葬具：不详。

葬式、性别及年龄：墓底中部发现人骨一具，仰身直肢，头向北，足向南。其余情况不详。

2. 随葬品

墓主腰部发现铁带钩1件。二层台偏北部清理出随葬陶器一组，由于烧制火候较低，残碎严重，经过清理，可辨器型只有陶壶2件，均已无法提取。

铁带钩　1件。M40：1，铁质，锈蚀严重，长条状，两端均有钩。残宽1.3、残长8.4厘米（图1-47；图版二五，5）。

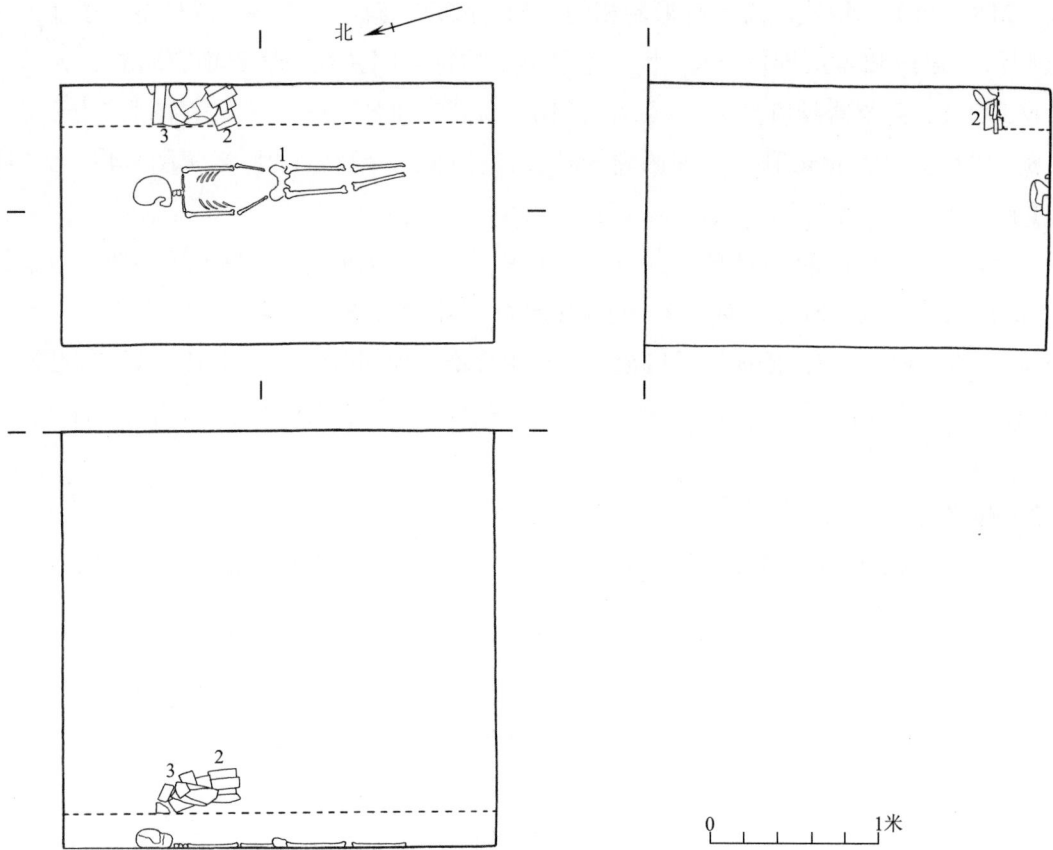

图1-46　M40平、剖面图
1.铁带钩　2、3.陶壶

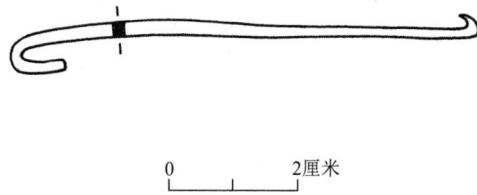

图1-47　M40出土铁带钩（M40：1）

二四、M41

1. 墓葬概况

位于2013XWQⅡT0503中部偏东。开口于②层下，打破生土，口部距地表0.3米，方向10°（图1-48；图版五，2）。

墓葬形制：该墓为长方形竖穴土坑墓，口部平面形状呈长方形，直壁，平底。长2.2、宽1.1、深2米，距口深1.3米。东、西壁分别设有生土二层台，宽0.2、高0.7米。

填土：为含黏土颗粒及料姜石颗粒的褐色杂土，土质稍硬。

葬具：不详。

葬式、性别及年龄：墓底发现人骨一具，葬式为侧身屈肢，头向北，面向西。

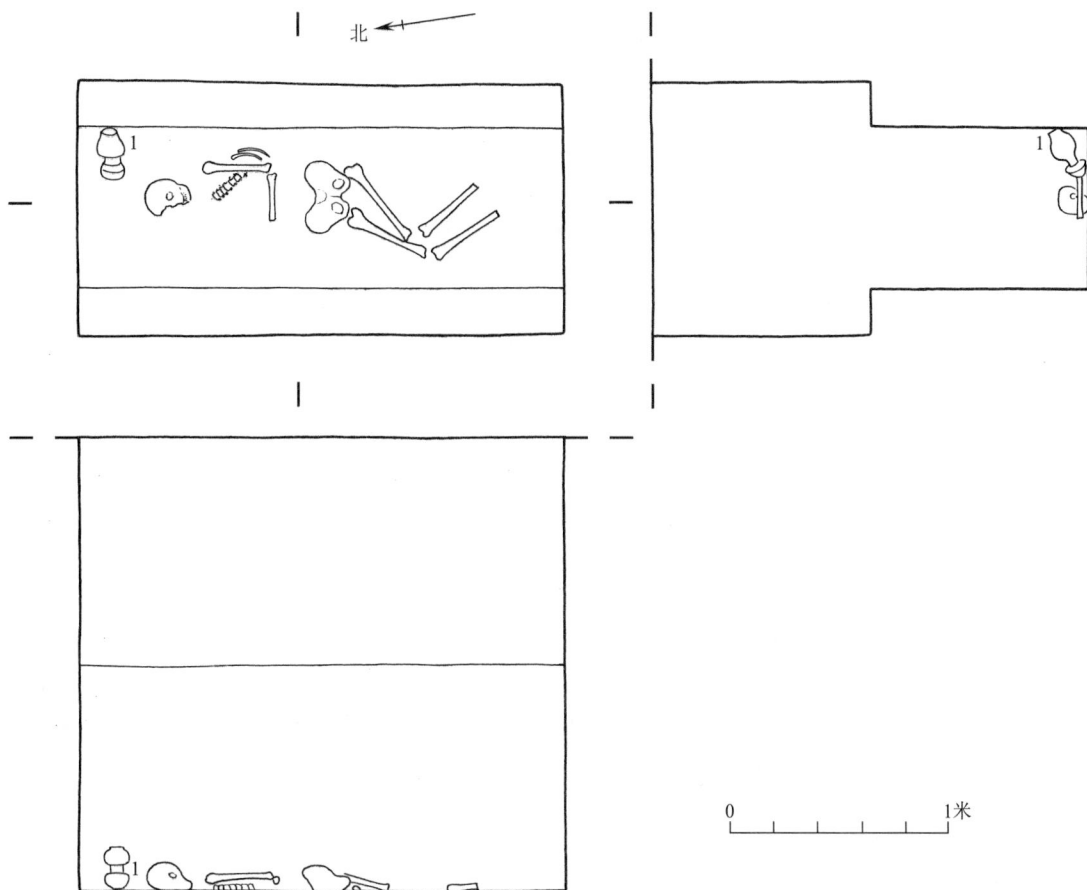

图1-48 M41平、剖面图
1.陶壶（覆钵）

2. 随葬品

墓室东北角清理出随葬陶壶1件，其口有覆钵盖。均为泥质灰陶。

壶 M41：1，口承覆钵盖，盖敞口微敛，弧腹，平底微凹。壶身直口微侈，方唇，束颈，折肩，鼓腹，平底，假圈足。颈、腹分别饰两组共八周凹弦纹，肩部有六周瓦楞纹。器身口径12.4、底径10厘米；钵盖口径15.2、底径8、通高30厘米（图1-49；图版二五，6）。

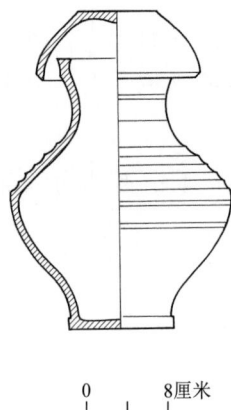

图1-49　M41出土陶壶（M41：1）

二五、M42

1. 墓葬概况

位于2013XWQIIT0208东部并延伸至ⅡT0308。开口于②层下，打破生土，口部距地表0.5米，方向15°（图1-50；图版六，1）。

墓葬形制：该墓为长方形竖穴土坑墓，口部平面形状呈长方形，直壁，平底。长2.4、宽1.2、深2.92米。东壁距墓底1.1米设有一不规则形壁龛，宽1.8、高0.4~0.7、进深0.1~0.3米。

填土：为含黏土颗粒及料姜石颗粒的褐色杂土，土质稍软。

葬具：不详。

葬式、性别及年龄：墓底发现人骨一具，葬式为仰身直肢，头向北，足向南，面向东，双手抱腹。性别、年龄不详。

2. 随葬品

壁龛内清理出随葬陶器一组，壶、鼎、敦、豆各1件，烧制火候较低，均残碎严重，鼎已无法提取，可提取者3件（套）。均为泥质灰陶。

壶　1套。M42：3，口承饼状盖，盖弧顶，子口较浅，近中部饰一周凹弦纹。器身近直口，方唇，长颈微束，溜肩，鼓腹，圈足微撇。颈、肩、腹分别饰两周凹弦纹，圈足饰一周凹弦纹，盖及器身均饰彩衣，大部分已脱落。口径10.4、腹径23.2、底径12.8、盖径10.4、通高42.5厘米（图1-51，1；图版二六，3）。

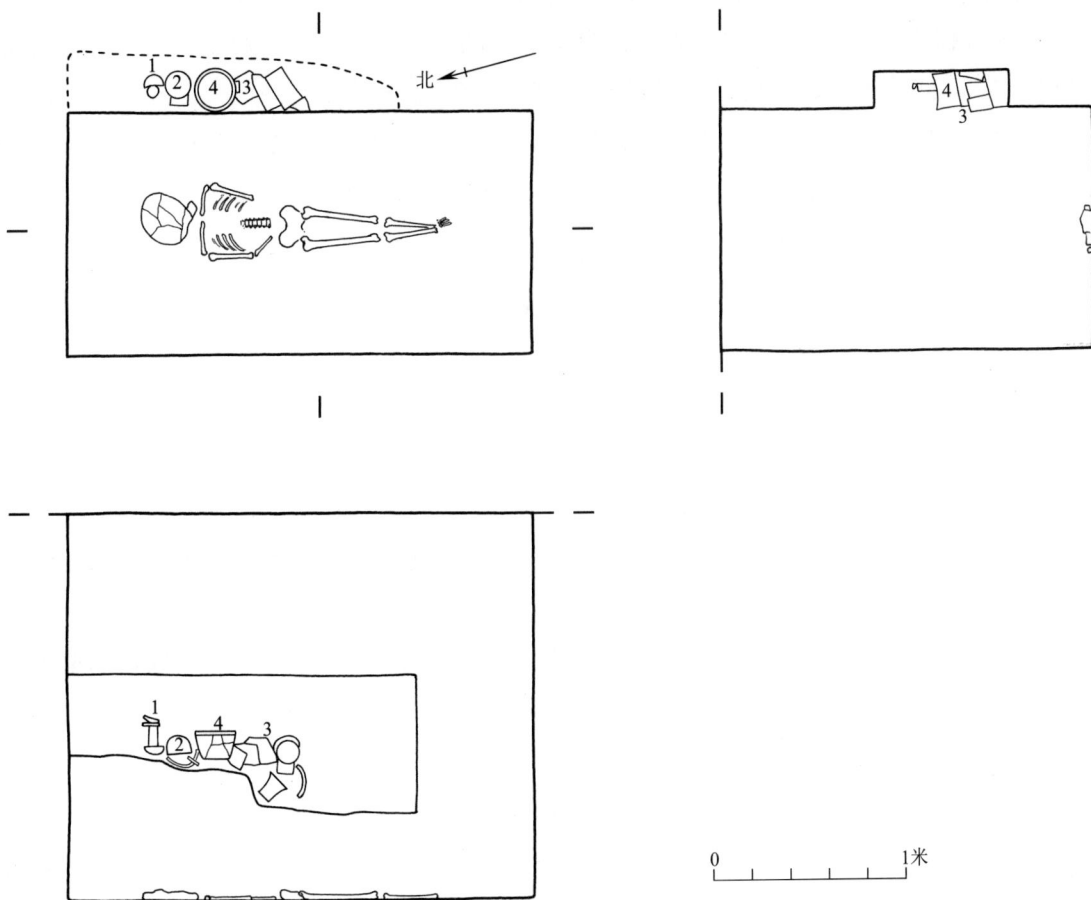

图1-50　M42平、剖面图
1.陶豆　2.陶敦　3.陶壶　4.陶鼎

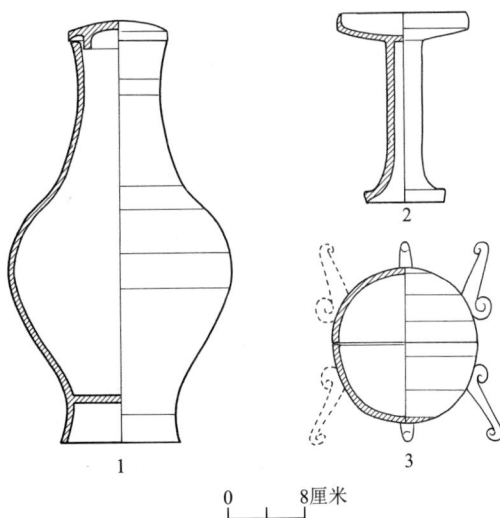

图1-51　M42出土器物
1.陶壶（M42：3）　2.陶豆（M42：1）　3.陶敦（M42：2）

敦　1套。M42：2，盖、身形制相同，均为敞口，斜沿，尖唇。器身略高于盖，扣合后近椭圆形，盖纽和器足均作"S"状。盖及器身均饰有凹弦纹，器表饰有彩衣，大部分已脱落。口径15.2、通高20厘米（图1-51，3；图版二六，2）。

豆　1件。M42：1，直口，尖圆唇，折腹，浅盘，细柄中空，喇叭形柄座。豆盘饰彩衣，大部分已脱落。口径13.2、底径8、高19.4厘米（图1-51，2；图版二六，1）。

二六、M43

1. 墓葬概况

位于2013XWQIIT0209东南部。开口于②层下，打破生土，口部距地表0.3米，方向10°（图1-52；图版五，3）。

墓葬形制：该墓为长方形竖穴土坑墓，口部平面形状呈长方形，直壁，平底，四壁规整。长2.9、宽2.12、深3.5米。墓底四壁均设有生土二层台，宽0.2、高0.7米。

填土：为含黏土颗粒及料姜石颗粒的褐色杂土，土质稍硬。

葬具：木棺，仅余朽痕，木棺朽痕长2.1、宽0.78米。

葬式、性别及年龄：墓底发现人骨一具，腐朽严重，不辨葬式，可辨墓主头向北，其余情况不详。

2. 随葬品

木棺朽痕四周清理出铜环35枚，小铜铃3件。棺内墓主尸骨周围发现蚌饰4件，棺外东侧偏南部清理出随葬陶器一组，由于烧制火候低，陶胎较差，又经长时间挤压，残碎严重，部分已不辨器型，经过清理，可辨器型有壶、高柄壶、敦各1件（套），鼎、豆、壶盖各2件（套）。均为泥质灰陶。

（1）陶器

9件（套）。

鼎　2套。子口承盖，弧顶，盖顶中央有一周较高的凸棱，近盖沿处有一周凹槽。器身口部微敛，方唇，长方形附耳弯曲外撇，弧腹，平底。底附三个较高的蹄形足，鼎足为四棱状，足端外撇，底跟处模印像形兽面，上腹饰一周或两周凹弦纹。M43：1，腹部饰两周凹弦纹。口径20、底径23、盖径22.4、通高26.4厘米（图1-53，8；图版二六，4）；M43：2，腹部饰一周凹弦纹，弦纹与口沿之间有两周重圆纹。口径20、底径23、盖径21.6、通高26.4厘米（图1-53，9；图版二六，5）。

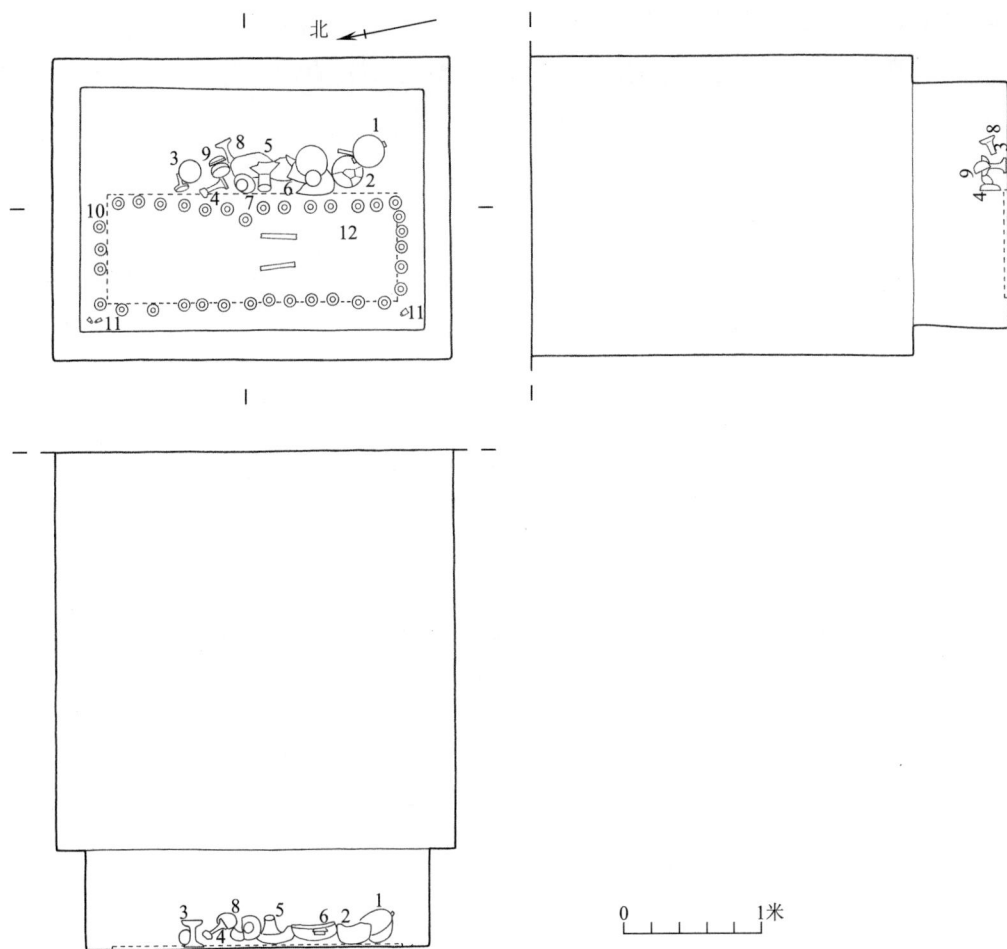

图1-52　M43平、剖面图

1、2.陶鼎　3、4.陶豆　5.陶壶　6、7.陶壶盖　8.陶高柄壶　9.陶敦　10.铜环（35件）

11.铜铃（4件）　12.蚌饰（4件）

　　敦　1套。M43：9，盖、身形制相同，均为敞口，斜沿，尖唇。器身略高于盖，扣合后近椭圆形，盖纽和器足均作"S"状。盖及器身饰三周凹弦纹，器表饰有彩衣，大部分已脱落。口径15、通高22.5厘米（图1-53，11；图版二七，6）。

　　高柄壶　1件。M43：8，敛口，方唇，矮领，扁球形腹，圆柱状柄，中空，喇叭形柄座。口颈及上腹饰彩衣，并勾画卷云纹，部分已脱落。口径6、腹径13.4、底径8、高18.4厘米（图1-53，7；图版二七，5）。

　　豆　2件。敞口，斜方唇，折腹，浅盘，细柄中空，喇叭形柄座。盘内饰两道凹弦纹。M43：3，口径13.6、底径8.5、高17.8厘米（图1-53，5；图版二六，6）；M43：4，口径13.4、底径8.4、高17.5厘米（图1-53，6；图版二七，1）。

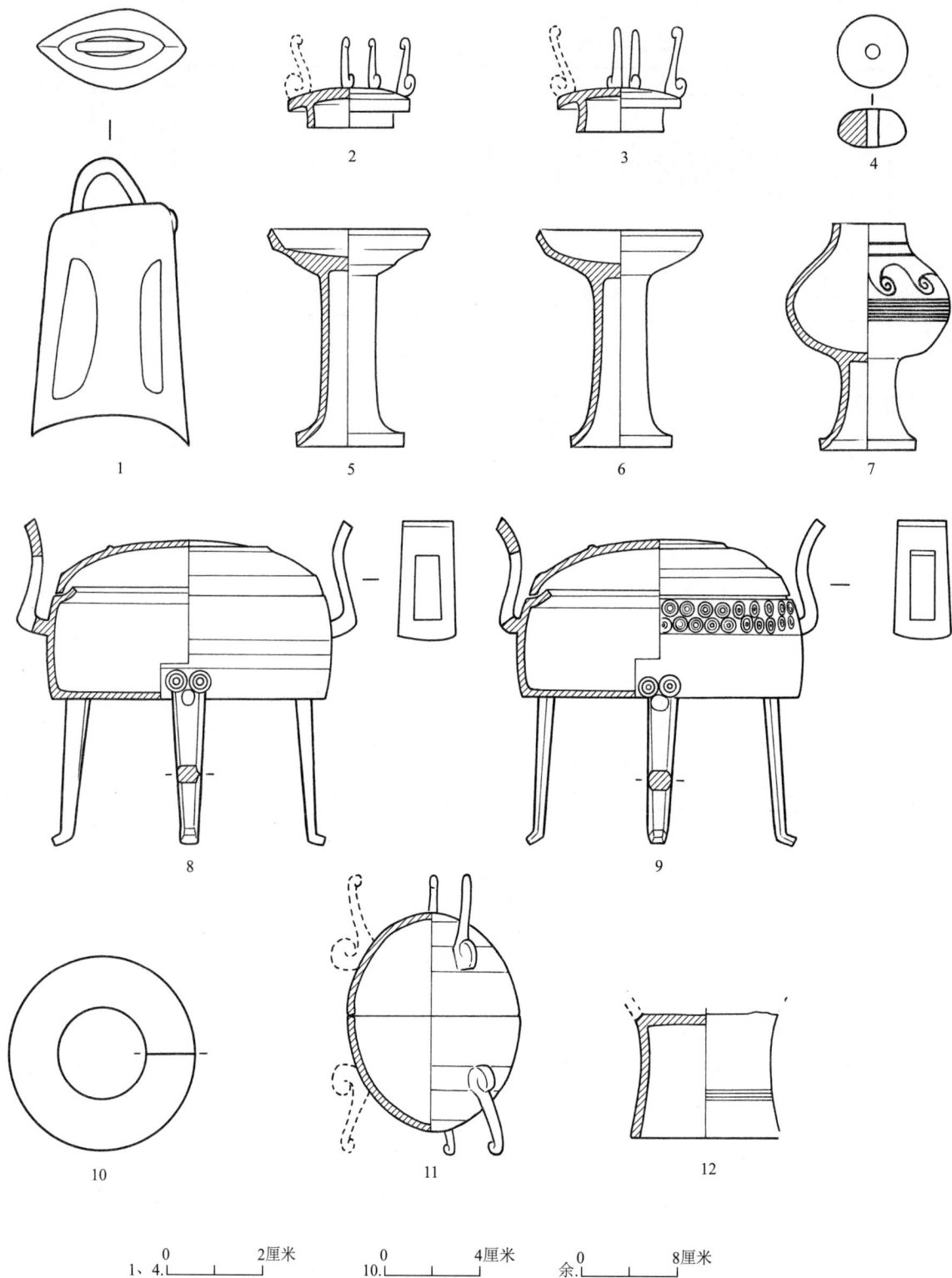

图1-53　M43出土器物

1.铜铃（M43：11-1）　2、3.陶器盖（M43：6、7）　4.蚌饰（M43：12-1）　5、6.陶豆（M43：3、4）　7.陶高柄壶（M43：8）
8、9.陶鼎（M43：1、2）　10.铜环（M43：10-1）　11.陶敦（M43：9）　12.陶壶（M43：5）

壶盖 2件。弧顶，子口较浅，近中部饰一周较粗的凹弦纹，弦纹四周等距离装有四个"S"形纽，器表饰彩衣，大部分已脱落。M43：6，盖径10.08、子口径7.2、残高7.8厘米（图1-53，2；图版二七，3）；M43：7，盖径11、子口径7、残高8.4厘米（图1-53，3；图版二七，4）。

壶 1件。M43：5，残存圈足。壶底近平，高圈足微撇，足底饰两周较粗凹弦纹。足径13、残高10厘米（图1-53，12；图版二七，2）。

（2）铜器

2类。铜环及铜铃，青铜质。

环 35件（图版二八，1）。环形片状，较薄，截面近线形，素面，个别器身残存布纹痕迹。M43：10-1，外径7.8、内径3.8、厚0.1厘米（图1-53，10）。

铃 4件（图版二八，2）。合瓦形，整体窄高，环纽，器身镂空，下边缘凹弧较浅，脚尖，无铃舌。M43：11-1，最宽3.3、最厚1.7、高5.8厘米（图1-53，1）。

（3）蚌器

蚌饰 4件（图版二八，3）。M43：12-1，呈圆形或扁球形，中部有穿。直径1.2~1.4厘米（图1-53，4）。

二七、M44

1. 墓葬概况

位于2013XWQIIT0208西部。开口于②层下，打破生土，口部距地表0.3米，方向15°（图1-54；图版六，2）。

墓葬形制：该墓为长方形竖穴土坑墓，口部平面形状呈长方形，直壁，平底，四壁规整。长2.9、宽1.7、深3.8米。

填土：为含黏土颗粒及料姜石颗粒的褐色杂土，土质稍硬。

葬具：不详。

葬式、性别及年龄：墓底残存人骨一具，可辨葬式为仰身直肢，头向北，面向西。其他情况不详。

2. 随葬品

人骨东侧清理出随葬陶器一组，由于烧制火候低，陶质较差，又经长期挤压，部分陶器残碎严重，已不辨器型，可辨器型的有壶、盘、器盖各1件，鼎、豆各2件。部分已无法提取，可提取者3件。均为泥质灰陶。

豆 1件。M44：2，敞口，斜方唇，折腹，浅盘，细柄中空。豆盘外壁有两周凸棱。口径14、残高12.8厘米（图1-55，1；图版二八，4）。

盘 1件。M44：3，敞口，斜方唇，唇面内勾，浅斜腹，平底。口径16、底径8、高4.4厘米（图1-55，3；图版二八，5）。

　　器盖　1件。M44：4，弧顶，子口较浅，近中部饰一周凹弦纹，弦纹四周等距离装有三纽，纽残。器表饰彩衣，大部分已脱落。盖径10、子口径6.8、残高3.6厘米（图1-55，2；图版二八，6）。

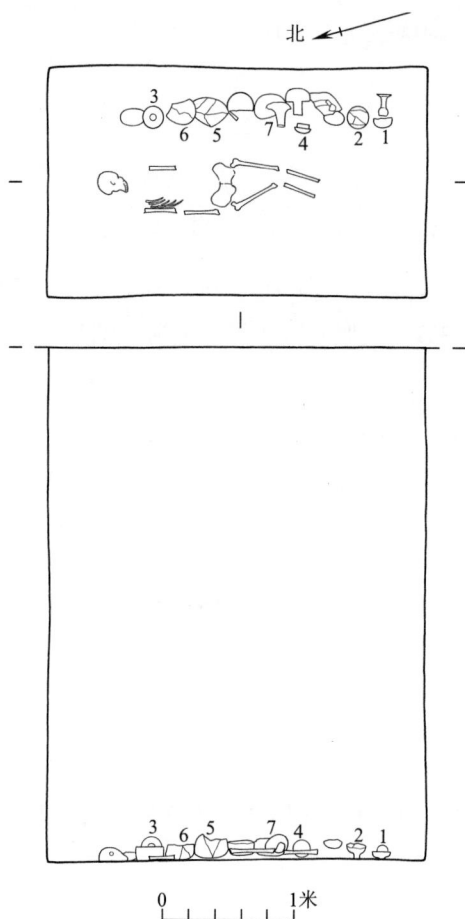

图1-54　M44平、剖面图
1、2.陶豆　3.陶盘　4.器盖　5、6.陶鼎　7.陶壶

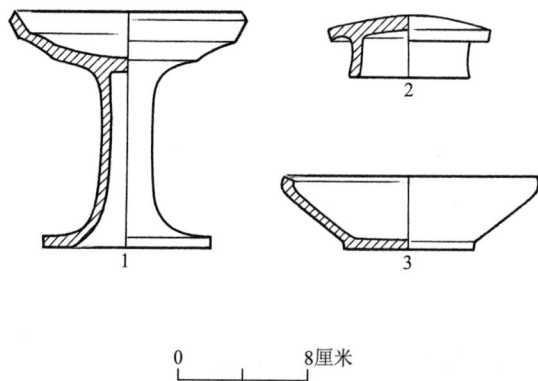

图1-55　M44出土器物
1.陶豆（M44：2）　2.陶器盖（M44：4）　3.陶盘（M44：3）

二八、M46

1. 墓葬概况

位于2013XWQIIT0502东南部。开口于②层下，打破生土，口部距地表0.6米，方向15°（图1-56；图版六，3）。

墓葬形制：该墓为长方形竖穴土坑墓，口部平面形状呈长方形，直壁，平底。长2.2、宽1.2、深1.8米。墓底东、西两壁设有生土二层台，宽0.25、高0.2米。

填土：为含黏土颗粒及料姜石颗粒的褐色杂土，土质稍硬。

葬具：不详。

葬式、性别及年龄：墓底中部发现人骨一具，葬式为仰身直肢，头向北，足向南，面向上。其余情况不详。

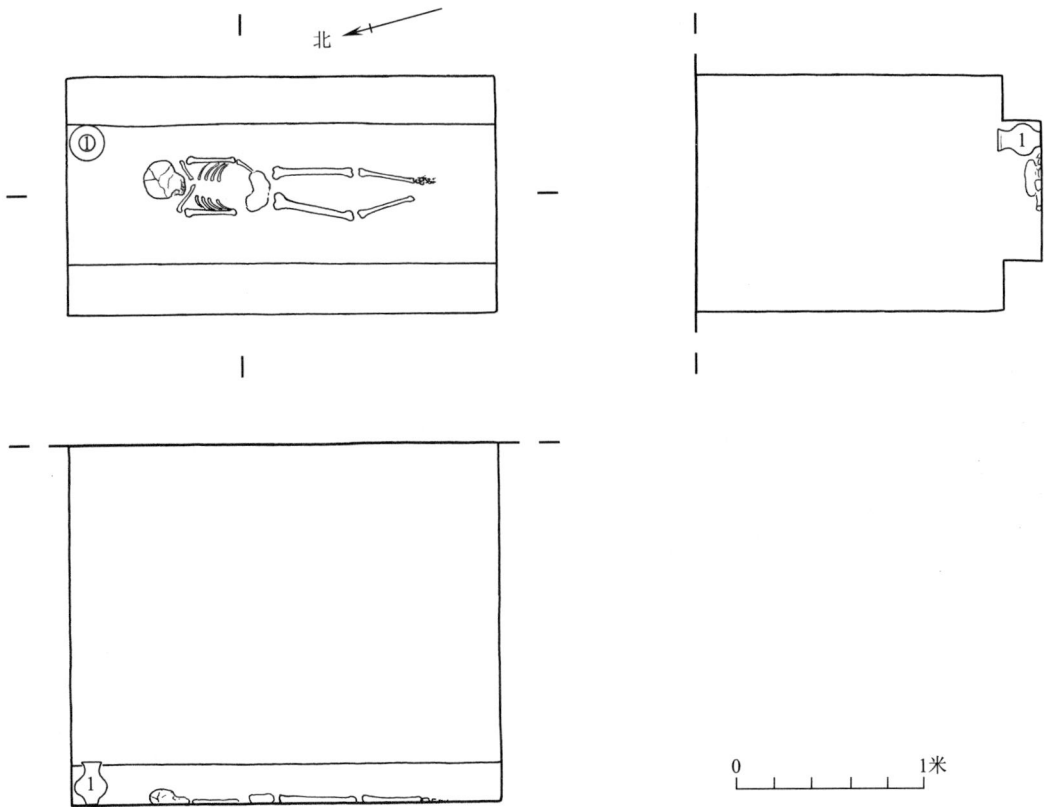

图1-56　M46平、剖面图
1.陶壶

2. 随葬品

墓室东北角清理出陶壶1件。

壶　1件。M46：1，泥质灰陶，直口，方唇，束颈，溜肩，鼓腹，底近平，底部边沿斜削一周，假圈足。颈、肩、腹分别饰一组共六周凹弦纹。口径10.4、腹径21.6、底径9.6、高24厘米（图1-57，1；图版三〇，1）。

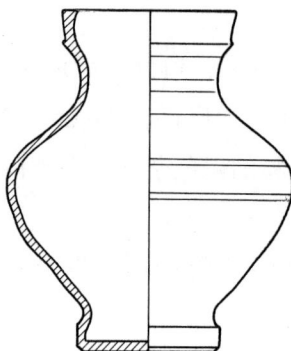

0 ——— 8厘米

图1-57　M46出土陶壶（M46：1）

二九、M47

1. 墓葬概况

位于2013XWQIIT0503南部并延伸至ⅡT0502。开口于②层下，打破生土，口部距地表0.6米，方向15°（图1-58）。

墓葬形制：该墓为长方形竖穴土坑墓，口部平面形状呈长方形，直壁，平底。长2.2、宽1.3、深1.9米。

填土：为含黏土颗粒及料姜石颗粒的褐色杂土，土质稍软。

葬具：不详。

葬式、性别及年龄：未发现人骨。

2. 随葬品

未发现随葬品。

北

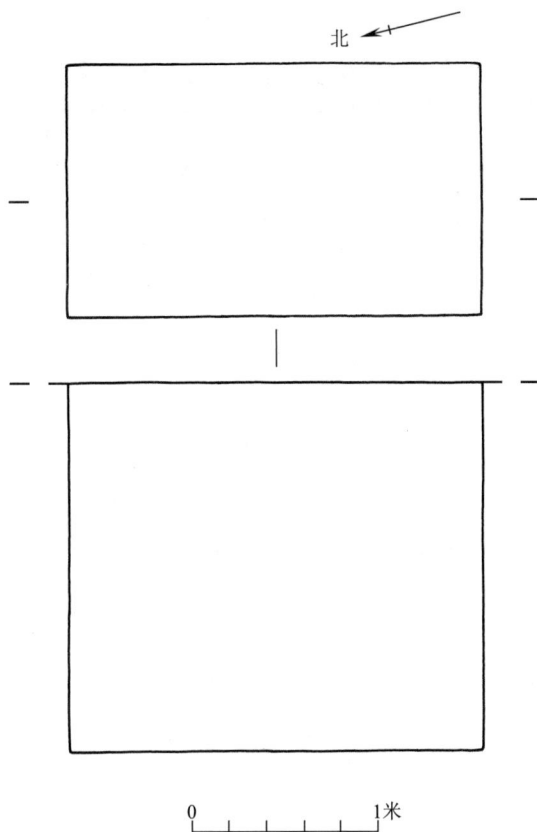

0 _____ 1米

图1-58　M47平、剖面图

三〇、M48

1. 墓葬概况

位于2013XWQⅡT0503西南部，墓道延伸至Ⅱ T0502。开口于②层下，打破生土，口部距地表0.5米，方向10°。该墓为长方形竖穴墓道洞室墓，由墓道和墓室两部分构成（图1-59；图版六，4）。

墓道：竖井墓道位于墓室北部，口部平面形状呈长方形，直壁，平底。长2.3、宽1.3、深2.1米。

墓室：土洞墓室位于墓道南部，略窄于墓道，底部平面形状呈长方形，直壁，平底。长2.5、宽1.1、高0.74米。墓底纵向齐缝平铺四块铺地砖，素面，砖长1.03、宽0.36、厚0.14米。

填土：含为黏土颗粒及料姜石颗粒的褐色杂土，土质稍硬。洞室内填土较软，淤土较多。

葬具：不详。

葬式、性别及年龄：铺地砖上残存人骨一具，腐朽严重，已成粉末状。葬式、性别年龄等均不详。

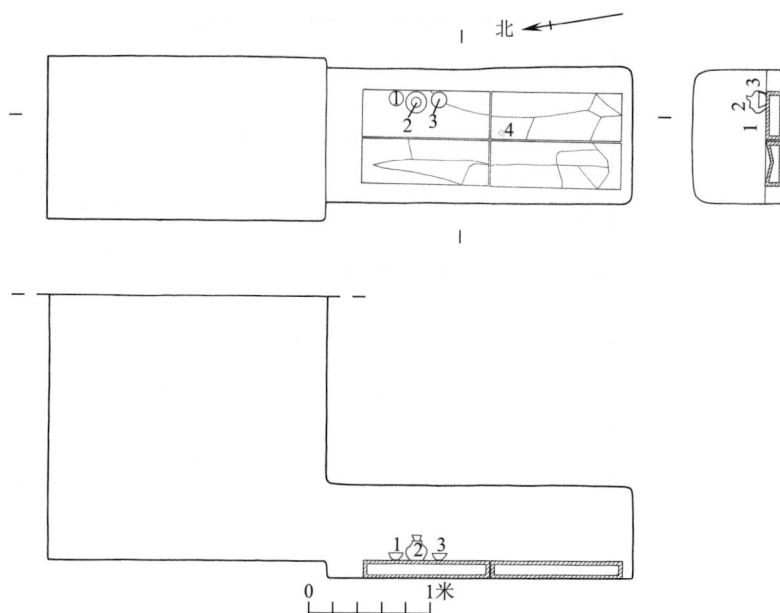

图1-59　M48平、剖面图
1、3.陶碗　2.陶壶　4.铜带钩

2. 随葬品

在土洞墓室口部近东壁处发现陶壶1件、陶碗2件，在墓主尸骨腰部发现铜带钩1件。

（1）陶器

3件。均为泥质灰陶。

壶　1件。M48：2，直口，方唇，束颈，溜肩，鼓腹，底近平，底部边沿斜削一周，假圈足。颈、肩、腹分别饰一组共六周凹弦纹。口径12.2、腹径20、底径9、高24.5厘米（图1-60，3；图版三〇，3）。

碗　2件。敛口，圆唇，弧腹，平底内凹。M48：1，口径14.6、腹径15.2、底径6.8、高5.5厘米（图1-60，2；图版三〇，2）；M48：3，口径15、腹径15.2、底径7.3、高6厘米（图1-60，4；图版三〇，4）。

（2）铜器

带钩　1件。M48：4，整体呈琵琶形，钩残，尾部为圆弧形，腹鼓，背平，圆纽较大，素面。纽径1.3、残长1.8厘米（图1-60，1；图版三〇，5）。

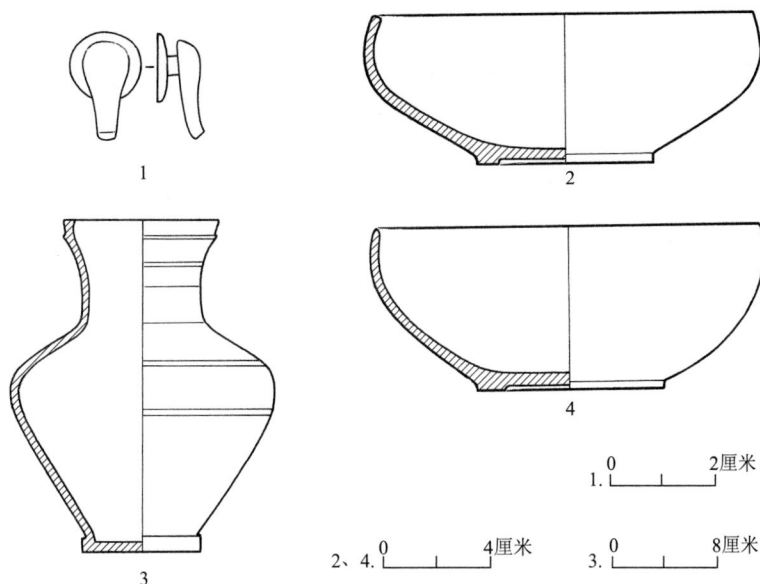

图1-60　M48出土器物

1.铜带钩（M48：4）　　2、4.陶碗（M48：1、3）　　3.陶壶（M48：2）

三一、M49

1. 墓葬概况

位于2013XWQIIT0503东南部，墓道延伸至ⅡT0502。开口于②层下，打破生土，口部距地表0.6米，方向10°。该墓为长方形竖穴墓道洞室墓，由墓道和墓室两部分构成（图1-61）。

墓道：竖井墓道位于墓室北部，口部平面形状呈长方形，直壁，底近平。长2.2、宽1.56、深2米。西壁留有生土二层台，高0.4、宽0.22米。

墓室：土洞墓室位于墓道南部，略窄于墓道，底部平面形状呈长方形，直壁，平底。长2.12、宽0.86、高1米。

填土：墓道内填含黏土颗粒及料姜石颗粒的褐色杂土，土质稍硬。洞室内填土较软，淤土较多。

葬具：不详。

葬式、性别及年龄：墓底残存有人骨，腐朽严重，已成粉末状。性别年龄等均不详。

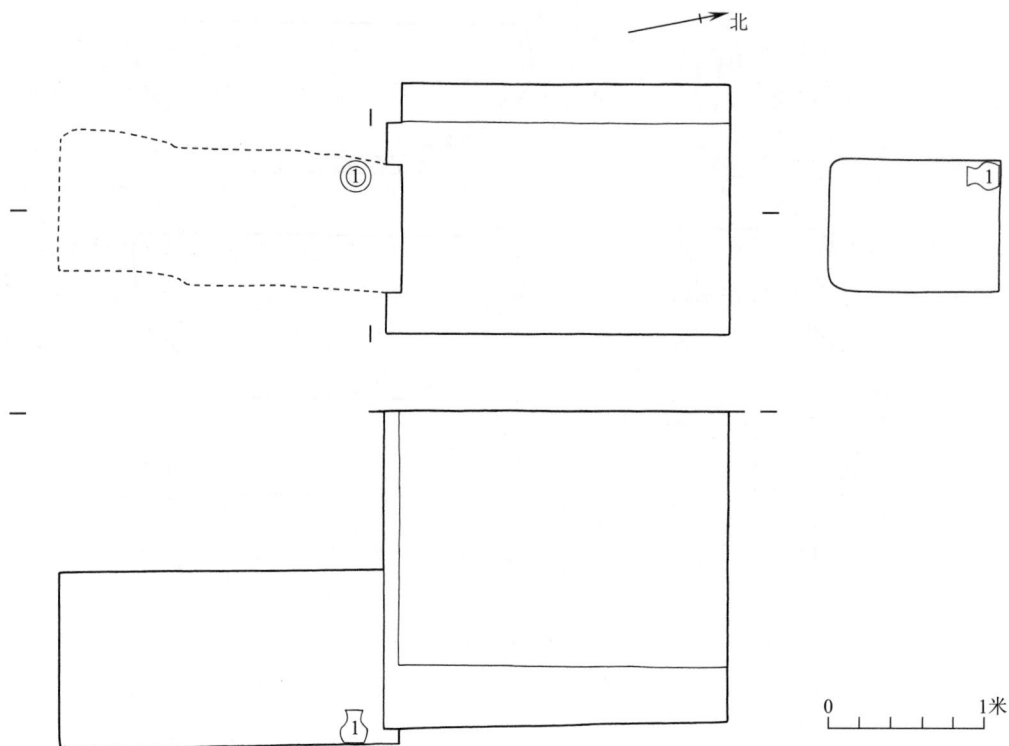

图1-61　M49平、剖面图
1.陶壶

2. 随葬品

土洞墓室口部近西壁发现陶壶1件。

壶　1件。M49：1，泥质灰陶，直口，方唇，束颈，溜肩，鼓腹，底近平，底部边沿斜削一周，假圈足。器表磨光，颈、肩、腹分别饰一组共六周凹弦纹。口径8.8、腹径18.6、底径8.4、高22厘米（图1-62；图版三〇，6）。

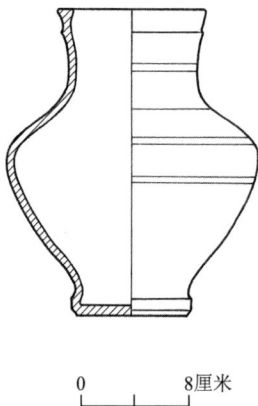

图1-62　M49出土陶壶（M49：1）

三二、M50

1. 墓葬概况

位于2013XWQIIT0501东南部。开口于②层下，打破生土，口部距地表0.3米，方向15°。该墓为长方形竖穴墓道洞室砖砌墓，由墓道、墓室和耳室三部分构成（图1-63）。

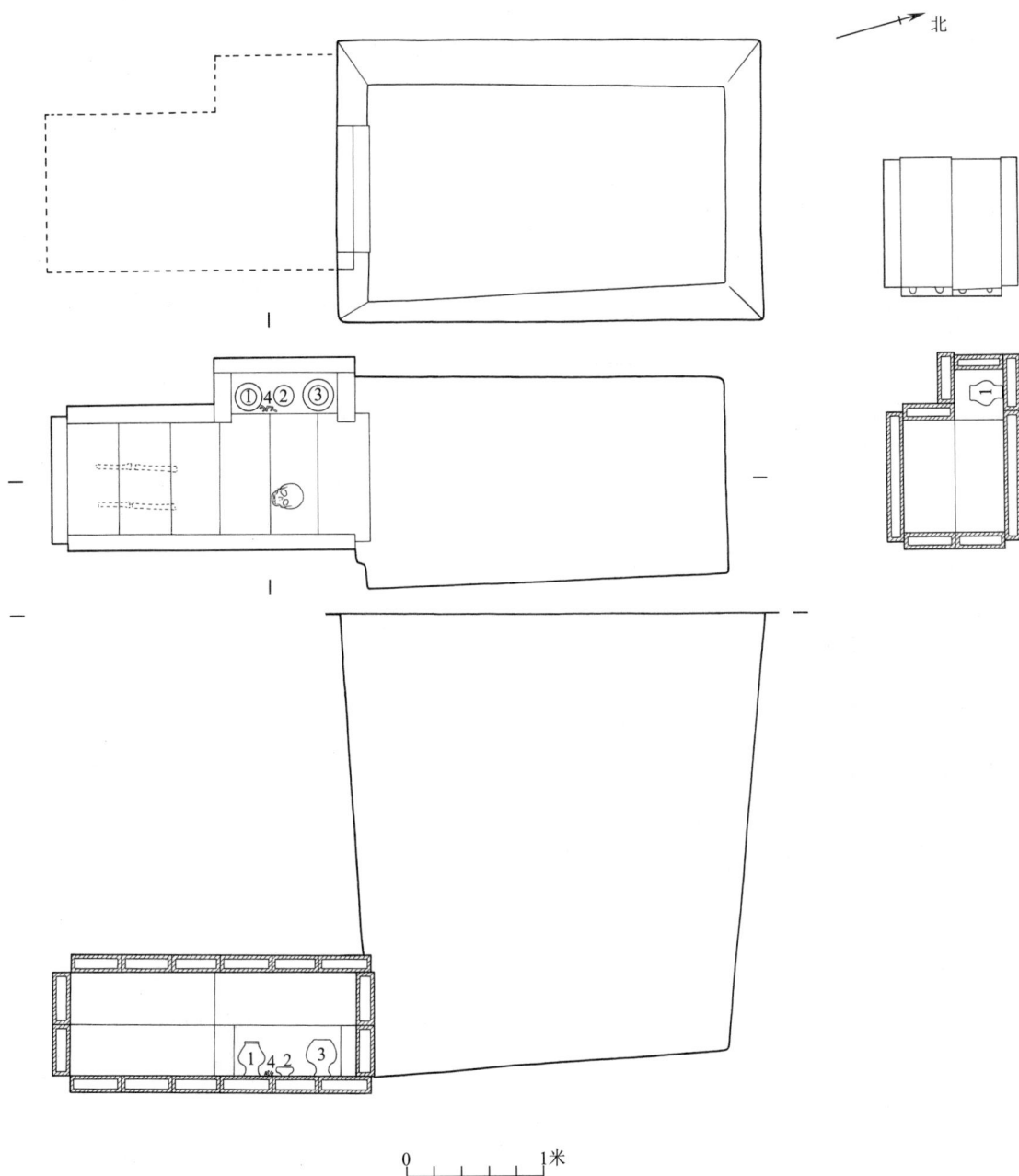

图1-63　M50平、剖面图

1.陶壶　2.陶碗　3.陶罐　4.铜璜（3件）

墓道：竖井墓道位于墓室北部，平面形状呈长方形，口大底小，四壁规整，底北高南低，略呈斜坡状。口部长3.1、宽2米，深3.42~3.6米，坡长2.6、宽1.4~1.52米。

墓室：空心砖砌墓室位于墓道南部，窄于墓道，底部平面形状呈长方形，直壁，平底。长2.1、宽0.8、高0.74米。顶砖和铺地砖均由空心砖横向平铺一层，顶砖大部分已残；东西两壁分别由四块空心砖两两对缝侧砌，南壁和封门分别为两块空心砖上下侧砌（图版七，1）。

耳室：位于墓室西壁靠门处（图版七，2），空心砖砌结构，宽0.78、高0.36、进深0.36米，南北壁各由一块长36、宽36、厚14厘米空心砖侧砌。西壁也由空心砖侧砌，顶和铺地砖均由一块空心砖横向平铺。墓室和耳室所用空心砖除耳室南北壁外，规格均一致，长92、宽40、厚12厘米，一面为菱形米格纹（图1-66）。

填土：墓道内填含黏土颗粒及料姜石颗粒的褐色杂土，土质稍硬。洞室内填土较软，淤土较多。

葬具：不详。

葬式、性别及年龄：铺地砖上残存人骨一具，除头骨外，其余均腐朽严重，已成粉末状，不辨葬式，可辨墓主头向北。其余情况不详。

2. 随葬品

耳室清理出随葬陶器一组，壶、罐、碗各1件，另有铜璜3枚。

（1）陶器

3件。均为泥质灰陶。

罐　1件。M50：3，直口，平折沿，方唇，短颈微束，溜肩，腹部圆鼓，平底。肩部有一个长方形印戳（图1-65，2；图版三一，4），肩腹交接处有一凸棱。口径10、腹径23、底径11.2、高26厘米（图1-64，2；图版三一，3）。

壶　1件。M50：1，直口，尖唇，束颈，斜折肩，鼓腹，平底，底部边沿斜削一周，假圈足。颈部饰两周凹弦纹，腹部两组凹弦纹之间有一长方形印戳（图1-65，1；图版三一，2）。口径11、腹径21、底径11、高23.2厘米（图1-64，1；图版三一，1）。

碗　1件。M50：2，直口，尖圆唇，鼓腹，平底。内底有一长方形戳印。口径13.8、腹径14.8、底径6、高6.4厘米（图1-64，4；图版三一，5）。

（2）铜器

璜　3件（图版三一，6）。M50：4-1，拱桥形，片状较薄，单面有内外郭，拱顶内缘有一圆形穿孔，两端斜直，素面。宽8.5、高4.2厘米（图1-64，3）。

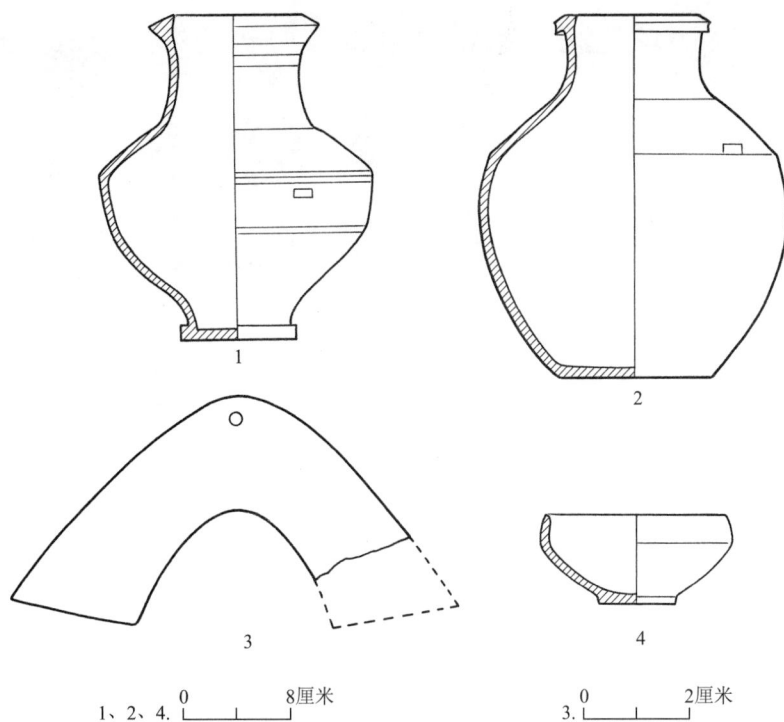

1、2、4. 0　　　　　8厘米　　　　　3. 0　　　2厘米

图1-64　M50出土器物
1.陶壶（M50：1）　2.陶罐（M50：3）　3.铜璜（M50：4-1）　4.陶碗（M50：2）

0　　　　　2厘米

图1-65　M50出土器物戳印拓本
1.陶壶戳印拓本（M50：1）　2.陶罐戳印拓本（M50：3）

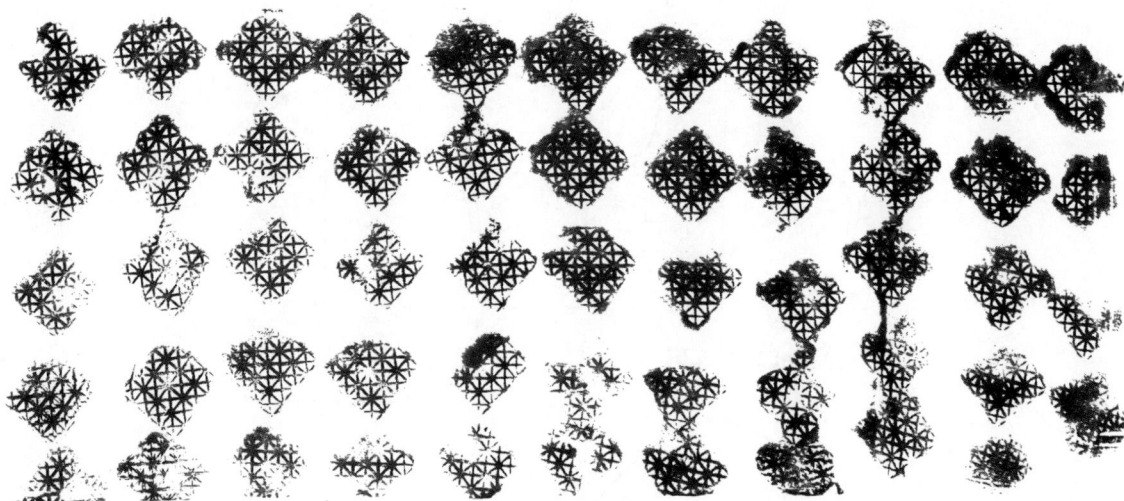

0 _____ 15厘米

图1-66　M50出土空心砖拓本

第三章　汉代墓葬

汉代墓葬共发现5座，即M6、M7、M12、M45、M51，现公布如下。

一、M6

1. 墓葬概况

位于2013XWQIT0404东部，墓道延伸至IT0403。开口于②层下，打破生土，口部距地表0.6米，方向195°。平面形状近"凸"字形，由墓道、甬道、前室和后室四部分构成（图1-67）。

墓道：斜坡墓道位于甬道南部，口部平面形状近长方形，直壁。口部长6.7、宽1.04~1.42米，残深0.88~2.24、坡长6.82米。

甬道：位于墓道与前室之间，底部平面形状近长方形，直壁，平底，残存有壁砖。长1.3、宽2.26、残高2.24米。

前室：位于甬道与后室之间，底部平面形状呈长方形，直壁，平底，残存壁砖及部分铺地砖，铺地砖呈席纹交错平铺一层。长4.64、宽2.28、残高2.24米。

后室：位于前室北部，底部平面形状呈长方形，直壁，平底，底略高于前室，无铺地砖，三壁均残存壁砖。长2.36、宽2.02米。

甬道、前室和后室所用壁砖及前室铺地砖规格一样，一侧为短斜线纹，间饰乳钉，其余三面为素面，砖长45、宽13、厚6厘米（图1-70）。壁砖砌法一致，均为单砖顺壁纵向错缝平铺，残存壁砖高1.14米。

填土：由于盗扰严重，墓内填土较乱，包含有料姜石颗粒、黏土颗粒以及大量碎砖块等，土质稍软。

葬具：不详。

葬式、性别及年龄：未发现人骨。

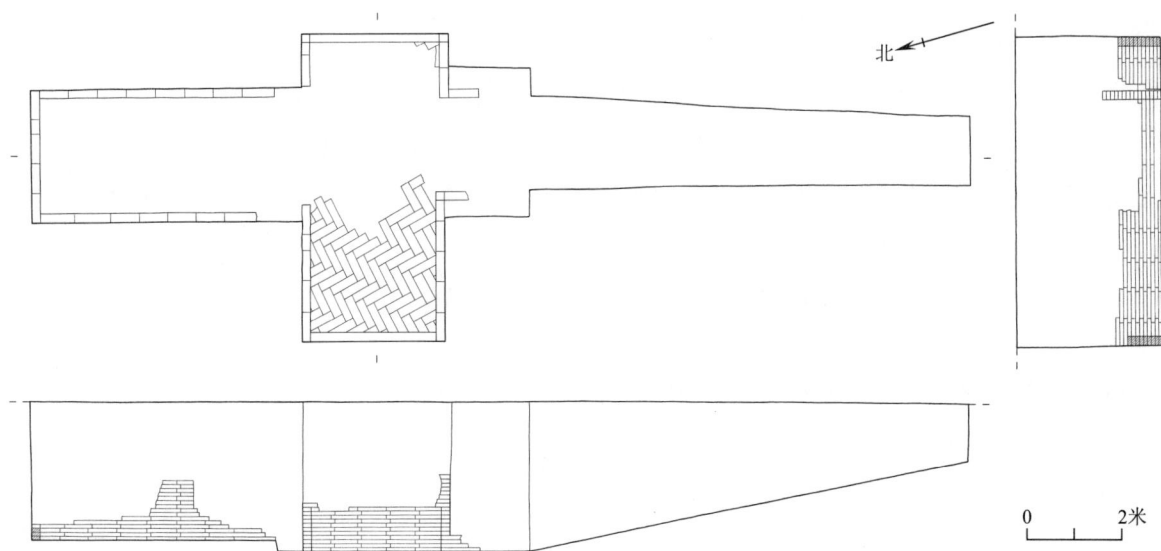

图1-67　M6平、剖面图

2. 随葬品

在前室和后室近墓底的填土中清理出陶人俑、陶圈、陶灶、博山炉、陶盘和陶鸡各1件，铜钱9枚，其中陶圈内还有陶猪、陶狗各1件。均为泥质灰陶，烧造火候高，质地坚硬。

俑　1件。M6：1，模制，头戴高冠，阔鼻，深眼窝，双手抱一器物呈跪坐。残高20、底宽12厘米（图1-68，3；图版一〇，3）。

圈厕　1件。M6：2，平面呈弧边方形，弧壁方底，一角上部为厕房，悬山式屋顶，屋脊两端上翘，前方开一方门，边缘刻划出类似门框的线条，两侧饰网状纹窗，门口有台阶，房底有一近方形洞与圈相通。长21.6、宽20、最高18.6厘米（图1-68，1；图版一〇，5、6）。

灶　1件。M6：3，仅存灶身，平面呈长方形，灶台前后有两个等大的火眼，左右两边模印网格纹带，另有刀、鱼钩等生活用具，两火眼前部有挡火墙，后面有圆形烟道，前壁有近拱顶形灶门。长20、宽13.8、高8.8厘米（图1-68，6；图版一〇，4）。

博山炉　1件。M6：4，子母口，方圆唇，鼓腹下收，圆柄中空，下残；盖呈博山形，中空，外壁模印山峦，上有镂孔，外饰白衣。口径8.6、腹径12.8、残高21.2、盖径11.5厘米（图1-68，2；图版一一，1）。

盘　1件。M6：5，敞口，尖圆唇，浅腹，平底。内底有两周同心圆。口径21.2、底径11.2、高3.6厘米（图1-68，8；图版一一，2）。

鸡　1件。M6：6，模制，中间有合模痕。雄鸡，昂首，高冠，长尾后垂，双足呈圆柱状。长9.7、高7.8厘米（图1-68，4；图版一一，3）。

猪　1件。M6：8，模制，中间有合模痕。体肥，长吻立耳，背上鬃毛竖起，卷尾。长9.2、高4.9厘米（图1-68，7；图版一一，5）。

　　狗　1件。M6：9，模制，俯卧状，头侧望，双耳竖直，眼圆瞪，尾侧向卷曲，腹中空。长15.6、高3.28厘米（图1-68，5；图版一一，6）。

　　铜钱　9枚。其中4枚朽毁严重，其余5枚可分为有郭五铢钱和磨郭五铢钱（图版一一，4）。

　　有郭五铢　3枚。圆形方穿，正、背面均有外郭，穿背面有内郭，穿左右两侧篆文"五铢"二字。"五"字交笔弯曲；"朱"头圆折，中竖两头变细；"釒"头为硕大正三角形，四点变长。M6：7-1，钱径2.5、穿径1、厚0.1厘米，重2.5克（图1-69，1）；M6：7-2，钱径2.5、穿径1、厚0.1厘米，重3克（图1-69，2）；M6：7-3，钱径2.5、穿径1、厚0.1厘米，重3克（图1-69，3）。

　　磨郭五铢　2枚。边郭经磨锉的窄边或无郭五铢钱，又称磨边五铢。M6：7-4，钱径2.5、穿径1.1、厚0.1厘米，重2.5克。M6：7-5，无郭，钱径2.3、穿径1、厚0.1厘米，重2克（图1-69，4）；M6：7-6，钱径2.5、穿径1、厚0.1厘米，重2.7克（图1-69，5）。

图1-68　M6出土器物

1.陶圈厕（M6：2）　2.陶博山炉（M6：4）　3.陶俑（M6：1）　4.陶鸡（M6：6）

5.陶狗（M6：9）　6.陶灶（M6：3）　7.陶猪（M6：8）　8.陶盘（M6：5）

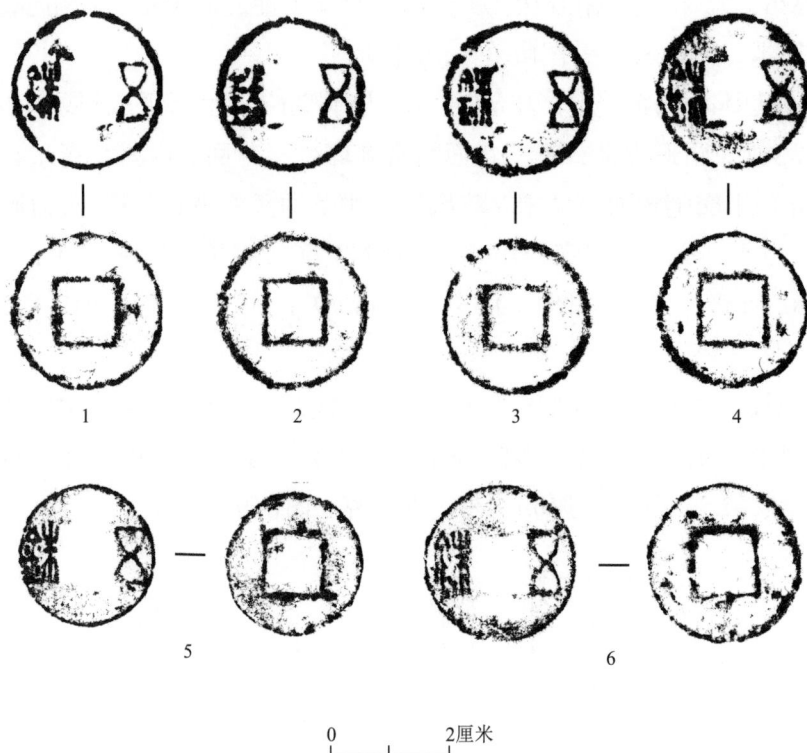

0 　　　　2厘米

图1-69　M6出土铜钱拓本
1~6.铜钱（M6：7-1~3、5、6）

0 　　　　　　　10厘米

图1-70　M6出土墓砖拓本

二、M7

1. 墓葬概况

位于2013XWQIT0215西南部，并延伸至IT0214。开口于②层下，打破生土，口部距地表0.7米，方向18°。该墓平面形状近"刀"字形，由墓道、墓室和耳室三部分构成（图1-71）。

墓道：斜坡墓道位于墓室北部，口部平面形状近长方形，直壁。口部长3.2、宽1.12米，残深1~1.3、坡长3.24米。

墓室：砖砌墓室位于墓道南部，底部平面形状近长方形，直壁，平底。无铺地砖。长5.3、宽2.06、残高1.3米，四壁残存壁砖，最高14层0.98米，单砖顺壁纵向错缝平铺，砖长46、宽14、厚7厘米，一个侧面有"五"字纹，其余三面为素面。

耳室：砖砌耳室位于墓室东壁偏北，无铺地砖。宽1、高0.6、进深0.9米，南北壁残存部分壁砖，亦为单砖顺壁纵向错缝平铺，所用砖规格与墓室壁砖一致。

填土：墓内填土较乱，包含有料姜石颗粒、黏土颗粒以及大量碎砖块等，土质稍硬。

葬具：不详。

葬式、性别及年龄：未发现人骨。

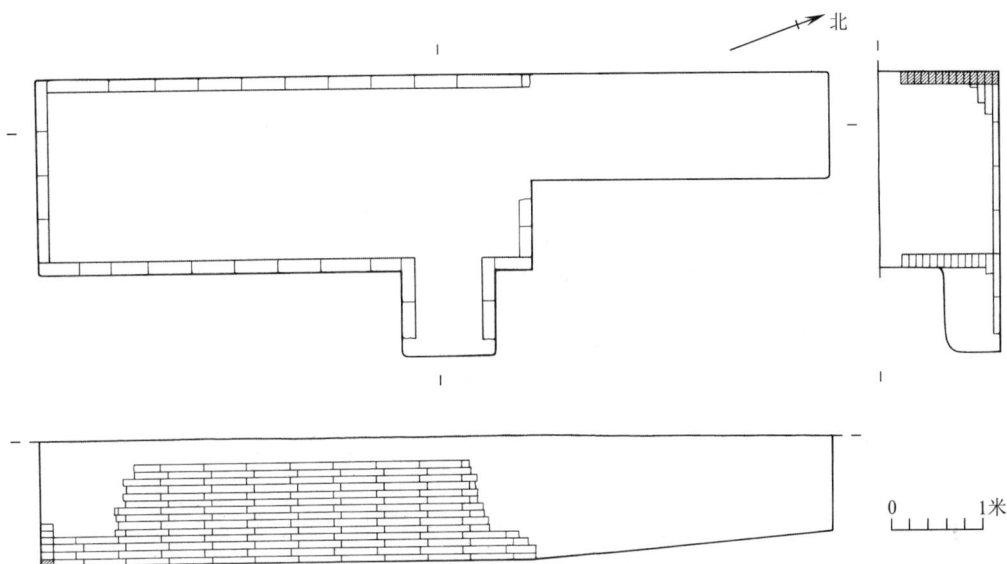

图1-71　M7平、剖面图

2. 随葬品

墓室淤土中清理出铁犁铧1件，墓底清理出铜钱15枚。

犁铧　1件。M7∶2，铁质，锈蚀严重，整体呈倒三角形，外弧刃，内有銎槽，两端齐平。宽27、高16.5厘米（图1-72；图版一二，2）。

铜钱　15枚（图版一二，1）。均为五铢钱，其中7枚锈蚀严重。M7∶1-1，钱径2.55、穿径0.95、厚0.11厘米，重2.6克（图1-73，1）；M7∶1-2，钱径2.5、穿径1、厚0.11厘米，重3.1克（图1-73，3）；M7∶1-3，钱径2.4、穿径0.9、厚0.1厘米，重2.6克（图1-73，2）；M7∶1-4，钱径2.4、穿径1、厚0.1厘米，重2.2克（图1-73，4）；M7∶1-5，钱径2.4、穿径1、厚0.12厘米，重2.8克（图1-73，5）；M7∶1-6，钱径2.5、穿径1、厚0.1厘米，重2.7克（图1-73，6）；M7∶1-7，钱径2.5、穿径1、厚0.1厘米，重2.2克（图1-73，7）；M7∶1-8，钱径2.5、穿径1、厚0.1厘米，重3克（图1-73，8）。

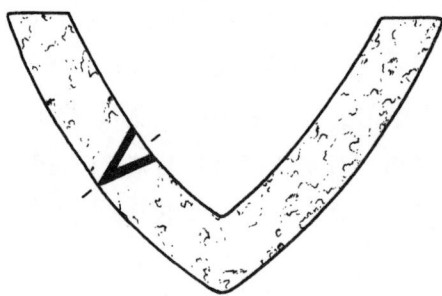

0　　　　　8厘米

图1-72　M7出土铁犁铧（M7：2）

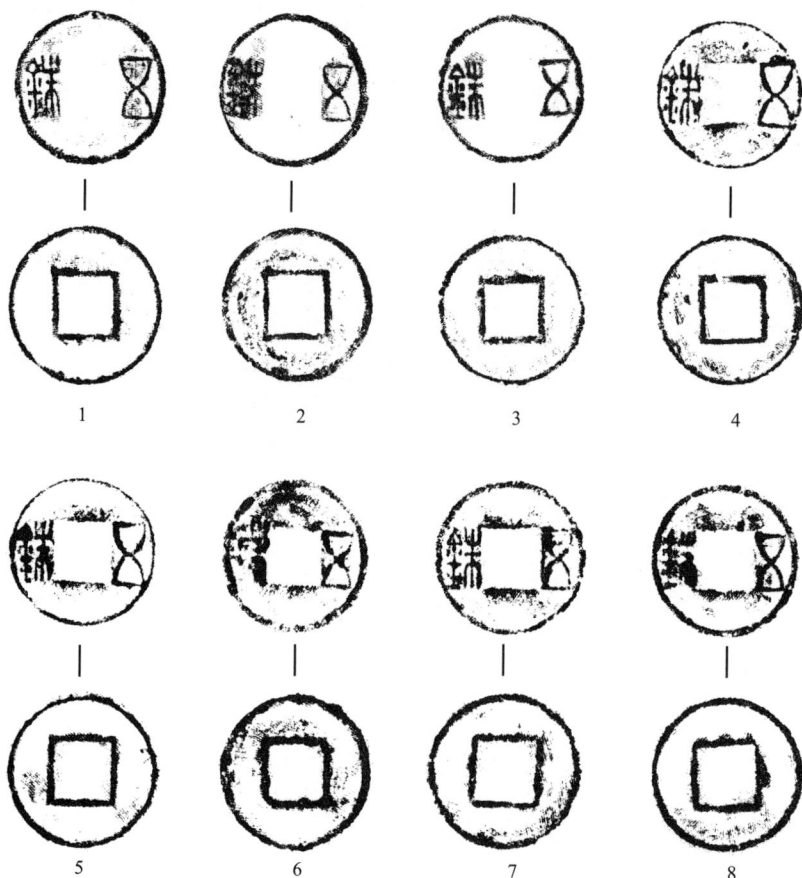

1　　　　　　2　　　　　　3　　　　　　4

5　　　　　　6　　　　　　7　　　　　　8

0　　　　2厘米

图1-73　M7出土铜钱拓本
1.M7：1-1　2、4~6.M7：1-3~6　3.M7：1-2　7.M7：1-7　8.M7：1-8

三、M12

1. 墓葬概况

位于2013XWQIT0111西南部。开口于②层下，打破生土，口部距地表0.65米，方向100°。该墓平面形状近"刀"形，由墓道和墓室两部分构成（图1-74）。

墓道：竖井墓道位于墓室东北部，口部平面形状呈长方形，直壁，平底。长2、宽1.1、残深0.9米。

墓室：砖砌墓室位于墓道西部，底部平面形状呈长方形，直壁，平底。长3.12、宽1.42、残高0.9米。墓室南壁及北壁残存部分壁砖，为单砖顺壁纵向错缝平铺，最高15层0.9米，砖长46、宽14、厚6厘米，两端有子母口，一侧面有"五"字纹。残存两块封门砖，与壁砖一样规格，横向侧立于墓道与墓室之间。

填土：墓内填土较乱，包含有碎砖块及料姜石颗粒，土质较软。

葬具：不详。

葬式、性别及年龄：未发现人骨。

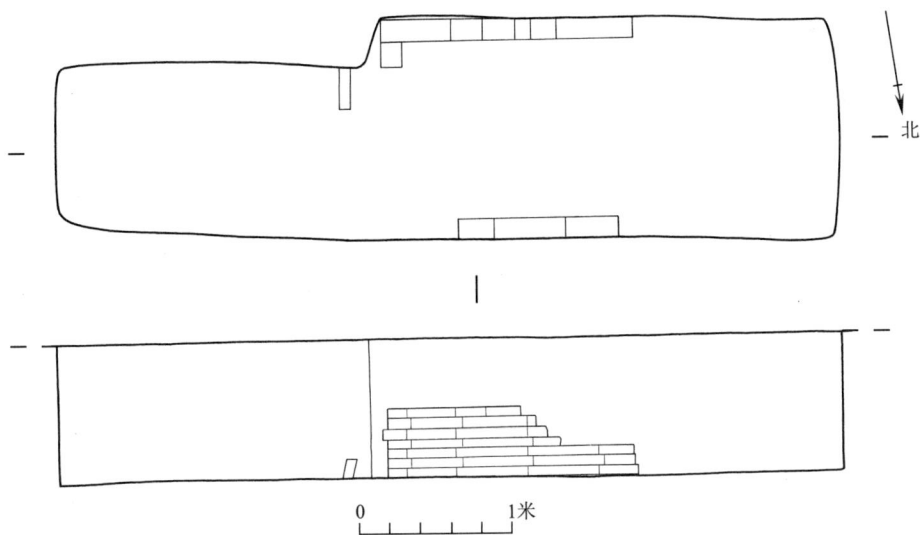

图1-74　M12平、剖面图

2. 随葬品

盗扰严重，未发现随葬品。

四、M45

1. 墓葬概况

位于2013XWQIIT0204中部。开口于②层下，打破生土，口部距地表0.5米，方向110°。该墓平面形状近"刀"形，由墓道、甬道和墓室三部分构成（图1-75）。

墓道：斜坡墓道位于甬道东南部，口部平面形状近长方形，直壁。口部残长2.3、宽0.9米，残深1.4~1.6、坡残长2.32米。

甬道：位于墓室东南部，底部平面形状近长方形，直壁，底近平，略低于墓道，甬道中部南、北壁对称各有一凹槽，呈弧形，应为封门时所用。长2.5、宽1.3~1.7、残高1.8~2米。

墓室：砖砌墓室位于甬道西部，底部平面形状呈长方形，直壁，平底。长3.6、宽2、残高2米，四壁均残存壁砖，其砌法为单砖顺壁纵向错缝平铺，残存壁砖最高10层，高0.5米，墓室西部残存大部分铺地砖，最西部三排为横向平铺一层，再向东均为"人"字形平铺，铺地砖和壁砖规格一致，砖长42、宽12、厚5厘米，子母口，一侧面有短斜线纹（图1-79）。

填土：墓内填土较乱，包含有料姜石颗粒、黏土颗粒、碎骨及大量残砖碎块等，土质稍软。

葬具：不详。

葬式、性别及年龄：未发现人骨。

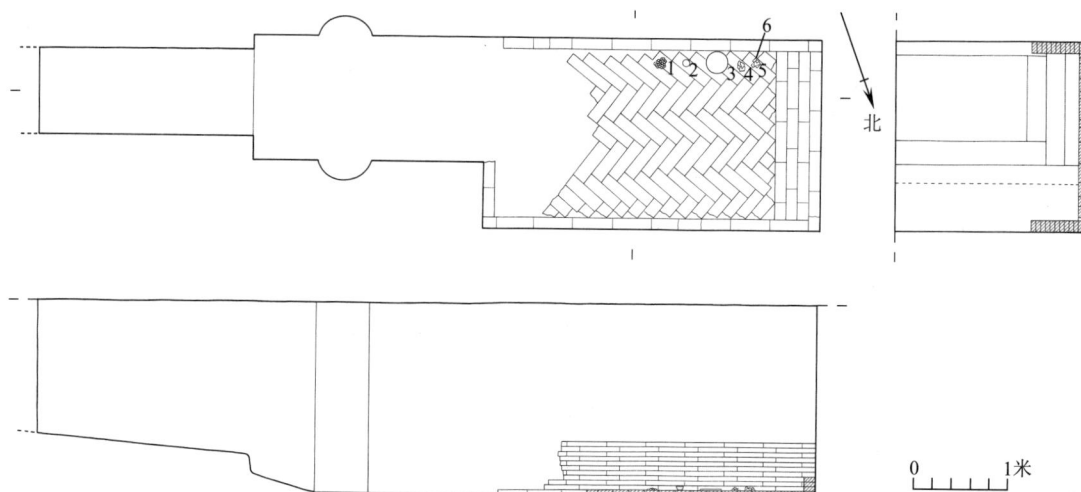

图1-75　M45平、剖面图

1.铜钱（30枚）　2、4、5. 陶耳杯　3.陶盘　6.陶奁

2. 随葬品

墓底靠南部的填土中清理出陶奁、陶盘各1件、耳杯3件；另外还清理出铜钱30枚。

耳杯　3件。椭圆形，敞口，方唇，弧形板状耳，弧腹，平底，底部有微显皿座。素面。M45：2，口径7.3~9.1、底径3~4.9、高2.8厘米（图1-76，3；图版二九，2）；M45：4，口径10.5~13.9、底径4.4~7.6、高4厘米（图1-76，1；图版二九，4）；M45：5，口径9.5~14.2、底径4.4~7.8、高4.5厘米（图1-76，2；图版二九，5）。

盘　1件。M45：3，器形较大，圆形，敞口，方圆唇，浅腹，平底微凹。浅盘内饰两组四周较粗的凹弦纹，中部模印两组双鱼纹。盘径33.4、底径32、高2厘米（图1-76，4；图版二九，3）。

奁　1件。M45：6，直口，方圆唇，直腹，平底微凹，足残。腹饰两组共四周凹弦纹。直径20、残高10厘米（图1-76，5；图版二九，6）。

铜钱　30枚。圆形方穿，有"五铢"和"货泉"两种（图版二九，1）。其中22枚钱文可辨，余则锈蚀严重。

货泉　1枚。M45：1-22，正、背面均有外郭，穿背面有内郭，穿左右两侧悬针篆"货泉"二字。钱径2.2、穿径0.7、厚0.1厘米，重2.3克。

五铢钱　21枚。可分为"有郭五铢"和"磨郭五铢"两类。

有郭五铢　19枚。M45：1-1，钱径2.5、穿径0.95、厚0.1厘米，重2.5克（图1-77，1）；M45：1-2，钱径2.5、穿径1、厚0.1厘米，重2.3克（图1-77，2）；M45：1-3，钱径2.5、穿径0.95、厚0.1厘米，重2.8克（图1-77，3）；M45：1-4，钱径2.45、穿径0.9、厚0.1厘米，重2.6克（图1-77，4）；M45：1-5，钱径2.5、穿径0.9、厚0.1厘米，重2.8克（图1-77，5）；M45：1-7，钱径2.6、穿径1、厚0.1厘米，重2.6克（图1-77，6）；M45：1-8，钱径2.6、穿径1、厚0.1厘米，重2.6克（图1-77，8）；M45：1-9，钱径2.6、穿径1、厚0.11厘米，重3.1克（图1-77，9）；M45：1-10，钱径2.5、穿径1、厚0.1厘米，重2.2克（图1-77，10）；M45：1-11，钱径2.6、穿径1、厚0.1厘米，重2.8克（图1-77，11）；M45：1-12，钱径2.5、穿径0.9、厚0.1厘米，重2.8克（图1-77，12）；M45：1-13，钱径2.6、穿径1、厚0.11厘米，重3.8克（图1-77，13）；M45：1-14，钱径2.5、穿径0.9、厚0.1厘米，重2.5克（图1-77，14）；M45：1-15，钱径2.6、穿径1、厚0.1厘米，重2.4克（图1-77，15）；M45：1-16，钱径2.5、穿径1、厚0.1厘米，重2.4克（图1-78，1）；M45：1-17，钱径2.6、穿径1、厚0.1厘米，重2.2克（图1-78，2）；M45：1-18，钱径2.5、穿径1、厚0.1厘米，重2.8克（图1-78，3）；M45：1-20，钱径2.5、穿径0.9、厚0.1厘米，重2.5克（图1-78，4）；M45：1-21，钱径2.5、穿径1、厚0.1厘米，重3克（图1-78，5）。

磨郭五铢　2枚。边郭经磨锉的窄边五铢钱。M45：1-6，钱径2.3、穿径1.05、厚0.1厘米，重2.1克（图1-77，7）；M45：1-19，钱径2.6、穿径1、厚0.1厘米，重2.8克。

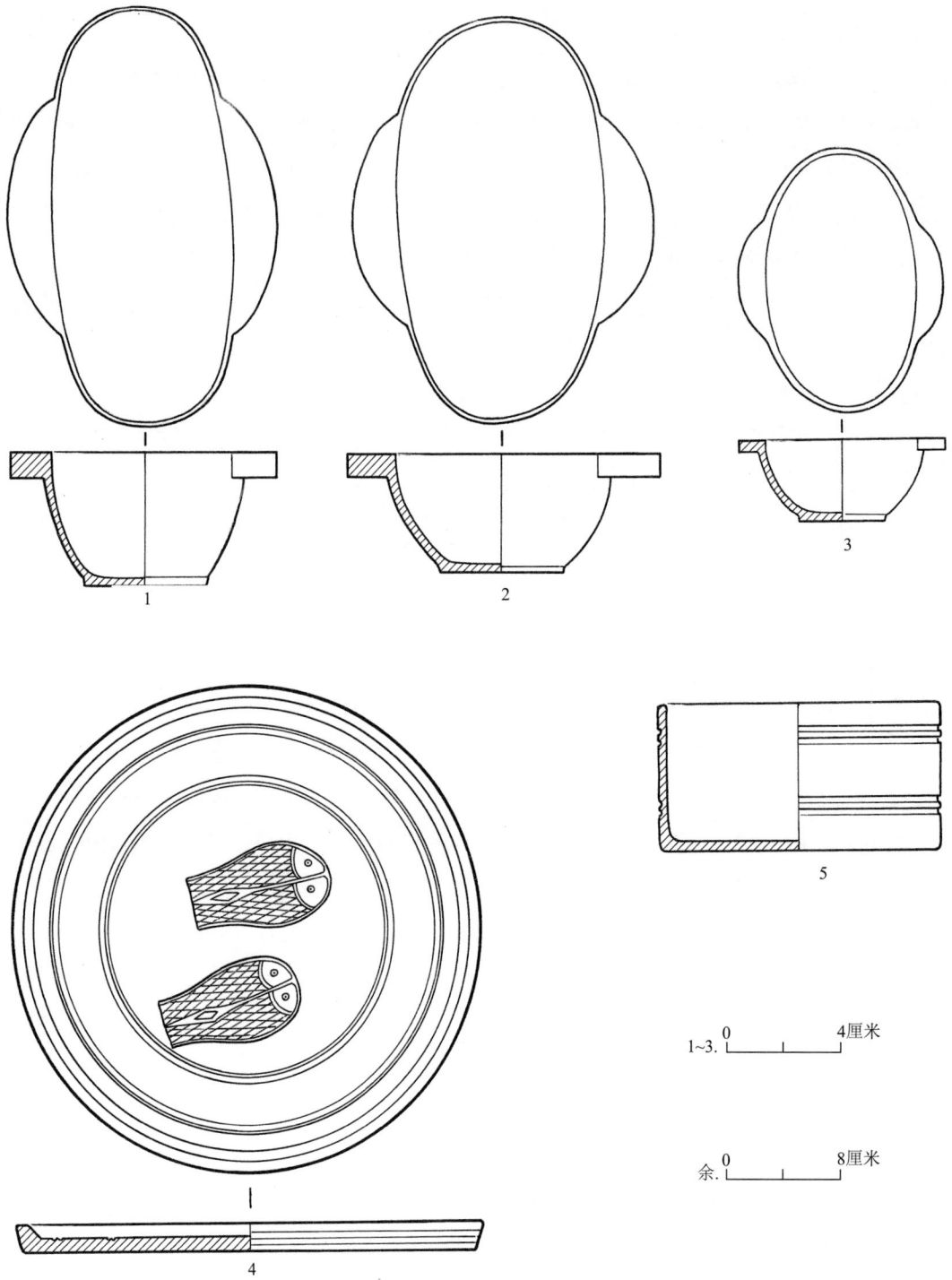

图1-76　M45出土遗物

1~3.陶耳杯（M45：4、5、2）　4.陶盘（M45：3）　5.陶奁（M45：6）

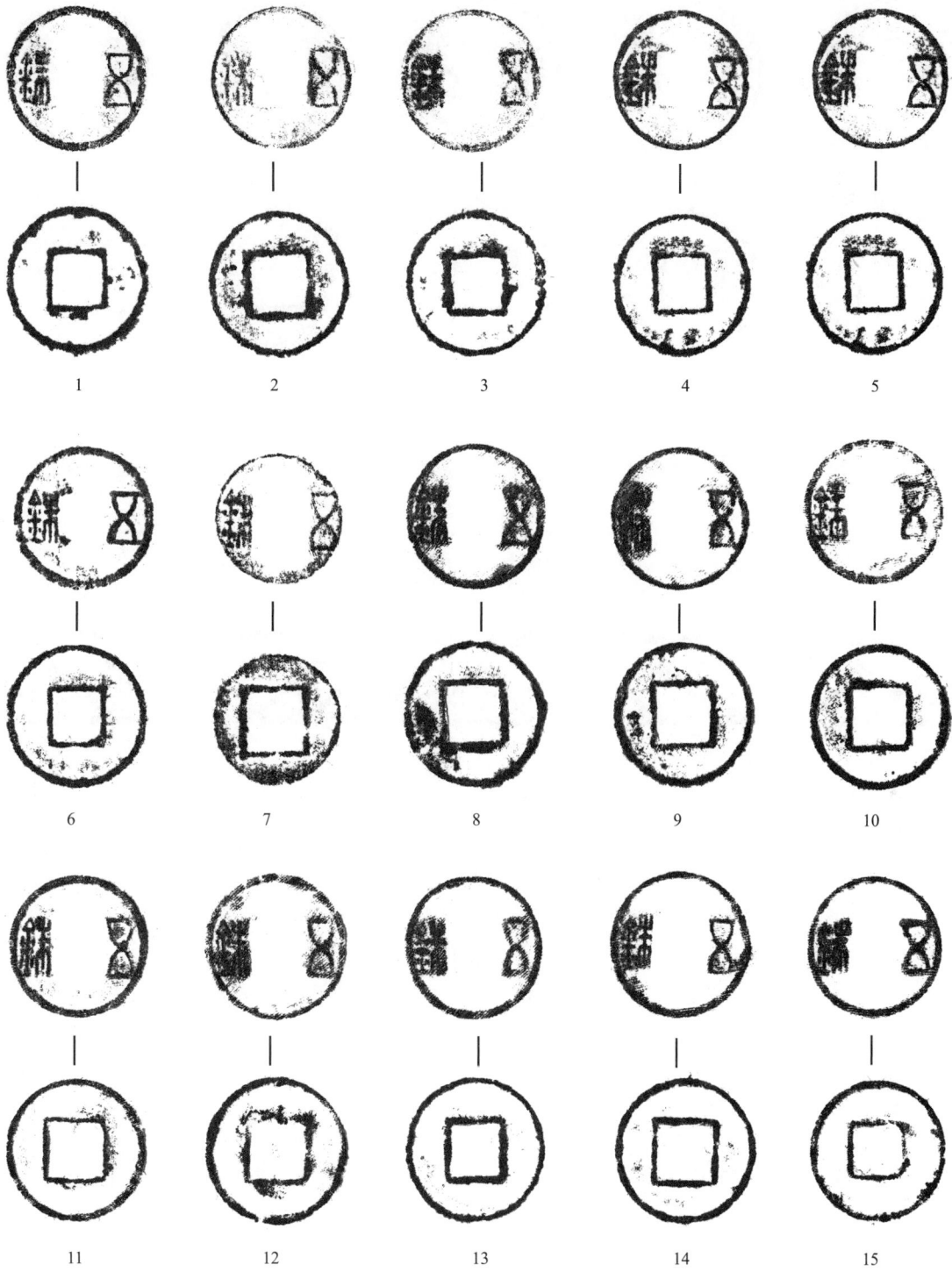

0 ————— 2厘米

图1-77　M45出土铜钱拓本（一）

1~6.M45：1-1~5、7　7.M45：1-6　8~15.M45：1-8~15

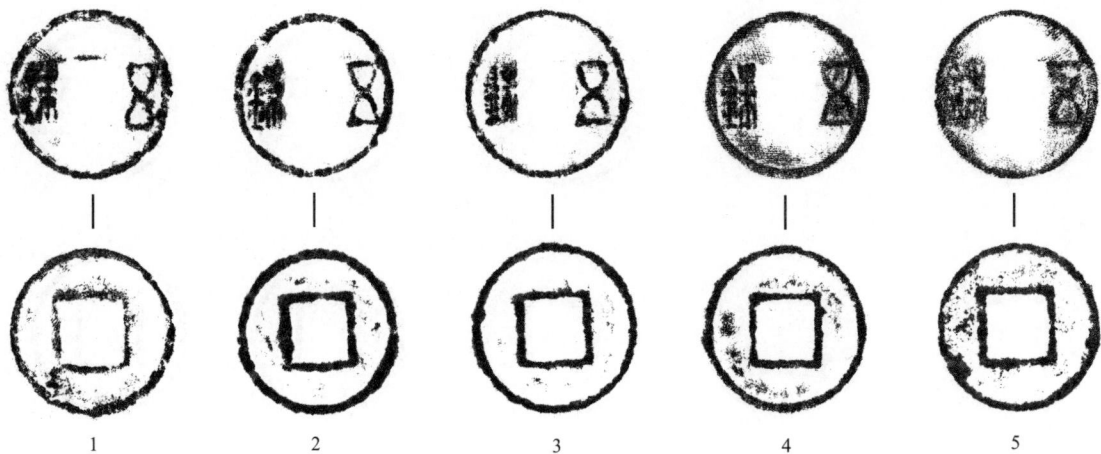

图1-78　M45出土铜钱拓本（二）
1~5.M45：1-16~18、20、21

图1-79　M45出土墓砖拓本

五、M51

1. 墓葬概况

位于2013XWQIIT0502南部和IIT0501北部。开口于②层下，打破生土，口部距地表0.5米，方向13°。该墓平面形状呈"凸"字形，由墓道和墓室两部分构成（图1-80）。

墓道：斜坡墓道位于墓室北部，口部平面形状近长方形，直壁，斜坡中部有三级台阶。口部长4.6、宽1~1.4、残深2.3、坡长约4.7米。台阶宽0.2、高0.1米，不甚规整。墓道南部，东、西两壁分别有一长方形土洞，应为封门时所用。

墓室：砖砌墓室位于墓道南部，底部平面形状呈长方形，直壁，平底。长6.8、宽3.3、残高2.3米。残存壁砖最高17层，高0.85米，单砖顺壁纵向错缝平铺，铺地砖呈"人"字形平铺一层，墓室中间位置残存一处砖垛为错缝平铺，墓室所用砖块基本一致，长38、宽13、厚5厘米，侧面有短斜线纹。

填土：墓内填土较乱，包含有料姜石颗粒、黏土颗粒、碎骨及残砖碎块等，土质稍硬。

葬具：不详。

葬式、性别及年龄：未发现人骨。

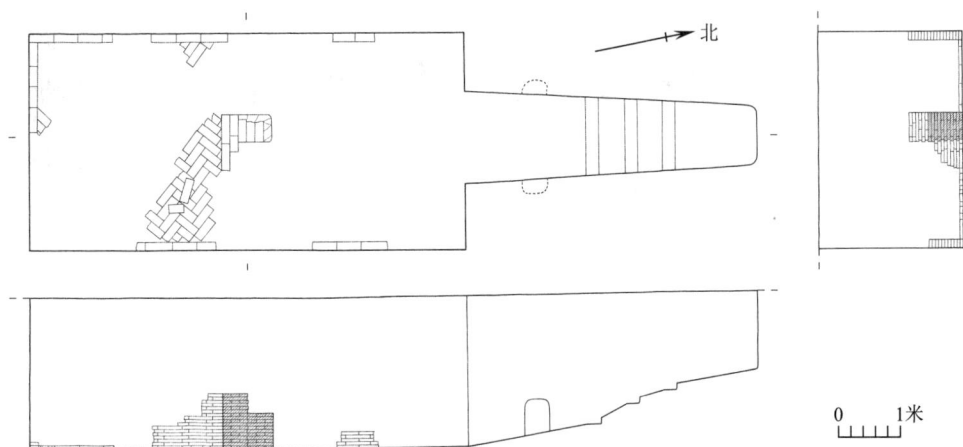

图1-80　M51平、剖面图

2. 随葬品

由于盗扰严重，只在填土中清理出铁犁铧1件，铜钱1枚。

犁铧　1件。M51：1，残，铁质，锈蚀严重，整体呈倒三角形，外弧刃，内有銎槽，两端齐平。残宽15.4、残高13.5厘米（图1-81，1）。

铜钱　1枚。M51：2，残，圆形方穿，正、背面均有外郭，穿左右两侧篆文"五铢"二字。"五"字交笔弯曲；"朱"头圆折，中竖两头变细；"釒"头为硕大正三角形，四点变长。钱径2.5、穿径1、厚0.1厘米，重2.2克（图1-81，2）。

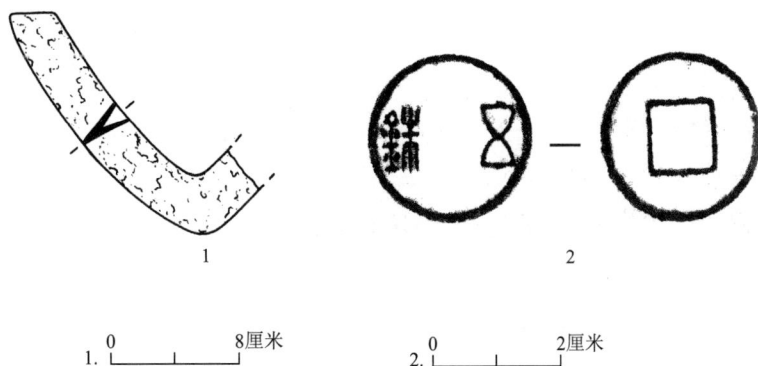

图1-81　M51出土器物及铜钱拓本
1.铁犁铧（M51：1）　2.铜钱（M51：2）

第四章　唐代墓葬

唐代墓葬共发现2座，即M31、M38。

一、M31

1. 墓葬概况

位于2013XWQIIT0308东南部。开口于②层下，打破M37及生土，口部距地表0.5米，方向105°（图1-82）。

墓葬形制：该墓为长方形竖穴砖砌墓，平面形状近长方形，直壁，平底。长2.5、宽1.8~1.92、深2.1米。墓底四壁均残存壁砖，最高8层，高0.48米。单砖顺壁纵向错缝平铺，南北壁均外弧，砖长33、宽16、厚6厘米，素面。底部不见铺地砖。

填土：墓内填土较乱，包含有部分碎骨及碎砖块，土质稍硬。

葬具：不详。

葬式、性别及年龄：未发现人骨。

2. 随葬品

由于盗扰严重，未发现随葬品。

二、M38

1. 墓葬概况

位于2013XWQIIT0306东北部并延伸至ⅡT0307、ⅡT0407、ⅡT0406。开口于②层下，打

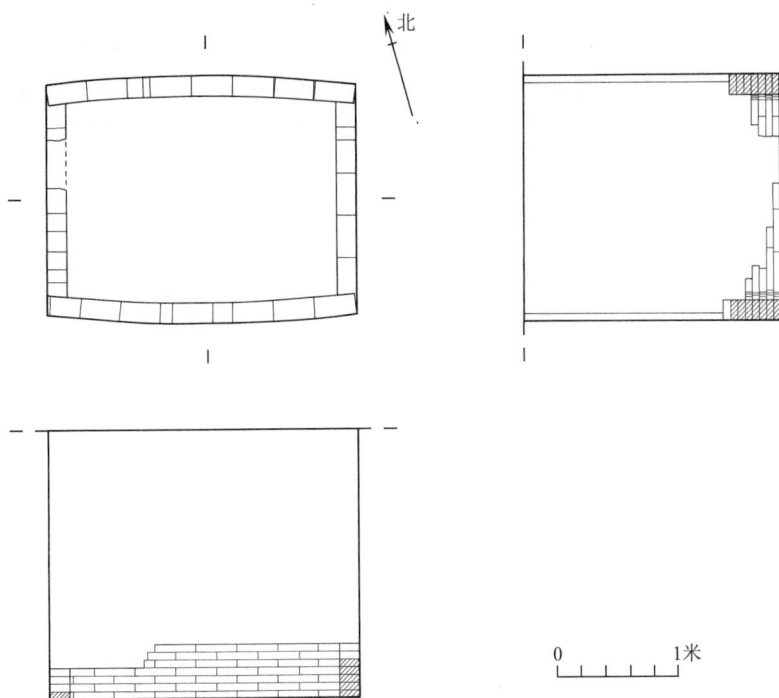

图1-82　M31平、剖面图

破生土，口部距地表0.5米，方向200°。该墓平面形状近"凸"字形，由墓道和墓室两部分构成（图1-83）。

墓道：竖井墓道位于墓室南部偏东，残存平面形状近长方形，直壁，平底。残长1.7、宽1、残深2.4米。

墓室：砖砌墓室位于墓道北部，底部平面形状近长方形，直壁，平底，底部略低于墓道。长3.2、宽2.36、残高2.6米。墓室北端残存三面壁砖，最高11层，高0.7米。砖室宽1.79米，壁砖为单砖顺壁纵向错缝平铺，壁砖与土圹之间稍有空隙，填土夯实，西壁一块砖为横向平铺，主要起加固和错缝作用，墓底东北角残存一块铺地砖，纵向平铺，其规格与壁砖一致，砖长34、宽17、厚6厘米，素面。

填土：墓内填土较乱，包含有料姜石颗粒、碎骨及大量残砖碎块等，土质稍硬。

葬具：不详。

葬式、性别及年龄：未发现人骨。

2. 随葬品

由于盗扰严重，未发现随葬品。

北

0　　　　　1米

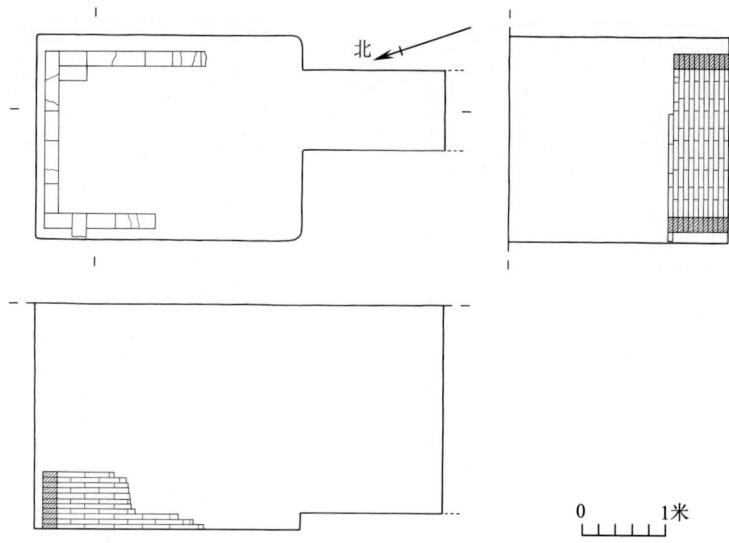

图1-83　M38平、剖面图

第五章　宋　代　墓　葬

宋代墓葬共发现5座，即M5、M8、M10、M13、M14，均破坏较为严重。

一、M5

1. 墓葬概况

位于2013XWQIT0113中部。开口于②层下，打破生土，口部距地表0.6米，方向280°。该墓平面形状近"凸"字形，由墓道和墓室两部分构成（图1-84）。

墓道：斜坡墓道位于墓室西部，口部平面形状近长方形，口大底小。口部长2.42、宽1.02~1.24、底部宽0.94~1.1米，残深0.7~1.52、坡长2.52。

墓室：砖砌墓室位于墓道东部，底部平面形状近长方形，斜壁，平底。口部长3.44、宽2~2.32、底部长3、宽1.96~2.08、残深1.6米。墓室底部残存部分壁砖及封门砖，壁砖为单砖顺壁纵向错缝平铺，残存最高3层，高0.15米；封门砖残存最高4层，高0.2米，顺墓道方向纵向斜铺，上下错缝交叉。其中壁砖和封门砖规格一样，长30、宽14、厚5厘米。

填土：墓内填土较乱，包含有料姜石颗粒、黄、红黏土颗粒以及碎砖块、粗瓷残片等，土质稍硬。

葬具：不详。

葬式、性别及年龄：由于盗扰严重，不见人骨。

2. 随葬品

由于盗扰严重，未发现随葬品。

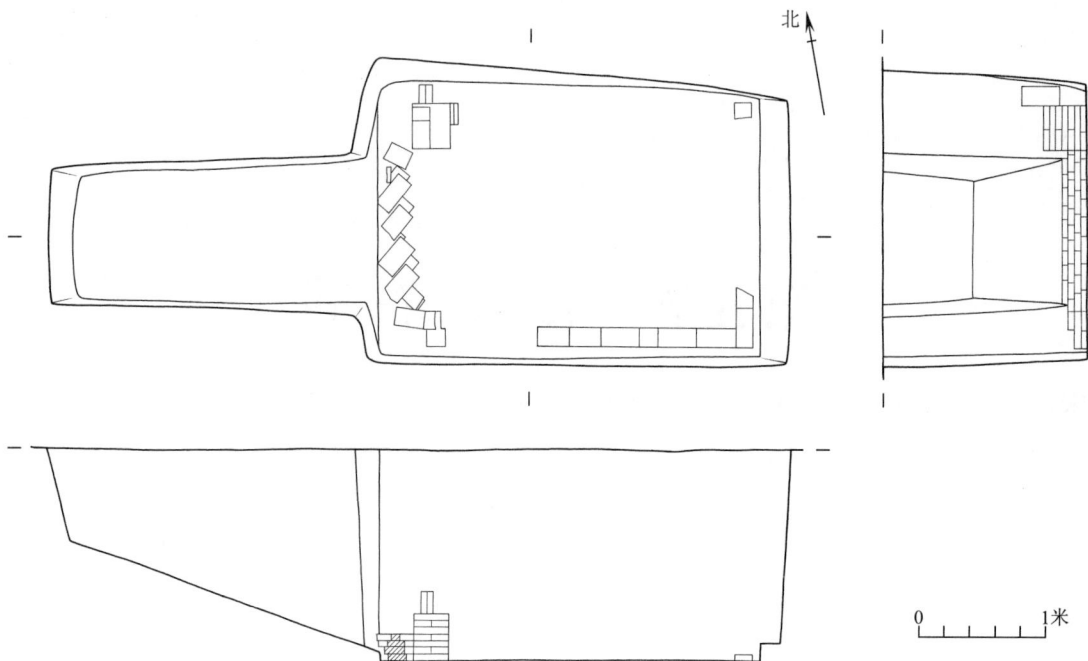

图1-84　M5平、剖面图

二、M8

1. 墓葬概况

位于2013XWQIT0113东南部并延伸至ⅠT0112。开口于②层下，打破生土，口部距地表0.3米，方向280°。该墓平面形状呈"凸"字形，由墓道和墓室两部分构成（图1-85）。

墓道：斜坡墓道位于墓室西部，口部平面形状近长方形，南北为直壁。口部长2、宽1~1.3、残深1.2~2、坡长1.8米。

墓室：砖砌墓室位于墓道东部，底部平面形状近长方形，直壁，平底，底部略低于墓道。口部长4.06、宽2.54~2.66、残深2.06米。砖砌墓室内部长3.76、宽1.86米。壁砖残存最高6层，高0.34米。单砖顺壁纵向错缝平铺，壁砖与土圹之间有空隙，填土封实，其中所用小青砖为素面，长30、宽15、厚5厘米；位于墓道口的封门砖用与壁砖同样规格的小青砖斜向错缝平铺。

填土：墓内填土较乱，土质稍硬，包含有料姜石颗粒、黏土颗粒以及碎砖块等。

葬具：不详。

葬式、性别及年龄：由于盗扰严重，不见人骨。

2. 随葬品

由于盗扰严重，未发现随葬品。

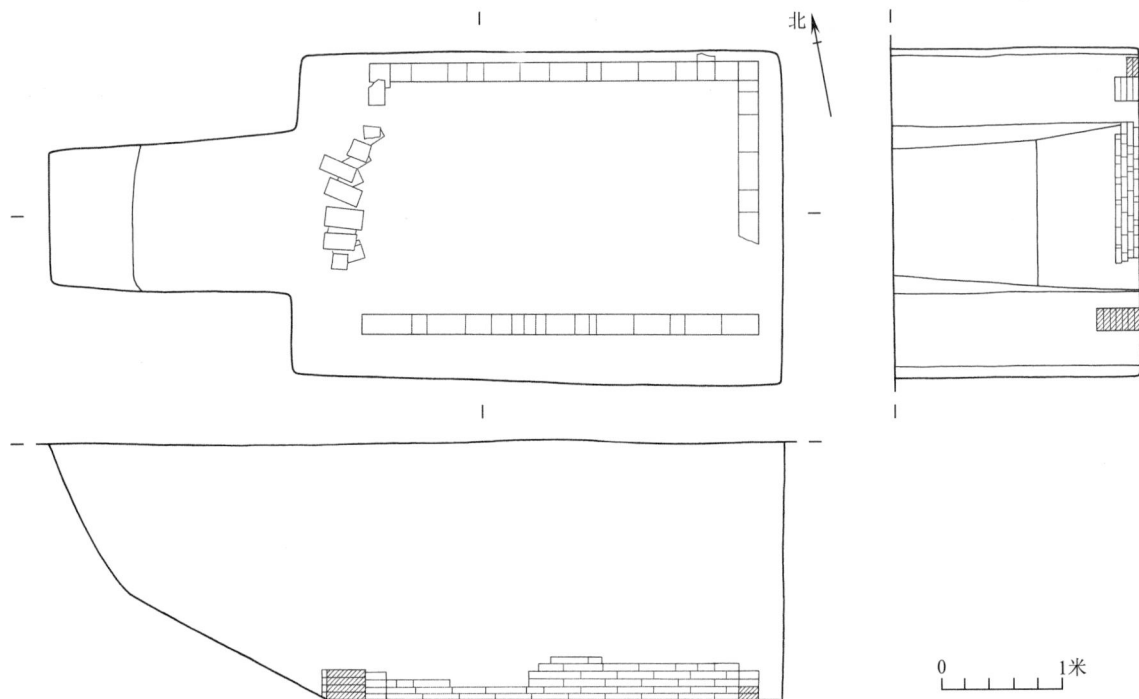

图1-85 M8平、剖面图

三、M10

1. 墓葬概况

位于2013XWQIT0113中东部并延伸至IT0213。开口于②层下，打破生土，口部距地表0.6米，方向280°。该墓平面形状近"凸"字形，由墓道和墓室两部分构成（图1-86）。

墓道：斜坡墓道位于墓室西部，口部平面形状近长方形，南北为直壁，西壁斜收。口部长1.82、宽1.36~1.46米，残深0.7~0.92、坡长1.8米。

墓室：砖砌墓室位于墓道东部，底部平面形状呈长方形，直壁，底部南、北、东壁均设有宽0.2、高0.05米生土二层台，略低于墓道，墓底无铺地砖。长3.54、宽2.14~2.2、残高1米。南、西残存壁砖为单砖顺壁纵向错缝平铺，残存砖室长2.62、宽1.62米，砖长30、宽15、厚5厘米，素面小青砖。

填土：墓内填土较乱，包含有料姜石颗粒、黏土颗粒以及残砖碎块等，土质稍硬。

葬具：不详。

葬式、性别及年龄：由于盗扰严重，不见人骨。

2. 随葬品

由于盗扰严重，未发现随葬品。

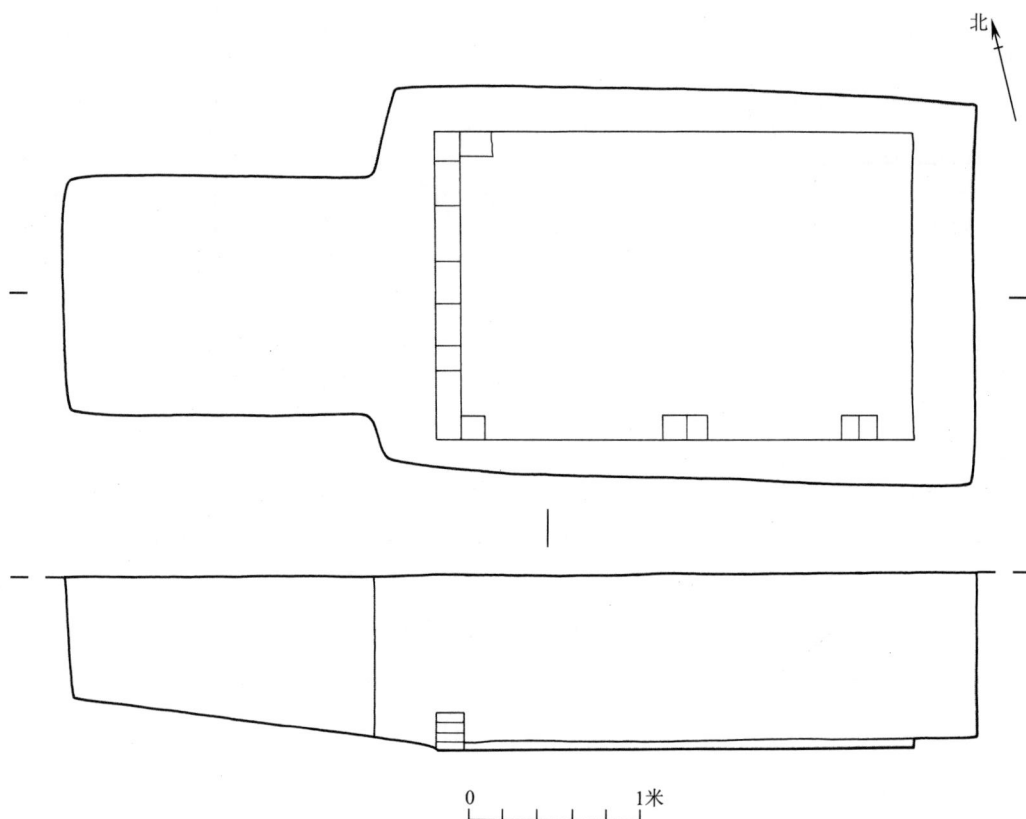

图1-86　M10平、剖面图

四、M13

1. 墓葬概况

位于2013XWQIT0311西北部。开口于②层下，打破生土，口部距地表0.6米，方向195°。该墓平面形状近"凸"字形，由墓道和墓室两部分构成（图1-87）。

墓道：斜坡墓道位于墓室南部，口部平面形状近梯形，东西两壁为直壁，南壁斜收。口部长2、宽0.4~1.2米，残深2米。

　　墓室：砖砌墓室位于墓道北部，底部平面形状近正方形，直壁，平底。边长2.4~2.5、残高2米。从墓底残存壁砖看，砖室应为六边形，壁砖均为纵向错缝平铺，残存最高5层，高0.25米。砖长32、宽15、厚5厘米。残存铺地砖大部分为碎砖块，其规格基本与壁砖一致。由于盗扰严重，墓底不见人骨及随葬品，墓室填土中清理出瓷碗残片2件。

　　填土：墓内填土较乱，包含有料姜石颗粒、黏土颗粒、碎砖块及瓷片等，土质稍软。

　　葬具：不详。

　　葬式、性别及年龄：由于盗扰严重，未发现人骨。

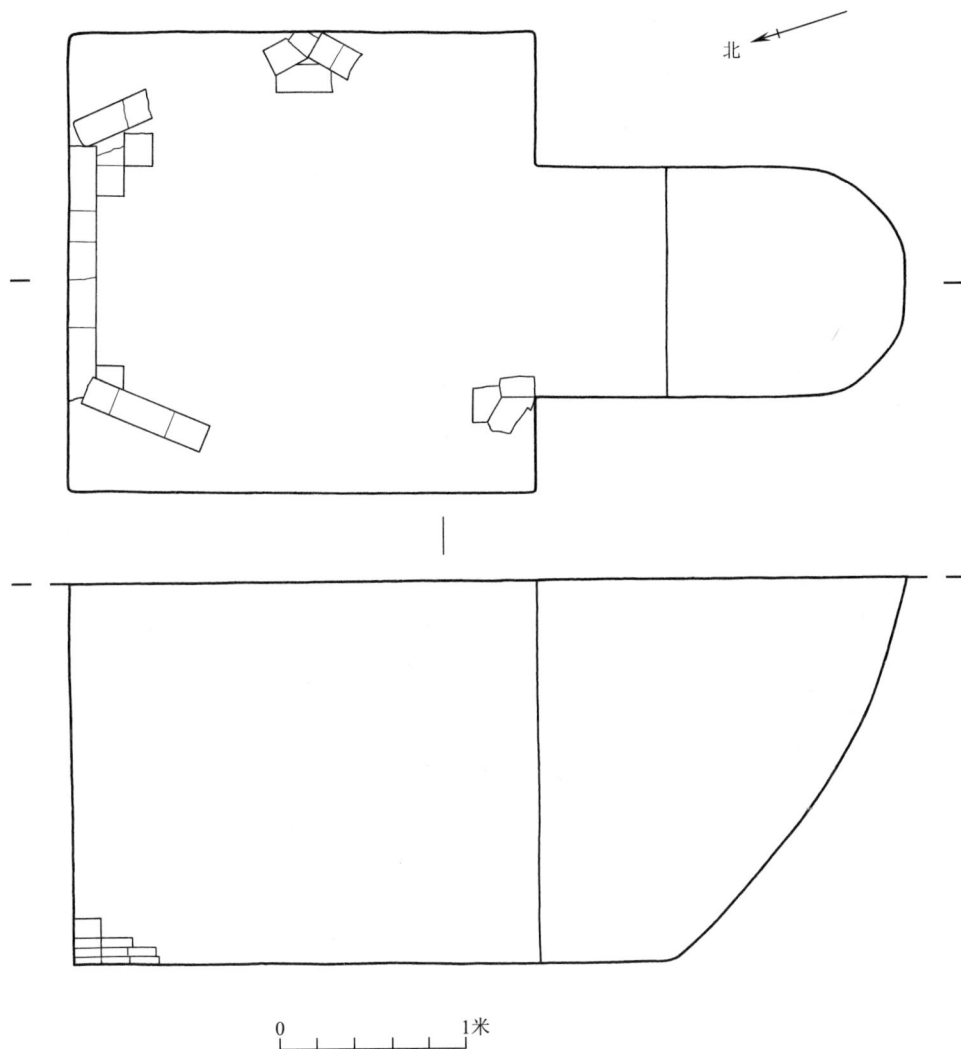

图1-87　M13平、剖面图

2. 随葬品

　　墓室淤土中发现瓷碗2件。

瓷碗　2件。敞口，圆唇，矮圈足。M13：1，弧腹下折，内外均施灰白釉，外不及底，外壁饰有黑花。口径17、底径7.2、高5.5厘米（图1-88，1；图版一二，3）；M13：2，斜腹下收，内外均施黑釉，外不及底。口径12、底径4.5、高5厘米（图1-88，2；图版一二，4）。

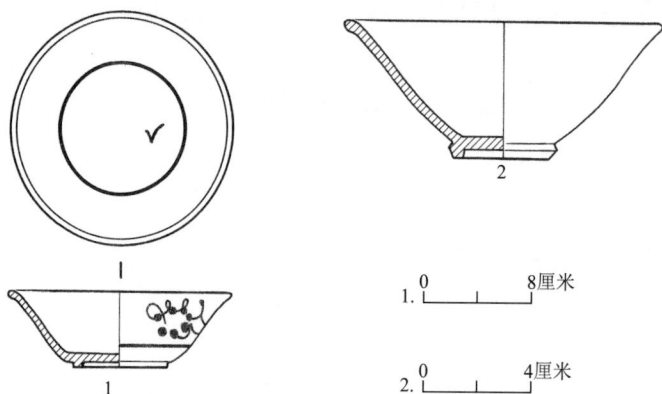

图1-88　M13出土遗物
1、2.瓷碗（M13：1、2）

五、M14

1. 墓葬概况

位于2013XWQIT0311南部。开口于②层下，打破生土，口部距地表0.35米，方向190°。该墓平面形状近"凸"字形，由墓道和墓室两部分构成（图1-89）。

墓道：带有台阶的竖井墓道位于墓室南部，口部平面形状近长方形，东西两壁为直壁。口部长1.7、宽0.4~1.1米，残深1.4~1.9米。台阶宽0.8、高0.5米，

墓室：位于墓道北部，平面形状近圆形，直壁，平底。直径3.9~4、残高1.9米。由于盗扰严重，仅在墓底中部发现有小青砖，分两层平铺，砖长30、宽15、厚5厘米。

填土：墓内填土较乱，包含有料姜石颗粒、黏土颗粒、碎砖块及等，土质稍软。

葬具：不详。

葬式、性别及年龄：由于盗扰严重，未发现人骨。

2. 随葬品

由于盗扰严重，未发现随葬品。

北

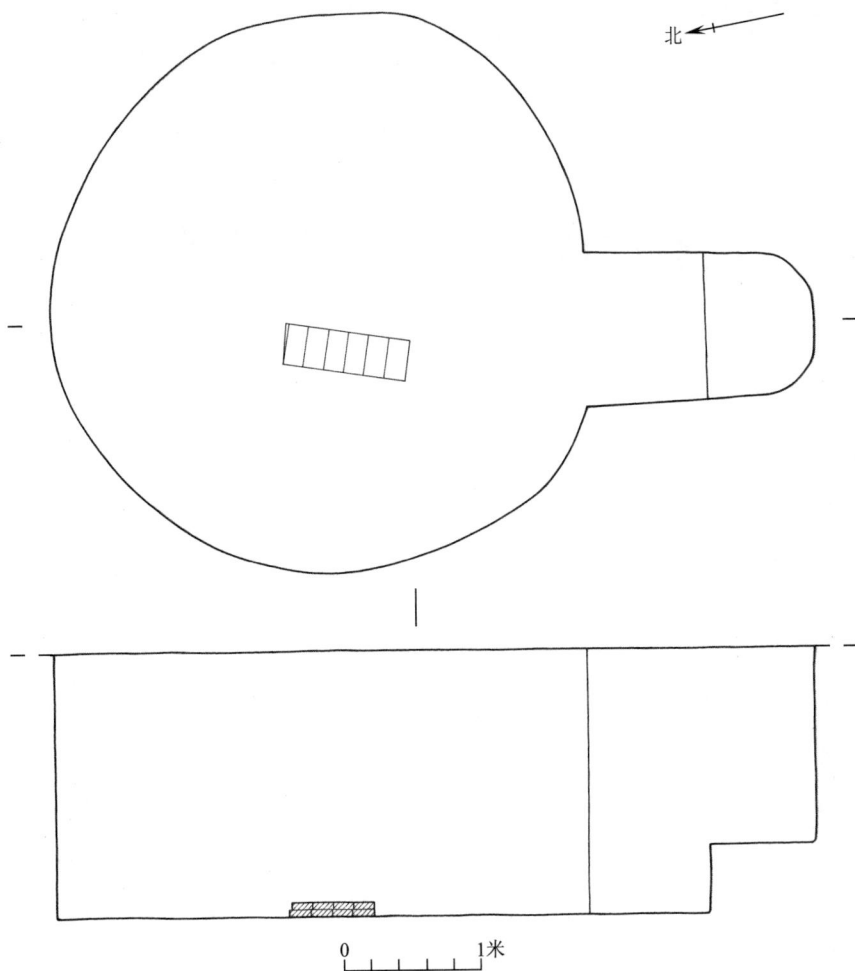

0　　　　　　1米

图1-89　M14平、剖面图

第六章　明清时期墓葬

明清时期墓葬共有4座，即M1、M2、M3、M30。

一、M1

1. 墓葬概况

位于2013XWQIT0303西南部。开口于②层下，打破生土，口部距地表0.8米，方向14°（图1-90；图版八，1）。

墓葬形制：该墓为长方形竖穴土坑墓，平面形状近长方形，斜壁，平底，除北壁下收外，其余三壁均外扩。口部长2.56、宽1.7~1.94米，底部长2.54、宽1.7~2.24、深1.58米。

填土：墓内填土为褐色杂土，包含有料姜石颗粒、黏土颗粒等，土质稍硬。

葬具：木棺，仅余朽痕，具体尺寸不详。

葬式、性别及年龄：墓底发现人骨四具，葬式均为仰身直肢，头北足南，面向上。年龄性别不详。

2. 随葬品

墓圹填土内出土瓷碟1件。在东部第二具人骨头部发现朱书买地券1方，瓷罐1件，另外，在人骨下发现铜钱1枚，铜环1件。

买地券　1件。M1：2，泥质灰陶，平面形状呈长方形，上部有朱书文字，部分文字漫漶不清，由其内容可知此为买地券。长23，宽20.6、厚3厘米（图1-91，1；图1-93；图版九，2）。录文如下：

大明万历……/□□□贯□……/河南开封府许州襄城县……/神权旨安□孝子须添□□填……大父……/柩□□茔域在本音长生之……历惟……/地□已备银钱三千八百文买到□地一分一厘五东至/青龙西至白虎南至朱雀北至玄武，中有勾陈□□/……月主者……一本日/主者一本……一本表/后土□□之神一本纳之墓中……须……久远存……/代保人年直神月直神日直神……/万历十九年九月初八日立

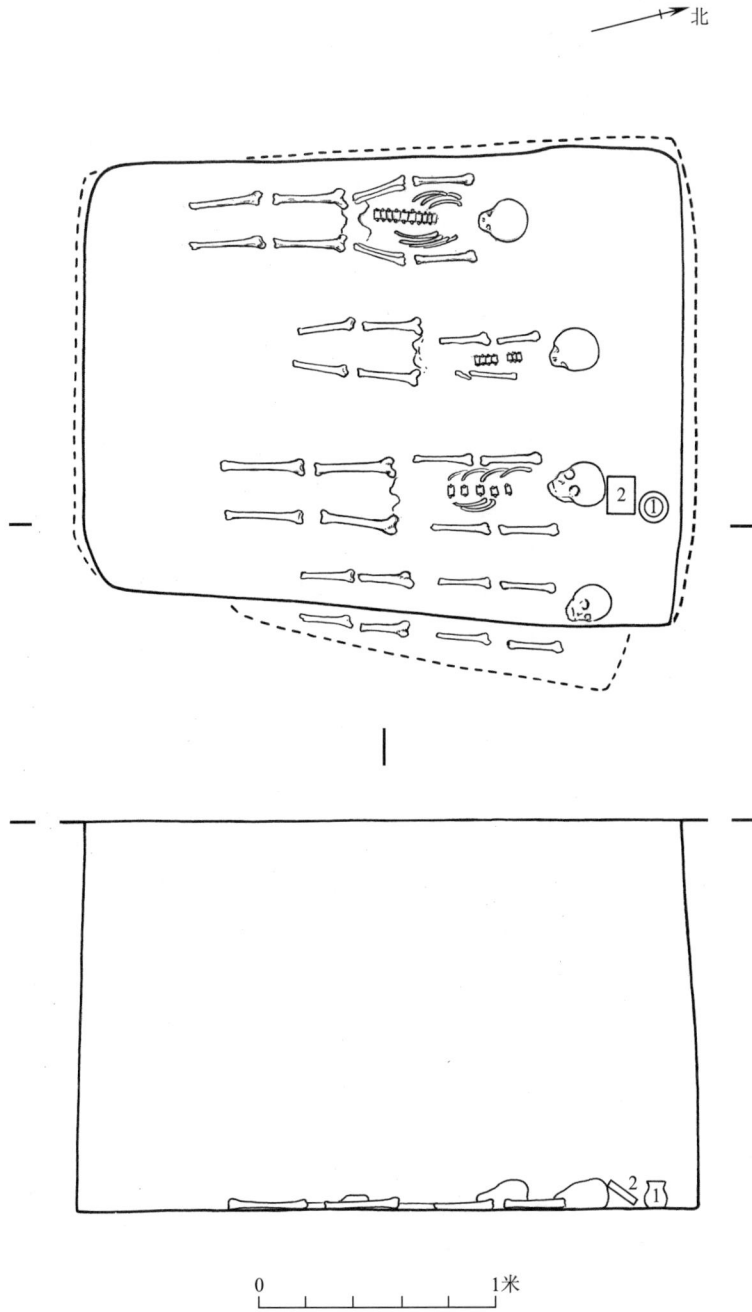

图1-90 M1平、剖面图
1.瓷罐 2.陶买地券 3.铜钱 4.铜环

铜环 1件。M1：4，圆状，截面呈圆形，接头焊接。直径1.35厘米（图1-91，4；图版九，4）。

瓷罐 1件。M1：1，灰白胎，直口微敛，圆唇，高领，圆鼓腹下收，矮圈足，领及上腹对称饰桥形耳。内外壁均施酱黑釉，外不及底，唇面无釉，口径8.4、腹径11、圈足径6.6、高11厘米（图1-91，2；图版九，1）。

瓷碟　1件。M1：5，填土中发现。敞口，尖圆唇，浅腹，矮圈足，内外均施灰白釉，内底有一周黑色弦纹。口径12.6、圈足径6、高2.6厘米（图1-91，3；图版九，5）。

铜钱　1枚。M1：3，圆形方穿，正、背面均有内、外郭，锈蚀严重，钱文不清。钱径2.25、穿径0.75厘米，重2.2克（图1-92；图版九，3）。

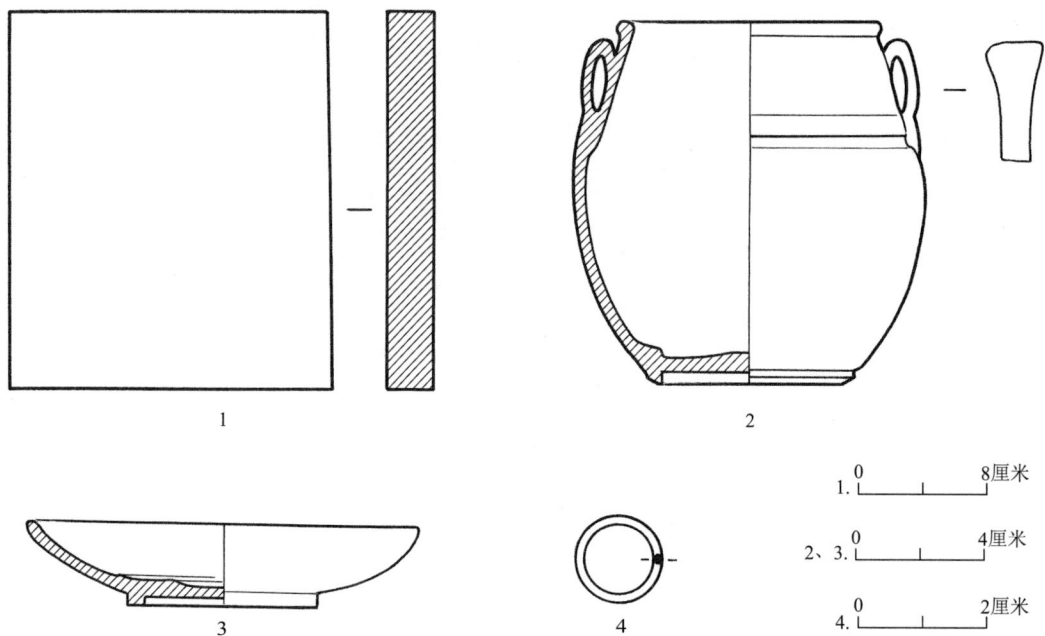

图1-91　M1出土器物

1.陶买地券（M1：2）　2.瓷罐（M1：1）　3.瓷碟（M1：5）　4.铜环（M1：4）

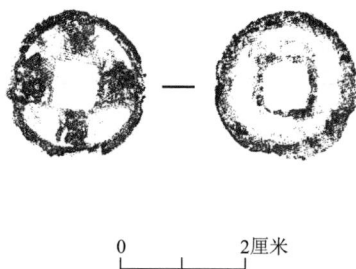

图1-92　M1出土铜钱拓本（M1：3）

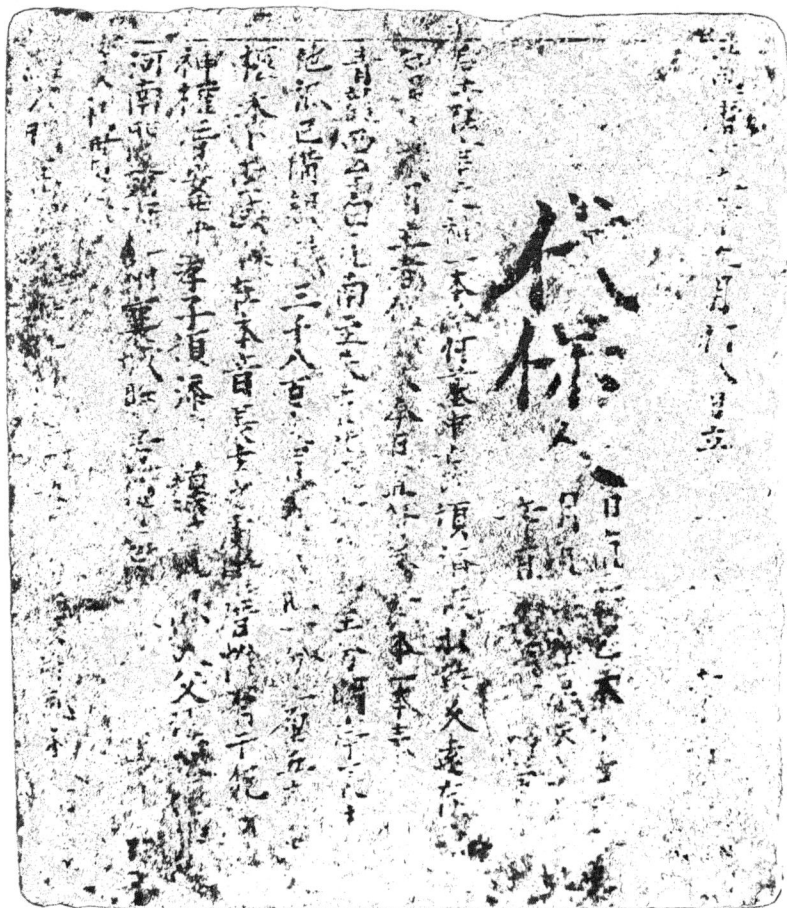

图1-93　M1出土买地券摹本（M1∶2）

二、M2

1. 墓葬概况

位于2013XWQIT0401东南部。开口于②层下，打破生土，口部距地表0.7米，方向25°（图1-94；图版八，2）。

墓葬形制：该墓为长方形竖穴土坑墓，平面形状呈长方形，直壁，平底。长2.3、宽0.84、深2.2米。

填土：墓内填土为褐色杂土，包含有料姜石颗粒、黏土颗粒等，土质稍软。

葬具：不详，底部见有草木灰。

葬式、性别及年龄：墓底发现人骨一具，葬式为仰身直肢，头向北，足向南，面向上。

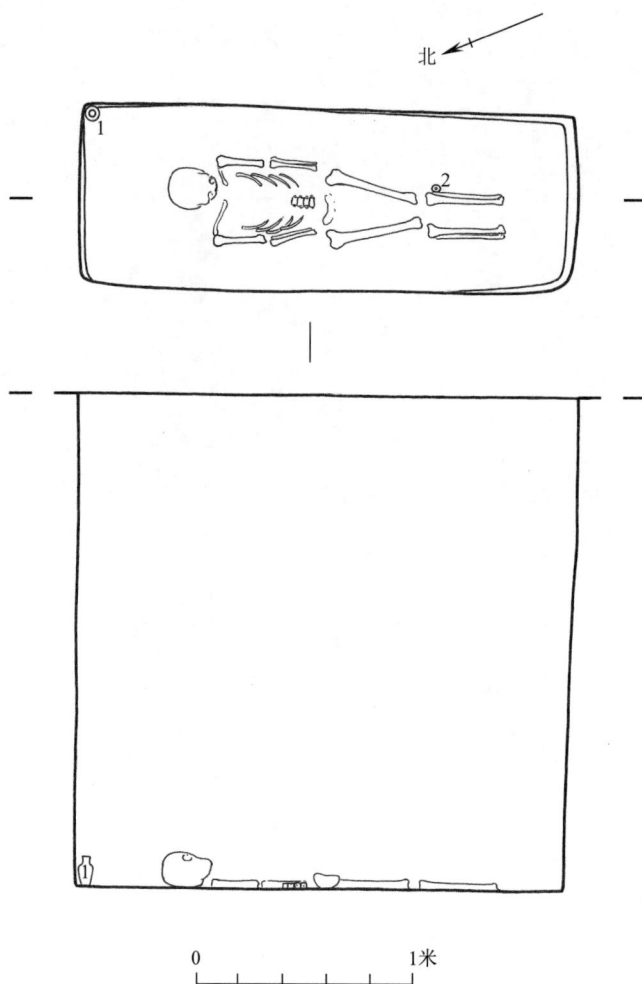

图1-94　M2平、剖面图
1.瓷瓶　2.铜钱

2. 随葬品

墓主下肢骨外侧清理出铜钱1枚，墓室东北角清理出黑釉瓷瓶1件。

瓷瓶　1件。M2：2，器形较小，灰白胎，敞口，卷沿，束颈，微肩，斜直腹，矮圈足微外撇，外壁施黑釉不及底。口径3.6、底径4.4、高12厘米（图1-95，1；图版一〇，1）。

铜钱　1枚。M2：1，圆形方穿，正、背面均有内、外郭，光背，钱文"绍圣元宝"，篆书，旋读。钱径2.4、穿径0.6厘米，重4.2克（图1-95，2；图版九，6）。

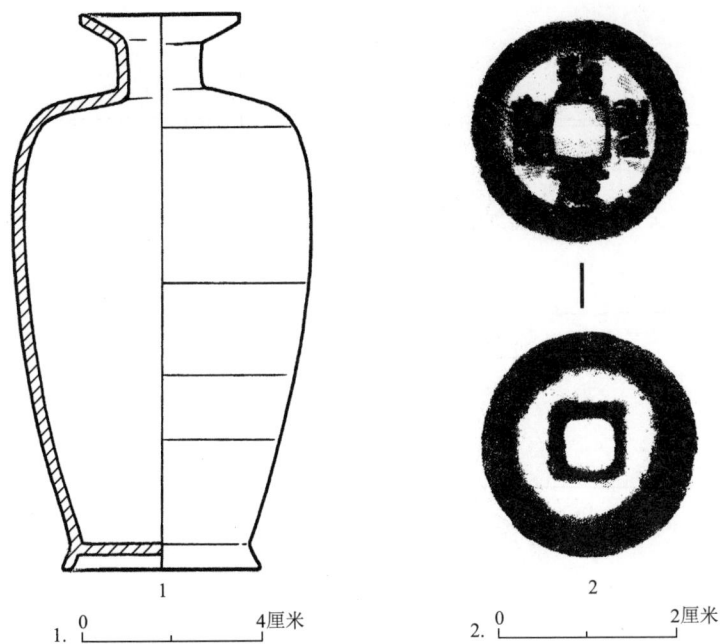

图1-95　M2出土器物
1.瓷瓶（M2：2）　2.绍圣元宝（M2：1）

三、M3

1. 墓葬概况

位于2013XWQIT0401东北部。开口于②层下，打破生土，口部距地表0.7米，方向14°（图1-96；图版八，3）。

墓葬形制：该墓为长方形竖穴土坑墓，单人葬，平面形状呈长方形，直壁、平底。长2.46、宽1、深2.1米。

填土：墓内填土为褐色杂土，包含有料姜石颗粒、黏土颗粒等，土质稍软。

葬具：葬具为木棺，仅余朽痕，底部见有白灰。

葬式、性别及年龄：墓底发现人骨一具，葬式为仰身直肢，头向北，足向南，面向上。

2. 随葬品

人骨下清理出铜钱2枚（图版一〇，2）。正、背面均有内、外郭，光背，钱文楷书，旋读。M3：1-1，钱文为"景德元宝"，钱径2.5、穿径0.6厘米，重3克（图1-97，1）；M3：1-2，钱文为"至道元宝"，钱径2.4、穿径0.6厘米，重3.5克（图1-97，2）。

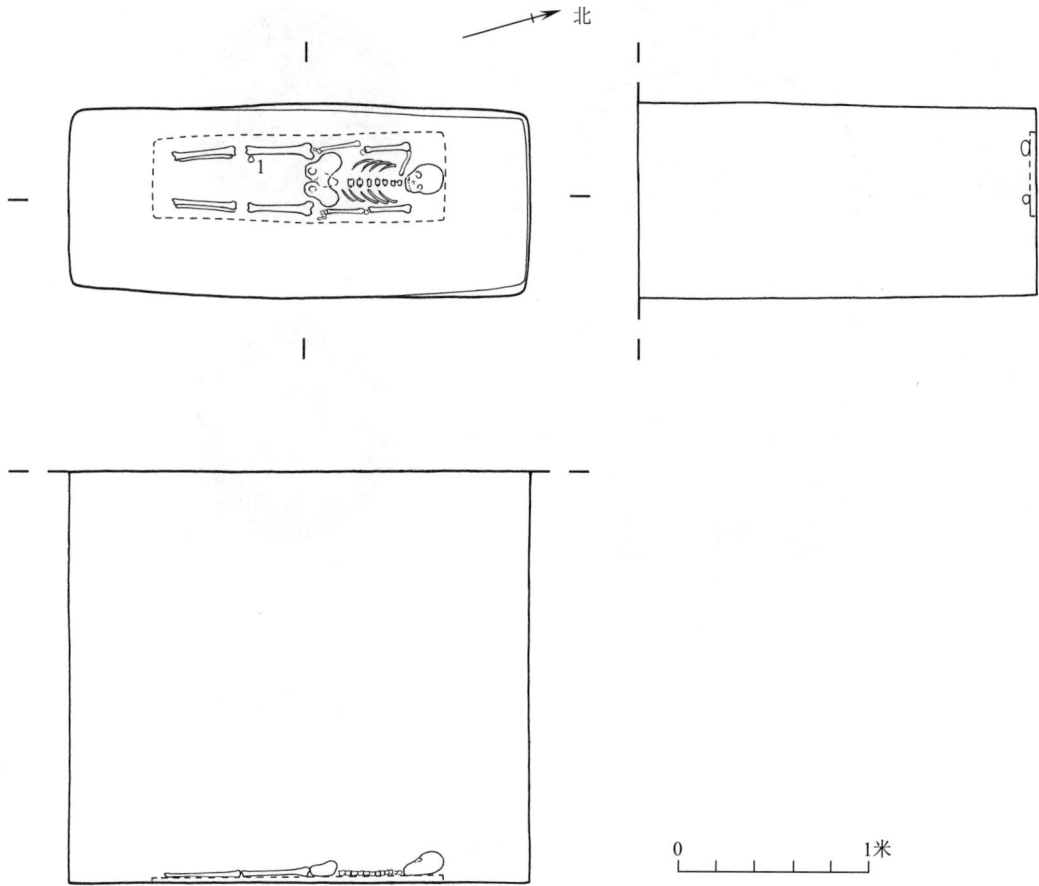

图1-96　M3平、剖面图
1.铜钱（2枚）

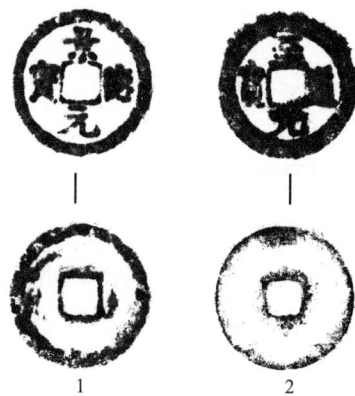

0　　　　　2厘米

图1-97　M3出土铜钱拓本
1.景德元宝（M3：1-1）　　2.至道元宝（M3：1-2）

四、M30

1. 墓葬概况

位于2013XWQIIT0110东北部。开口于②层下，打破M32及生土，口部距地表0.3米，方向30°（图1-98；图版八，4）。

墓葬形制：该墓为长方形竖穴土坑墓，平面形状呈长方形，直壁，平底。长2.5、宽1、深1.3米。

填土：墓内填含黏土颗粒及料姜石颗粒的褐色杂土，土质稍硬。

葬具：木棺，仅余朽痕，底部铺有草木灰。

葬式、性别及年龄：墓底发现人骨一具，葬式为仰身直肢，头向北，足向南，面向上，其他情况不详。

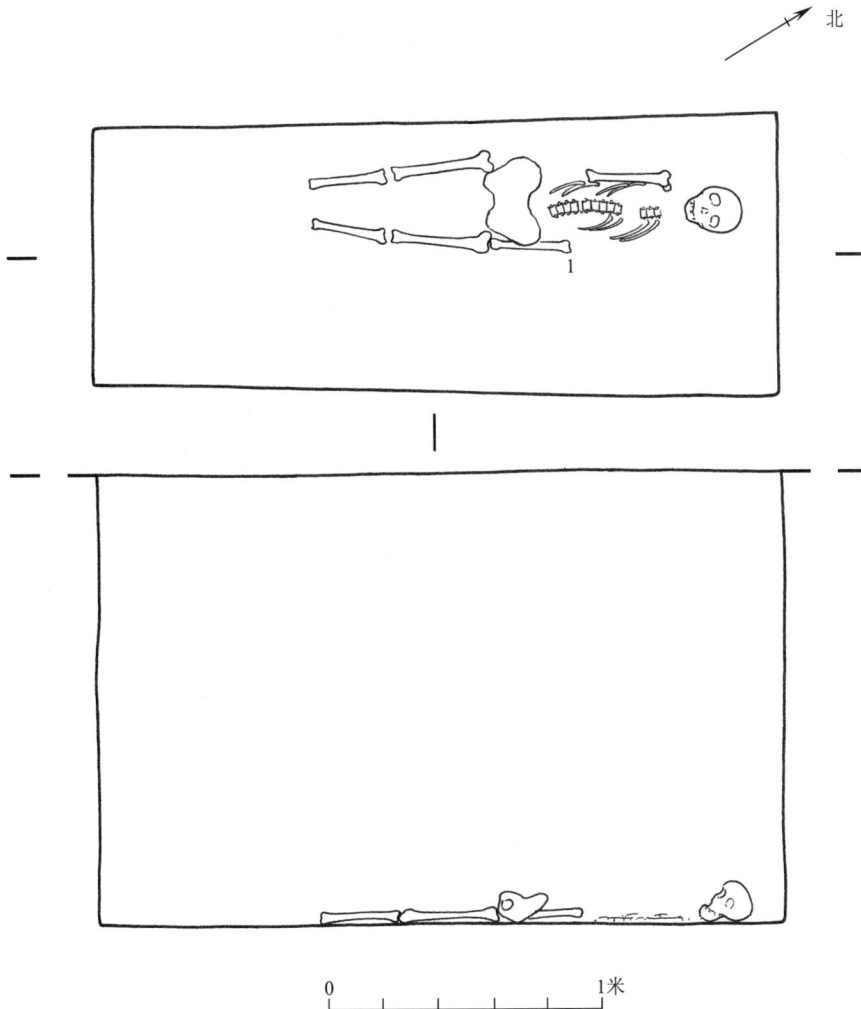

图1-98　M30平、剖面图
1.铜钱（2枚）

2. 随葬品

人骨下发现铜钱2枚。

铜钱　2枚（图版二一，2）。圆形方穿，正、背面均有内、外郭，光背，钱文为篆书，旋读。M30：1-1，钱文为"嘉祐元宝"，钱径2.3、穿径0.7厘米，重2.7克（图1-99，1）；M30：1-2，钱文为"绍圣元宝"，钱径2.3、穿径0.7厘米，重3.5克（图1-99，2）。

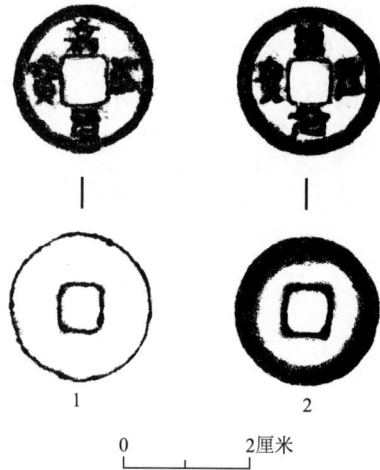

图1-99　M30出土铜钱拓本
1.嘉祐元宝（M30：1-1）　2.绍圣元宝（M30：1-2）

第七章 时代不详墓葬

时代不详墓葬有三座，由于破坏严重，无任何出土遗物可资断代，现公布如下。

一、M4

1. 墓葬概况

位于2013XWQIT0114南部和IT0113北部。开口于②层下，打破生土，口部距地表0.6米，方向278°。该墓平面形状近"刀"形，由墓道和墓室两部分构成（图1-100）。

墓道：斜坡墓道位于墓室西北部，口部平面形状近长方形，直壁。口部长2.5、宽1~1.4米，残深0.8~1.1、坡长2.52米。

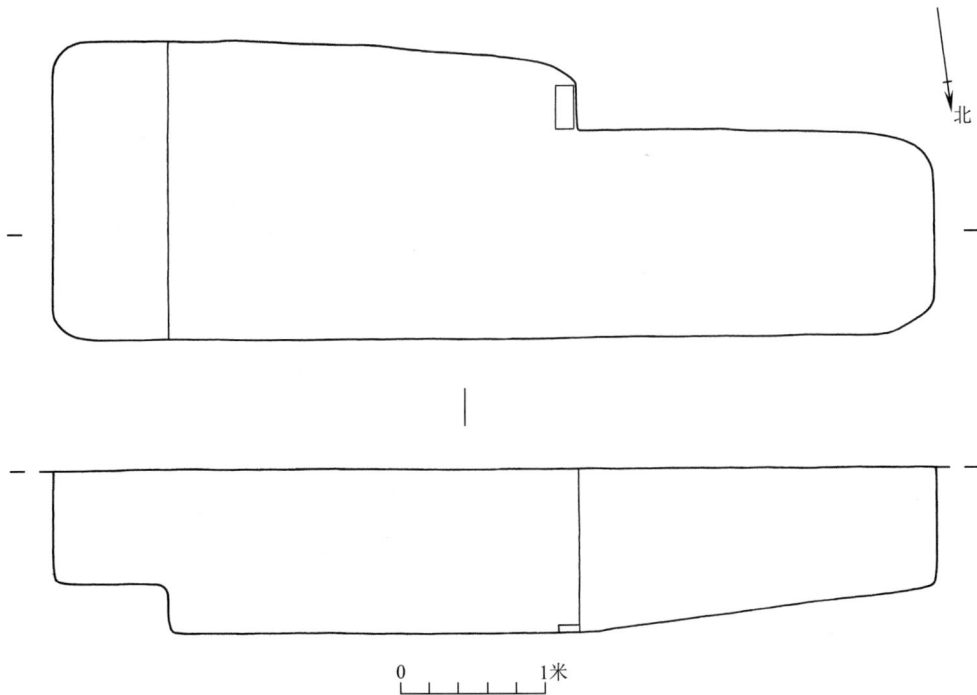

图1-100 M4平、剖面图

　　墓室：砖砌墓室位于墓道东部，底部平面形状近长方形，直壁，平底。口部长3.7，宽1.7~2、残高1.1米。墓室东端留有生土二层台，宽0.8、高0.34米。墓室西南部仅残存一块壁砖，为单砖顺壁纵向平铺，砖长29.5、宽14、厚5厘米。

　　填土：墓内填土较乱，土质较软，包含有碎砖块。

　　葬具：不详。

　　葬式、性别及年龄：未发现人骨。

2. 随葬品

　　墓室底部淤土中发现铜钱1枚，锈蚀严重，已成粉末状，无法提取。

二、M9

1. 墓葬概况

　　位于2013XWQIT0213中北部。开口于②层下，打破生土，口部距地表0.3米，方向105°（图1-101）。

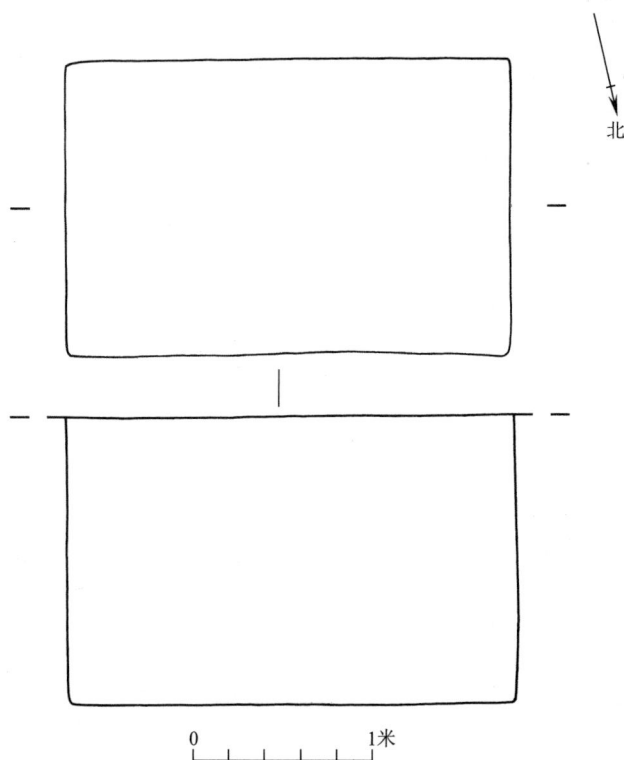

图1-101　M9平、剖面图

该墓为长方形竖穴土坑墓，平面形状呈长方形，直壁，平底。长2.5、宽1.6、深1.88米。

填土：墓内填土较乱，包含有料姜石颗粒、黏土颗粒，仅见少许素面青砖碎块，土质稍硬。

葬具：不详。

葬式、性别及年龄：未发现人骨。

2. 随葬品

由于盗扰严重，未发现随葬品。

三、M11

1. 墓葬概况

位于2013XWQIT0113南部。开口于②层下，打破生土，口部距地表0.6米，方向275°（图1-102）。

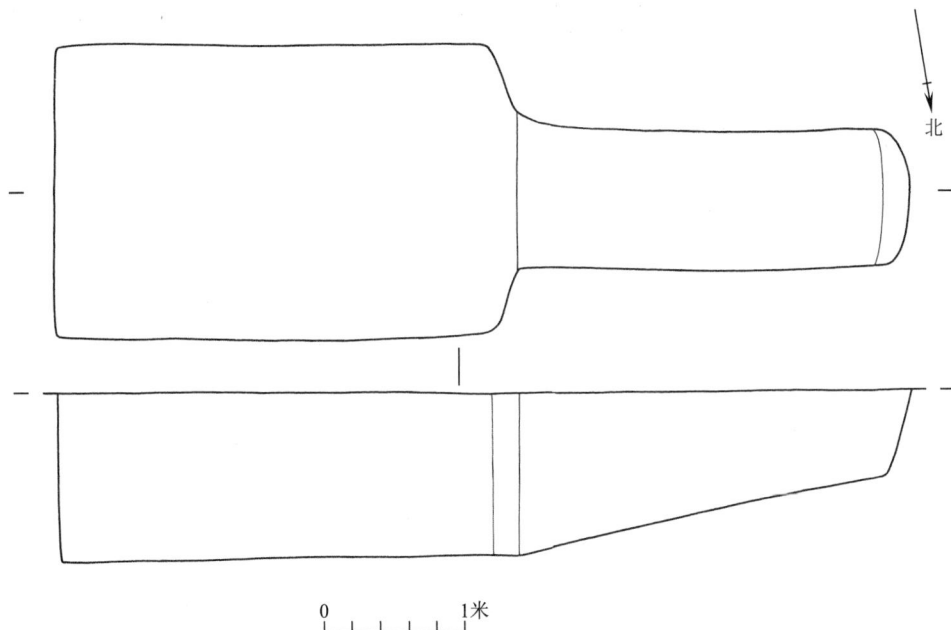

图1-102　M11平、剖面图

该墓平面形状近"凸"字形，由墓道和墓室两部分构成。

墓道：斜坡墓道位于墓室西部，口部平面形状近长方形，直壁。口部长2.9、宽0.96~1.1米，残深0.6~1.12、坡长2.8米。

墓室：砖砌墓室位于墓道东部，底部平面形状呈长方形，壁近直，平底，略低于墓道。长3.3、宽2.02~2.04、残高1.16米。由于盗扰严重，不见规整壁砖。

填土：墓内填土较乱，包含有料姜石颗粒、黏土颗粒以及碎骨、大量残砖碎块等，土质稍硬。

葬具：不详。

葬式、性别及年龄：未发现人骨。

2. 随葬品

由于盗扰严重，未发现随葬品。

第八章 结 语

前顿墓地共发现墓葬51座，时代跨度较长，墓葬形制较为复杂，其中主要为长方形竖穴土坑墓、"凸"字形竖穴或斜坡墓道砖室墓；另外还有长方形竖穴土坑砖砌墓、长方形竖穴墓道洞室墓、"刀"形竖穴或斜坡墓道砖室墓等。其中战国时期墓葬32座，汉代墓葬5座，唐代墓葬2座，宋代墓葬5座，明清时期墓葬4座，时代不详墓葬3座，以战国时期墓葬出土遗物最为丰富。

1. 关于战国时期遗存的认识

前顿墓地战国时期遗存均位于Ⅱ区，包括M15~M29、M32~M37、M39~M44、M46~M50共32座墓葬，分布比较集中，除墓葬口部被扰之外，墓葬信息基本保存完整，未发现叠压打破现象。

（1）墓葬特征

墓战国时期墓葬均开口于②层下，口部距现存地表0.3~0.7米。墓葬口部为长方形或近长方形，长2.1~3.2、宽1.1~2.12米，墓坑深浅不一，最深4.3米，最浅1.2米，方向5°~195°，东西向墓葬只有M20、M21、M35三座，余则大体呈南北向，南北向墓葬中可辨墓主头向的仅有M19一座是头南足北，其余均为头北足南；东西向墓葬墓主头向均为东。墓葬形制除了M48、M49、M50三座为带有长方形竖穴墓道的洞室墓外，其余29座均为长方形竖穴土坑墓，竖穴土坑墓当中除M50墓道为口大底小，呈仰斗状之外，余则不论墓道与墓室，均为直壁；部分墓壁设有壁龛，或在头端，或在左右两侧长壁，壁龛均放置有随葬陶器。带有墓道的洞室墓，墓道均位于洞室北部，呈长方形竖井式，洞室底部平面形状呈长方形。三座洞室墓墓室内部情况各不相同，M49墓室为土洞结构，M48仅在洞室底部铺有空心砖，M50则为空心砖筑结构，并带有耳室，耳室则放置随葬品。墓底多平整，部分墓葬在墓底一侧或两侧设有生土或活土二层台，仅个别墓葬在四壁底部设生有二层台，部分墓葬的随葬品则摆放于二层台上。墓葬填土多不经夯打，土质较软，仅个别墓葬填土较硬，可能稍加夯打，但不见夯窝。

32座墓葬均为单人葬，半数人骨保存完整，半数腐朽严重，仅残存头骨及少量肢骨，或已成粉末状，仅M47不见人骨；可辨葬式多为仰身直肢，仰身屈肢仅见两具，侧身屈肢仅见一具。葬具多为木质，仅残存木棺或木椁朽痕。从残存朽痕来看，葬具分为单椁单棺和单棺两类。

（2）随葬品特征

32座墓葬中有30座出土随葬器物，少者一件，多者十多件。随葬品多为陶器，多放置于壁龛、二层台或墓主头端或两侧，放置于足端的仅见M19一座；随葬的铜璜、带钩、蚌饰品等大部分在墓主尸骨周围。大部分随葬品为陶器，由于烧制火候低，又经过长时间挤压，残碎严重，甚至部分器物朽烂成泥，部分已无法提取。

陶器以泥质灰陶为大宗，部分呈红褐色或暗红色；少量还呈现出土坯的本色；制作方法有轮制、模制和手制三种，较大的器形和盖多为轮制，耳、足、纽等多为模制，少量手制。较简单的器型一般采用一种制作方法，复杂器形则常常三种方法综合使用。陶器的装饰纹样和手法都比较简单，器表以凹弦纹为大宗，另有个别为凸弦纹、戳印或绳纹，有的间有凸棱、刮抹痕迹等。有一部分陶器器表施有白衣或彩衣，或彩绘图案，但大部分脱落严重。

铁器仅发现带钩1件，且锈蚀严重；蚌类共6件，均为小饰件，有梭形、圆形等；铜器器型有带钩、小铃、铜环和铜璜。其中带钩1件、铜铃4件、环86枚、璜12枚，同类器形制基本相同。陶器器型有罐、鼎、壶、敦、豆、匜、盂、碗、盘、器盖、高柄壶等。其中部分器型出土数量仅为1件抑或形制相同，在此仅将器形有别者分型如下。

鼎　6件。根据整体的不同，可分为三型。

A型　3件。敛口，方唇，长方形附耳弯曲外撇，弧腹，平底。底附三个较高的蹄形足，鼎足为四棱状，足端外撇，底跟处模印象形兽面。标本M43：1。

B型　2件。敛口，方唇，椭圆形附耳较直，弧腹，平底，底部附有三个较高的锥状足，足尖外撇。标本M28：1。

C型　1件。敛口，方唇，矮领，弧腹，圜底，三蹄形足。标本M32：3。

壶　15件。以其整体形状的不同，可分为三型。

A型　6件。近直口，方唇，长颈微束，圈足。根据其腹部的不同，可分为三个亚型。

Aa　1件。圆鼓腹，最大腹径靠上，矮圈足。标本M22：1。

Ab　1件。扁鼓腹，最大腹径近中部，高圈足。标本M42：3。

Ac　4件。近球形腹，高圈足外撇。标本M23：2。

B型　4件。侈口，方唇，长颈微束，鼓腹或弧腹，平底或微凹；肩及腹饰凸棱。依其腹部的不同可分为两个亚型。

Ba　1件。鼓腹。标本M19：1。

Bb　3件。弧腹，上、下腹均微折。标本M18：1。

C型　5件。盘形口微侈，尖唇，折沿，束颈，弧折肩，腹部圆鼓且斜内收，平底，假圈足。标本M41：1。

高柄壶　2件。圆柱状矮柄，中空，喇叭形柄座。依其口及腹的不同可分为两个型。

A型　1件。敛口，矮领，扁球形腹。标本M43：8。

B型　1件。近直口，短束颈，扁鼓腹。标本M29：4。

匜　7件。敞口，弧腹，饼状足，口沿两侧对称饰近长方形流和内凹指窝形錾。依其口部形状可分两型。

A型　5件。近圆形。标本M15：7。

B型　2件。弧边三角形。标本M20：1。

盂　3件。折沿，斜腹。依其口部的不同可分二型。

A型　2件。敛口，平折沿，深腹。标本M24：2。

B型　1件。敞口，斜折沿，浅腹。标本M32：4。

壶盖　16件。根据整体形状的不同，可分为三型。

A型　13件。弧顶，子口较深，近中部饰一周凹弦纹，弦纹四周等距离装有四个"S"形纽。标本M39：7。

B型　2件。根据形体的不同可分为二亚型。

Ba型　1件。盖平顶，子口较深，盖顶外周装有三个"S"形纽。标本M22：1。

Bb型　1件。盖顶有三孔。标本M28：3。

C型　1件。覆钵盖，盖敛口，鼓腹下收，平底微凹。标本M41：1。

鼎盖　6件。弧形隆起。根据盖顶的不同可分为二型。

A型　5件。盖顶中央有一矮圈足形捉手。标本M22：4。

B型　1件。顶较平。标本M22：5。

（3）墓葬年代

32座墓葬保存比较完整，随葬品以陶器为大宗，根据墓葬形制、遗物特征等综合信息，可将前顿墓地战国时期遗存大体分为两期。

第一期：包括M15、M16、M17、M20、M22、M25~M29、M32~M37、M39、M40、M42~M44，共21座墓葬，分布集中，均为长方形竖穴土坑墓，墓圹相对稍深。除M20、M35两座墓葬外，其余墓葬方向基本一致，均在5°~20°，遗迹之间相距较近，没有叠压和打破现象，说明每个墓葬当时均应有明显标记，相距时间也不会太长，它们应该属同一时期遗存。上述21座墓葬大部分有壁龛，随葬陶器较多，组合有A型壶、敦、豆、鼎等，大部分成对出现，个别墓葬还随葬有匜、盂、盘或高柄壶；极个别还随葬有铜铃、铜璜、铜环、蚌饰件等。

这些墓葬中壶、敦、豆、鼎多成对出现，其中代表性器物——敦在中原地区同时期墓葬中并不多见，但它却是荆楚地区楚文化墓葬中的代表性器物，发掘资料表明，此类器型出现的年代约为春秋战国之交或战国早期，同时这期墓葬的形制结构特征及陶器组合中的壶、鼎、豆等，与其中原地区同时期墓葬的同类器则基本一致，其中A型壶、敦、豆等，与镇平程庄墓地[①]、淅川东沟长岭楚墓[②]、淅川马川墓地东周墓葬[③]发掘的战国中期墓葬出土器形相近，表明

①　河南省文物局：《南阳镇平程庄墓地》，科学出版社，2011年。

②　河南省文物局：《淅川东沟长岭楚汉墓》，科学出版社，2011年。

③　河南省文物管理局南水北调文物保护办公室等：《河南淅川县马川墓地东周墓葬的发掘》，《考古》2010年第6期。

其时代大体相当。有研究者对楚文化墓葬出土的各种器型的演变作出规律性研究[①]，如鼎的演变趋势以蹄足的逐渐变得细高、腹底渐平为其主要演变规律；豆的盘部逐渐变浅，盘壁折棱逐渐不显，豆柄变得高而直；陶敦器身则由矮胖向瘦高的长椭球形发展；陶壶的颈部逐渐细长，腹部最大径由上腹移至中腹，圈足逐渐流行。比照前顿墓地出土的同类器，这些墓葬的年代大体为战国中期。

如M29出土的陶敦（M29：3）与镇平程庄（M27：4）、淅川东沟长岭（M21：10）同类器接近；M24出土的陶壶（M24：1）整体形制和新郑西亚斯[②]战国中期Ab型Ⅰ式壶（M196：1）、Bb型Ⅰ式壶（M196：2）较为接近；M43出土的两件陶鼎特征与镇平程庄（M27：3）同类器较为接近；M34出土的两件陶壶与镇平程庄M163（M163：1）、东沟长岭M59（M59：4）出土同类器几乎一致。表明其时代应大体相同。

第二期：包括位于第一台地上的M18、M19、M21、M23、M24和第二台地上的M41、M46~M50共11座墓葬，两处墓葬分别相对集中。除M21之外，其余10座墓葬方向基本一致，均呈东北——西南向，可辨墓主头向的墓葬中，除M19头向南之外，余则均为头北足南，方向10°~20°。M46、M48、M50三座墓葬为长方形竖穴墓道洞室墓，其余均为长方形竖穴土坑墓；部分墓葬设有二层台，个别有壁龛或耳室。这期墓葬随葬器物较少，大部分为陶器，在随葬品组合方面，第一期的敦、鼎、豆等大部分器型消失，并且随葬陶器大部分胎质细腻，烧造火候高，质地坚硬，保存也较完整。有器物的墓葬均随葬一件B型壶或C型壶，其器形明显与一期有所区别；另外还随葬一件Ac型壶或A型盂、钵；最多者为M48、M50，除随葬C型壶外，M48还随葬2件碗和1件铜带钩；M50还随葬罐、碗各1件，另有铜璜等。随葬陶器还是以凹弦纹为大宗，另有戳印和凸棱，其他装饰不见。

这期墓葬中的代表器型为C型陶壶，如M18、M49出土的陶壶（M18：1、M49：1）和新郑西亚斯东周墓Aa型Ⅲ式壶（M158：1)整体器形较为近似，表明其时代约略相当，时代为战国晚期。而M41、M46、M48、M50出土的陶壶整体特征明显是承袭了以M18出土陶壶为代表的圆肩风格。表明上述4座墓葬的年代较M18会更晚一些，但总体在战国晚期的范畴。

综上所述，前顿墓地32座战国中、晚期墓葬在时间序列上较为完整，但墓葬形制较小，随葬品以陶器为主，铜器较少，它应该为一处中下阶层墓地。在墓葬形制、埋葬习俗及随葬品组合等方面与战国时期中原地区的发展状况基本一致，具有一定的地域时代特征，同时又与荆楚地区战国墓的同类器相似，初步对比可以看出中原文化与楚文化的密切关系。通过这些墓葬也折射出了当地战国时期社会中下阶层的生活面貌及葬制状况，为研究当时的墓葬制度及中原文化与楚文化的交流等问题提供了新的实物资料。

① 河南省文物局：《南阳镇平程庄墓地》，科学出版社，2011年。
② 河南省文物考古研究所：《新郑西亚斯东周墓地》，大象出版社，2012年。

2. 关于汉代遗存的认识

位于I区的M6、M7、M12和位于II区第二台地上的M45、M51均为砖砌墓，分布相对分散，盗扰严重，除残存部分墓砖外，还发现有部分陶器和铜钱，陶器有轮制、模制和手制几种，主要出土于M6，有人俑、圈、灶、熏炉、盘、耳杯、奁、鸡、猪、狗等，都具有东汉中、晚期陶制品特征；另外M6、M7、M45、M51出土的五铢钱大部分为东汉中、晚期铸造，而且还出土有东汉中期大量出现的磨郭五铢。从墓葬形制来看，上述5座墓葬与洛阳烧沟第四型墓式葬较为近似，表明其时代大体为东汉中、晚期。

3. 关于汉代以后遗存的认识

位于I区的M4、M5、M8、M9、M10、M11、M13、M14和位于II区的M31、M38，除M9、M31为长方形竖穴墓外，其余均为"凸"字形竖穴墓道砖砌墓，盗扰严重，几乎不见随葬遗物，其中M4、M9、M11仅剩土圹，其时代特征不可辨识，但大体年代当不早于汉代。不过根据墓底均残存条砖的特征，并参考该地区同类形制墓葬，初步推测M31、M38为唐代；M5、M8、M10、M13、M14为宋代，这两个时期的墓葬分别相对较集中。另外，位于I区的M1、M2、M3及II区的M30，均为长方形竖穴土坑墓，其中M1出土有朱砂写就的买地券，根据券文可知该墓男性墓主的入葬时间为明万历十九年九月八日，其余墓葬均出土有铜钱，根据钱文可知为宋代铜钱，加之墓底残存有木棺朽痕，初步判定M2、M3、M30的年代大体为明清时期。

附表一　前顿墓地墓葬登记表

墓号	层位	方向	形状结构	墓道（单位：米）			墓室（单位：米）			葬式	随葬品	时代
				长	宽	深	长	宽	深			
M1	②层下	14°	长方形竖穴土坑				口：2.56底：2.54	口：1.7~1.94底：1.7~2.24	1.58	仰身直肢	瓷罐1、瓷碟1、买地券1、铜钱1、铜环1	明
M2	②层下	25°	长方形竖穴土坑				2.3	0.84	2.2	仰身直肢	瓷瓶1、铜钱1	明清
M3	②层下	14°	长方形竖穴土坑				2.46	1	2.1	仰身直肢	铜钱2	明清
M4	②层下	278°	"刀"形斜坡墓道砖砌墓	2.5	1~1.4	残0.8~1.1	3.7	1.7~2	残1.1	不详	无	不详
M5	②层下	280°	"凸"字形斜坡墓道砖砌墓	2.42	口：1.02~1.24底：0.94~1.1	残0.7~1.52	口：3.44底：3	口：2~2.32底：1.96~2.08	残1.6	不详	无	宋
M6	②层下	195°	"凸"字形斜坡墓道砖砌墓	6.7	1.04~1.42	残0.88~2.24	7	2.02~4.64	残2.24	不详	俑1、圈厕1、灶1、博山炉1、盘1、鸡1、猪1、狗1、铜钱9	东汉
M7	②层下	18°	"刀"形斜坡墓道砖砌墓	3.2	1.12	残1~1.3	5.3	2.06	残1.3	不详	铁犁铧1、铜钱15	东汉
M8	②层下	280°	"凸"字形斜坡墓道砖砌墓	2	1~1.3	残1.2~2	4.06	2.54~2.66	残2.06	不详	无	宋
M9	②层下	105°	长方形竖穴土坑				2.5	1.6	1.88	不详	无	不详
M10	②层下	280°	"凸"字形斜坡墓道砖砌墓	1.82	1.36~1.46	残0.7~0.92	3.54	2.14~2.2	残1	不详	无	宋
M11	②层下	275°	"凸"字形斜坡墓道砖砌墓	2.9	0.96~1.1	残0.6~1.12	3.3	2.02~2.04	残1.16	不详	无	不详

续表

墓号	层位	方向	形状结构	墓道（单位：米）			墓室（单位：米）			葬式	随葬品	时代
				长	宽	深	长	宽	深			
M12	②层下	100°	"刀"形竖穴墓道砖砌墓	2	1.1	残0.9	3.12	1.42	残0.9	不详	无	东汉
M13	②层下	195°	"凸"字形竖穴墓道砖砌墓	2	0.4~1.2	残2	2.5	2.4	残2	不详	瓷碗2	宋
M14	②层下	190°	"凸"字形竖穴墓道砖砌墓	1.7	0.4~1.1	残1.4~1.9	4	3.9	残1.9	不详	无	宋
M15	②层下	20°	长方形竖穴土坑				2.7	2.12	3.2	仰身直肢	壶2、敦2、豆2、鼎2、匜2、壶盖2、不辨器形陶器2	战国
M16	②层下	10°	长方形竖穴土坑				2.2	1.6	3.7	仰身直肢	壶2、豆2、敦2、铜铃2、鼎1、壶盖2、铜镞2	战国
M17	②层下	20°	长方形竖穴土坑				2.9	1.72	2.4	仰身直肢	敦1、壶1	战国
M18	②层下	20°	长方形竖穴土坑				2.6	1.26	1.2	不详	壶1	战国
M19	②层下	195°	长方形竖穴土坑				2.42	1.44	1.74	仰身直肢	壶1	战国
M20	②层下	105°	长方形竖穴土坑				2.8	1.5	2.04	仰身屈肢	壶2、鼎1、匜1	战国
M21	②层下	110°	长方形竖穴土坑				2.6	1.3	2.4	仰身直肢	罐1	战国
M22	②层下	10°	长方形竖穴土坑				2.6	1.6	2.86	不详	壶1、豆1、匜1、鼎2	战国
M23	②层下	15°	长方形竖穴土坑				2.3	1.4	2.7	不详	壶2	战国
M24	②层下	15°	长方形竖穴土坑				2.6	1.6	2.96	不详	壶1、盂1	战国
M25	②层下	13°	长方形竖穴土坑				2.9	1.8	2.76	不详	无	战国

续表

墓号	层位	方向	形状结构	墓道（单位：米）			墓室（单位：米）			葬式	随葬品	时代
				长	宽	深	长	宽	深			
M26	②层下	10°	长方形竖穴土坑				2.5	1.8	4	仰身直肢	豆4、壶1、鼎1、匜1	战国
M27	②层下	15°	长方形竖穴土坑				2.8	2	3	仰身直肢	壶2、敦2、器盖2、鼎1、豆1	战国
M28	②层下	15°	长方形竖穴土坑				2.9	1.7	3.2	仰身直肢	鼎2、豆2、壶1、匜1	战国
M29	②层下	20°	长方形竖穴土坑				2.46	1.4	3.7	不详	敦2、豆1、匜1、高柄壶1、铜环51	战国
M30	②层下	30°	长方形竖穴土坑				2.5	1	1.3	仰身直肢	铜钱2	明清
M31	②层下	105°	长方形竖穴砖砌墓				2.5	1.8~1.92	2.1	不详	无	唐
M32	②层下	5°	长方形竖穴土坑				2.7	1.8	3.3	仰身直肢	鼎1、匜1、盂1、豆2、器盖2、壶2、铜镩1、铜簧2	战国
M33	②层下	15°	长方形竖穴土坑				3.2	2	3.9	仰身直肢	壶1、盂1、铜镩2	战国
M34	②层下	20°	长方形竖穴土坑				2.8	1.7	4.3	仰身直肢	壶2、豆2、鼎1、敦1	战国
M35	②层下	102°	长方形竖穴土坑				2.9	1.6	3.6	仰身直肢	壶2、豆2、鼎1、敦1	战国
M36	②层下	15°	长方形竖穴土坑				2.4	1.5	2.7	仰身屈肢	壶1、盘1、匜1、铜镩2	战国
M37	②层下	20°	长方形竖穴土坑				2.9	1.8	3.8	仰身直肢	壶2、豆2	战国
M38	②层下	200°	"凸"字形斜坡墓道砖砌墓	残长1.7	1	残2.4	3.2	2.36	残2.6	不详	无	唐
M39	②层下	15°	长方形竖穴土坑				2.4	1.7	3.1	不详	壶2、鼎2、敦2、豆1、匜1、壶盖1、蚌饰1	战国

续表

墓号	层位	方向	形状结构	墓道（单位：米）			墓室（单位：米）			葬式	随葬品	时代
				长	宽	深	长	宽	深			
M40	②层下	15°	长方形竖穴土坑				2.6	1.5	2.4	仰身直肢	壶2、铁带钩1	战国
M41	②层下	10°	长方形竖穴土坑				2.2	1.1	2	侧身屈肢	壶1、鍪1	战国
M42	②层下	15°	长方形竖穴土坑				2.4	1.2	2.92	仰身直肢	壶1、鼎1、敦1、豆1	战国
M43	②层下	10°	长方形竖穴土坑				2.9	2.12	3.5	不详	鼎2、豆2、壶盖2、壶1、高柄壶1、铜环35、铜铃4、蚌饰4	战国
M44	②层下	15°	长方形竖穴土坑				2.9	1.7	3.8	仰身直肢	鼎2、豆2、壶1、盘1、器盖1	战国
M45	②层下	110°	"刀"形斜坡墓道砖砌墓	残2.3	0.9	残1.4~1.6	3.6	2	残2	不详	耳杯3、盘1、盒1、铜钱30	东汉
M46	②层下	15°	长方形竖穴土坑				2.2	1.2	1.8	仰身直肢	壶1	战国
M47	②层下	15°	长方形竖穴土坑				2.2	1.3	1.9	不详	无	战国
M48	②层下	10°	长方形竖穴墓道洞室墓	2.3	1.3	2.1	2.5	1.1	0.74	不详	壶1、碗2、铜带钩1	战国
M49	②层下	10°	长方形竖穴墓道洞室墓	2.2	1.56	2	2.12	0.86	1米	不详	壶1	战国
M50	②层下	15°	长方形竖穴墓道洞室砖砌墓	口：3.1 底：2.6	口：2 底：1.4~1.52	3.42~3.6	2.1	0.8	0.74	不详	壶1、碗1、罐1、铜璜3	战国
M51	②层下	13°	"凸"字形斜坡墓道砖砌墓	4.6	1~1.4	残2.3	6.8	3.3	残2.3	不详	铁犁铧1、铜钱1	东汉

下　　编

许昌十王墓地

第一章　概　　述

第一节　墓地位置与自然环境

十王墓地位于河南省许昌市新城区十王村与许昌县尚集镇胡寨村交界处，地理坐标：东经113°50′，北纬34°08′，海拔77～78.5米。南距许昌市区约15千米，东西500米处分别是魏武大道和石武高速客运专线、京港澳高速公路；墓地南临胡寨村，北临十王村（图2-1；图2-2）。墓地所在位置原为岗地，地势较高，由于平整土地，岗阜不存，与周围地势基本一致，该地多为基本农田，常年植被有果树、小麦、玉米等基本农作物及经济作物（彩版四）。

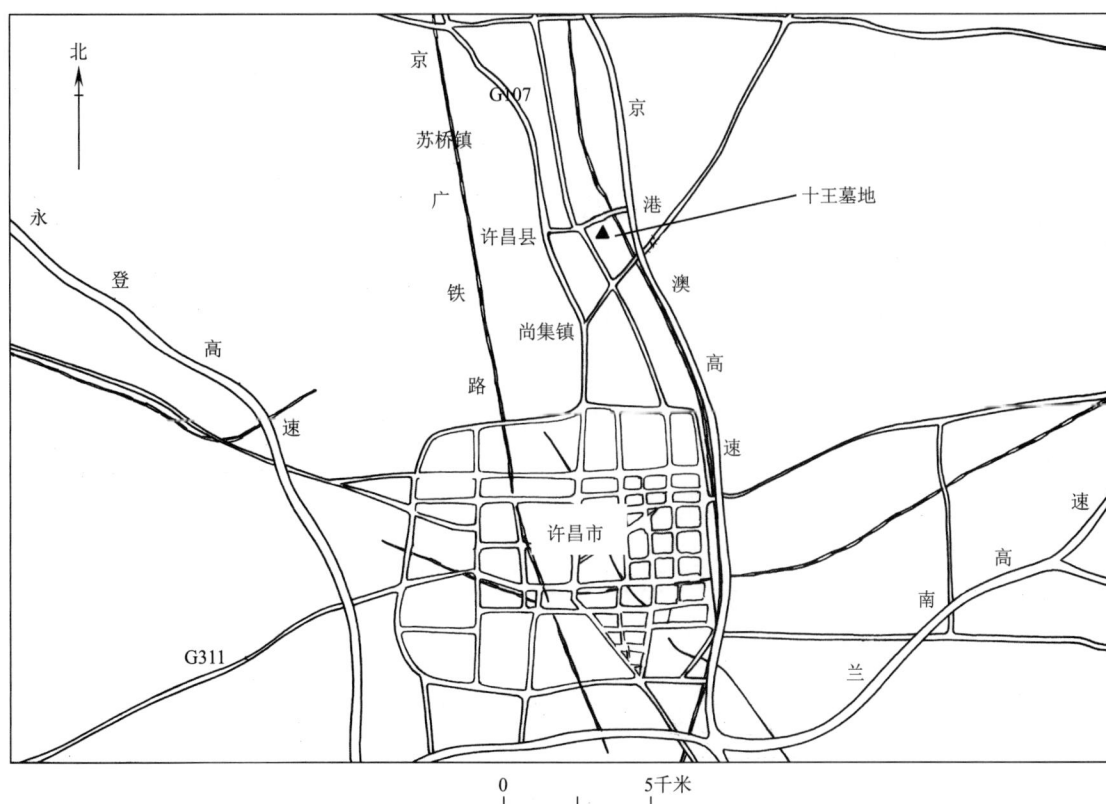

图2-1　十王墓地位置示意图

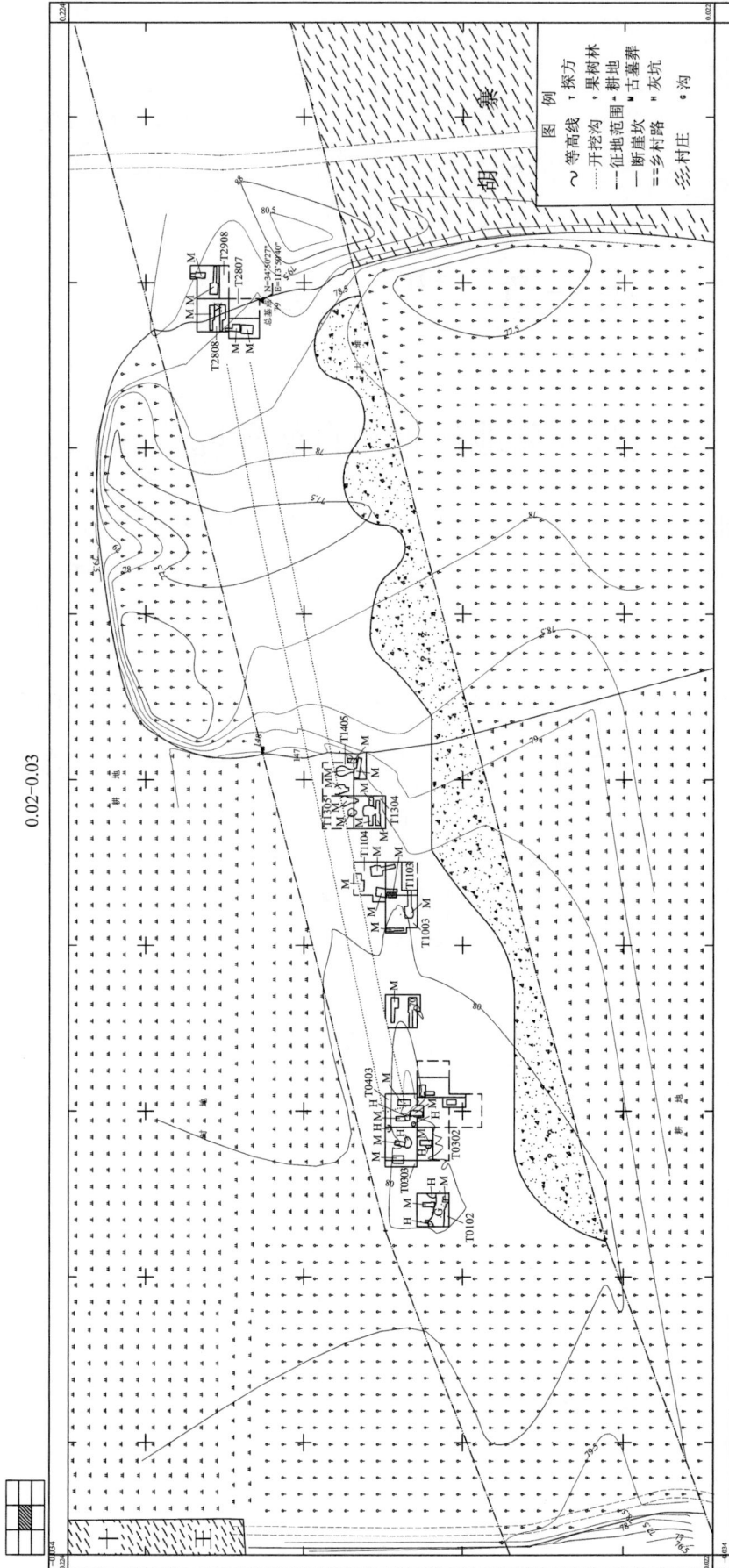

图2-2　十王墓地地理环境示意图

许昌西部为低山丘陵，东部为黄淮平原西缘。地势西高东低，自西向东缓慢倾斜。地貌景观从西向东按地貌成因及形态组合可分为山地、岗地和平原三大类。面积比例1：2：7。主要河流有汝河、颍河、双洎河、清潩河、清流河等，属淮河流域沙颍河水系，水径流量每年平均为15亿立方米。全市辖区地处黄淮间，属暖温带季风气候，雨量充沛，光照充足，无霜期长，四季分明。

第二节　发掘经过

2012年5月20日，南水北调受水区配套供水工程17号口门许昌段的十王村和胡寨村附近，施工单位在施工过程中发现有古墓葬（2012XXSM1），许昌市文物考古研究管理所（原许昌市文物工作队）立即组织人员对现场进行保护，同时报请河南省文物局南水北调文物保护办公室，随后组织技术力量对十王墓地进行了文物调查和勘探，经勘探，发现有墓葬、灰坑等遗迹现象。另据当地村民介绍，以往在墓地及周围烧砖取土过程中曾发现有大量古墓葬。现存地表仍随处可见空心砖残片、子母砖残块以及陶器碎片等。

经调查，十王墓地分布范围较大，本次仅对受水区开挖沟渠部分进行考古勘探发掘，勘探发掘范围东西长429米，南北宽24米，根据前期文物勘探情况的遗迹分布状况，布10米×10米探方16个，实际发掘面积1346.25平方米。通过发掘，共发现不同时期的墓葬34座以及灰坑7个、灰沟1条（图2-3；彩版五）。

墓地发掘总基点设在胡寨村村北胡建设家二层小楼的西北角。虚拟坐标点设在总基点西偏南77°，二者直线距离292米，位于发掘区西南角，从虚拟坐标点依次向东、向北统一布方编号。

第三节　地层堆积

由于墓地范围内土地经过平整，地层堆积比较简单。地层堆积大体情况如下：

第①层：耕土层，厚0.1~0.35米，土色浅灰，由于大型机械碾压及土地干旱，土质较硬，结构致密。包含有大量植物根系，碎砖块、碎玻璃及少量现代垃圾。

第②层：扰土层，厚0.1~0.8米，土色黄，带有灰斑，土质较硬，结构较致密。包含有少量陶、瓷碎片。

②层以下为浅黄色沙土层，土质较软，结构较致密，包含少量料姜颗粒，为自然生土。

第二章　新石器时代遗存

新石器时代遗存仅发现有灰坑和灰沟，其中灰坑7个，灰沟1条。

第一节　遗　迹

一、灰　坑

灰坑有椭圆形、圆形或近圆形以及不规则形三种，其中椭圆形灰坑3座，圆形或近圆形灰坑3座，不规则形灰坑1座。

1. 椭圆形

H1　位于2012XXST0102东部偏北。开口于②层下，向下打破生土，口部距地表0.6米。口部平面形状近椭圆形，其中东部压于施工便道下无法清理，口大底小，斜壁，平底。残存口径1.16～2.22、底径1～1.65、深0.4米（图2-4）。坑内填土无明显分层，呈灰褐色，土质较软，结构疏松。包含有红烧土颗粒及陶器残片。出土陶器以泥质灰陶为主，泥质红陶次之，夹砂红陶最少；可辨器型主要有罐、盆等。

H2　位于2012XXST0102西北部。开口于②层下，向下打破生土，南部打破G1，口部距地表0.7米。平面形状近椭圆形，口稍大于底，斜壁，平底。口径1.3～1.84、底径1.35、深0.4米（图2-5）。坑内填土无明显分层，呈灰黑色，土质较软，结构疏松。包含有红烧土块、螺壳以及陶器残片。出土陶器以泥质灰陶为主，泥质红陶次之，夹砂褐陶最少；可辨器型有罐、鼎、钵、盆等。

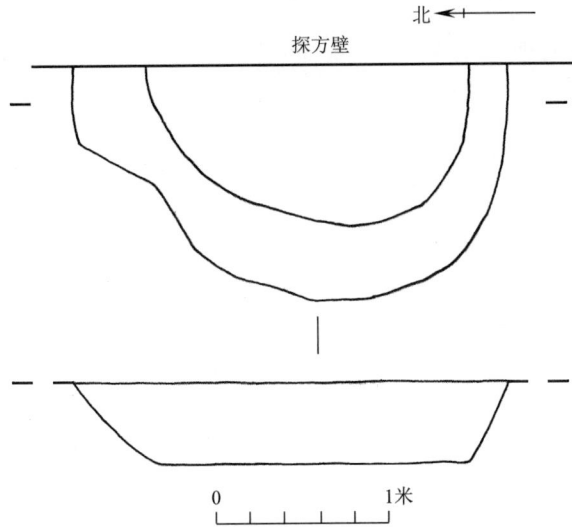

图2-4 H1平、剖面图

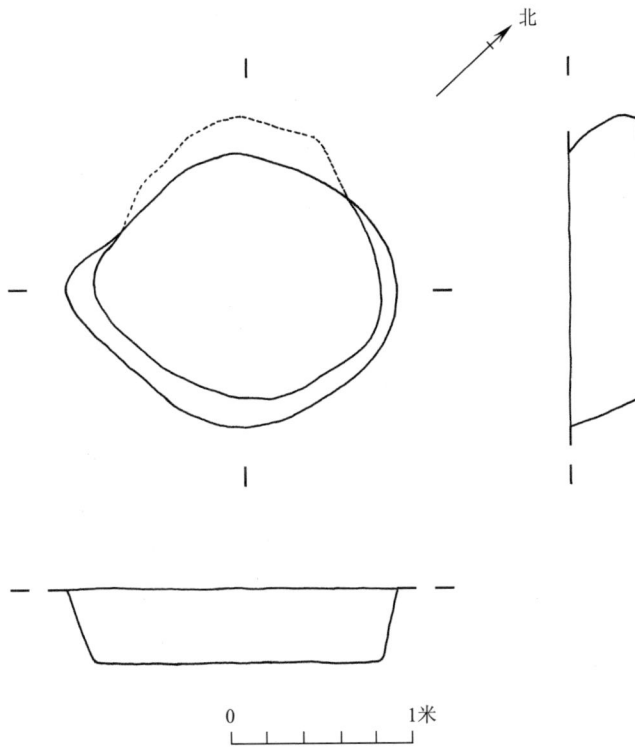

图2-5 H2平、剖面图

　　H4　位于2012XXST0403西北部和2012XXST0303东北部。开口于②层下，向下打破生土，口部距地表0.65米。平面形状近椭圆形，北部压于施工便道下无法清理，直壁，平底。口径和底径1.16~1.9、深0.4米（图2-6）。坑内填土无明显分层，呈浅灰色，土质较软，结构疏松。包含有大量红烧土块及陶器残片等。出土陶器以泥质灰陶为主，泥质红陶次之，夹砂灰陶最少；可辨器型主要有罐、鼎、盆等。

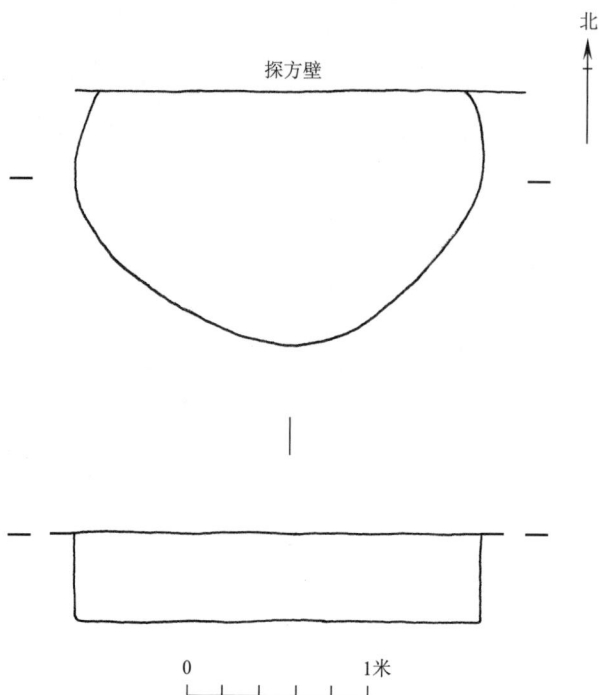

图2-6　H4平、剖面图

2. 圆形或近圆形

　　H3　位于2012XXST0403西南部。开口于②层下，向下打破生土，口部距地表0.8米。平面形状近圆形，口小底大，呈袋状，斜壁，平底。口部直径1.2、底径1.88、深0.9米（图2-7）。坑壁加工规整，坑壁四周分布有7个圆洞，规格基本一致，洞径0.1、进深约0.14米。坑内填土共分两层：第①层，厚0.5～0.8米，填土呈凸镜状堆积，灰褐色，土质较软，结构疏松。包含有大量红烧土颗粒、陶器残片等；第②层，厚0.1～0.4米，填土呈凸镜状堆积，黑灰色，土质软，结构疏松。包含有炭屑、兽骨、陶器残片等。出土陶器以泥质灰陶为主，夹砂灰陶次之和泥质红陶最少；可辨器型主要有罐、钵、盆、碗、豆、瓮、纺轮等。

　　H5　位于2012XXST0403西南部。开口于②层下，向下打破生土，北部被M21打破，口部距地表0.8米。平面形状近圆形，口小底大，呈袋状，斜壁，平底。口径1.6、底径1.78、深0.7米（图2-8）。坑内填土无明显分层，呈浅灰色，土质较软，结构疏松。包含有大量红烧土颗粒、贝壳、碎石块以及陶器残片。出土陶器以泥质灰陶为主，夹砂灰陶次之，夹砂红陶最少；可辨器型有罐、鼎、钵、盆等。

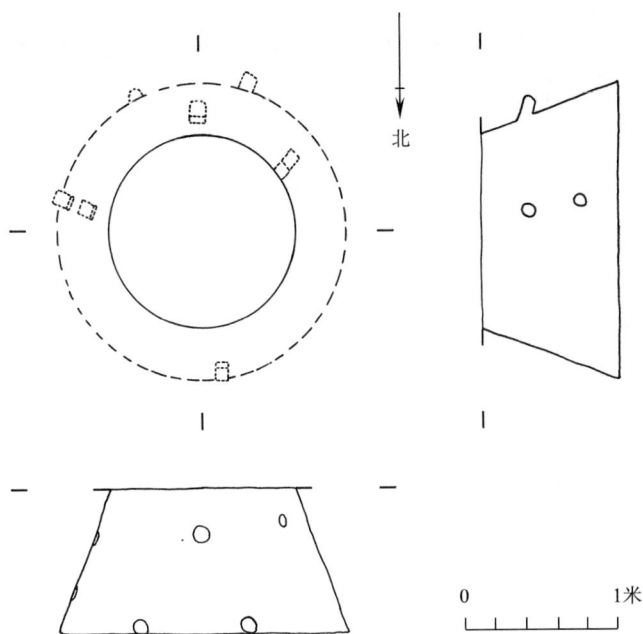

图2-7　H3平、剖面图

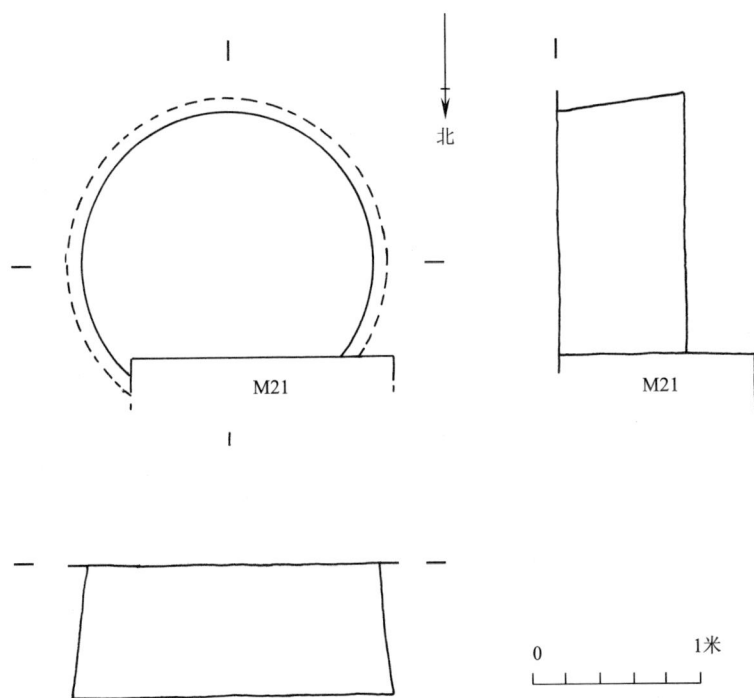

图2-8　H5平、剖面图

H6　位于2012XXST0302中部。开口于②层下，向下打破生土，东部被M24打破，口部距地表0.6米。平面形状近圆形，口小底大，呈袋状，斜壁，平底。口径1.08、底径2、深1.1米（图2-9）。西壁距口部0.6米处有两个圆洞，高0.12、阔0.2、进深0.18米；北壁亦发现圆洞一个，口部呈椭圆形，口径0.07～0.15、进深0.12米。坑内填土无明显分层，呈灰褐色，土质较软，结构疏松。包含有少量兽骨以及陶器残片等。出土陶器以泥质灰陶为主，夹砂灰陶为辅，极少量彩陶；可辨器型有罐、鼎、瓮等。

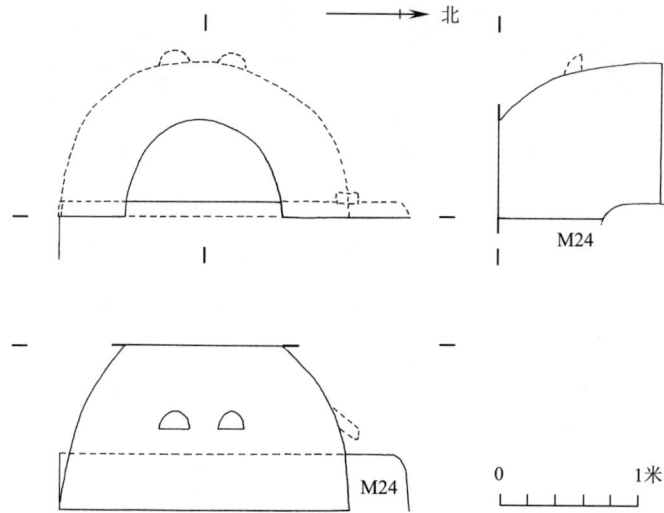

图2-9　H6平、剖面图

3. 不规则形

H7　位于2012XXST0303中部偏南。开口于②层下，向下打破生土，西北部被M25打破，口部距地表0.6米。平面形状不规则，斜壁，不甚规整，底部不平。口径2.25～2.94米，深1.26～1.5米（图2-10）。坑内填土无明显分层，呈灰色，土质较软，结构疏松。包含有红烧土块、蚌壳及陶器残片。出土陶片以泥质灰陶为主；可辨器型为钵。

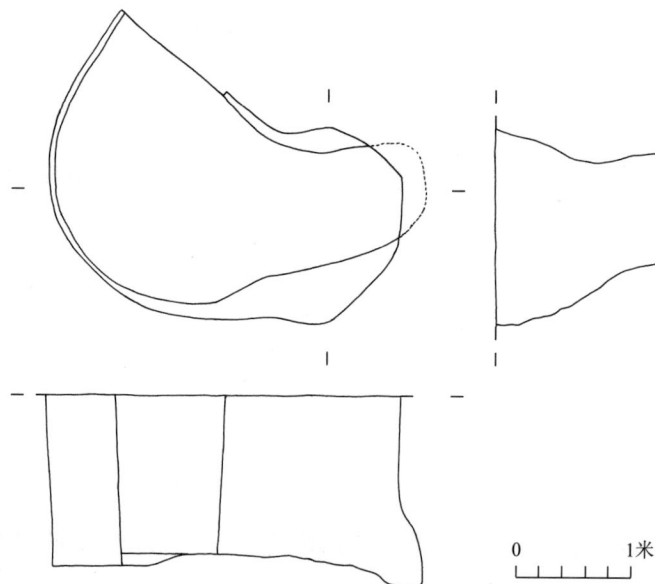

图2-10　H7平、剖面图

二、灰　沟

G1　位于发掘区西部，呈西北—东南走向，征地范围内长26、宽约3.5米。由于发掘条件所限，仅对2012XXST0102内的G1进行了局部发掘。G1开口于②层下，打破生土，部分被H2、M11打破，最深处约1.5米。平面形状呈不规则形，斜壁，不甚规整，圜底。沟内填土共分6层，均呈凹镜状堆积：

第①层：厚0.24～0.4米，土色灰褐，土质较软，结构疏松。包含有兽骨、残碎陶片等。可辨器型有罐、鼎；器表以素面为主，纹饰见有附加堆纹。

第②层：厚0.02～0.16米，土色黄，带有灰斑，土质较软，结构疏松。包含有极少量残碎陶片，器型不可辨识。

第③层：厚0.05～0.1米，土色灰，土质较软，结构较疏松。包含有零星炭屑。

第④层：厚0.2～0.24米，土色浅黄，土质较软，结构疏松。较纯净，包含有少量料姜颗粒。

第⑤层：厚0.02～0.24米，土色灰，略泛白，土质软，结构疏松。较纯净，包含有少量料姜颗粒。

第⑥层：厚0.05～0.46米，土色深灰，土质软，结构疏松。较纯净，包含有少量料姜颗粒。

第二节　遗　物

一、陶 系 特 征

新石器时代遗迹中出土的遗物以泥质陶为大宗，夹砂陶次之。其中泥质陶又以灰陶为主，黑陶次之，少见红陶；夹砂陶则以灰陶为主，红陶、褐陶次之，黑陶最少。纹饰见有附加堆纹、凹弦纹、黑彩或红彩以及绳纹等，素面陶器则占有相当大的比例，另见有少量抹光陶器（表一）。器型有罐、钵、碗、豆、碗、鼎、瓮等。

表一　H3陶系纹饰统计表

纹饰 ＼ 陶系	夹砂				泥质			合计	百分比（%）
	红	灰	黑皮	褐	红	灰	黑皮		
素面	3	5	1	3	2	10	5	29	65.91
绳纹								1	2.27
附加堆								2	4.55

续表

陶系　纹饰	夹砂				泥质			合计	百分比（%）
	红	灰	黑皮	褐	红	灰	黑皮		
抹光								5	11.36
凹弦								4	9.09
黑彩								1	2.27
红彩								2	4.55
合计	3	5	1	4	3	21	7	44	100
百分比	6.82	11.36	2.27	9.09	6.82	47.73	15.91	100	

二、出 土 遗 物

1. H1出土遗物

罐　H1：1，夹砂褐陶，侈口，折沿，尖圆唇，唇面内勾，斜肩，素面。口径22.4、残高6.4厘米（图2-11，3）；H1：2，夹砂红陶，敛口，尖唇，斜肩，肩部饰线纹，余素面。口径14、残高4厘米（图2-11，1）。

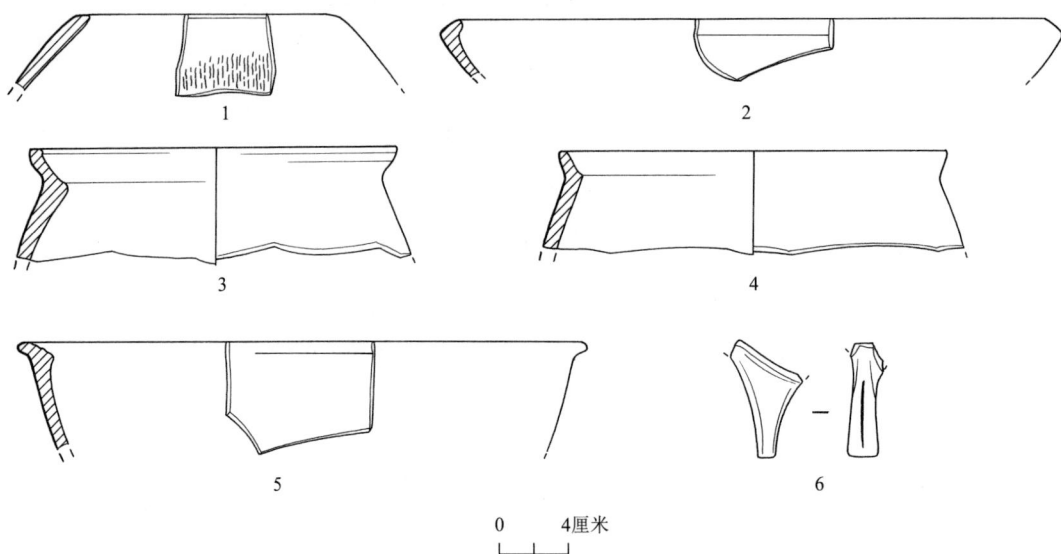

0　　　4厘米

图2-11　H1、H2出土遗物
1、3、4. 陶罐（H1：2、H1：1、H2：1）　2. 陶钵（H2：3）　5. 陶盆（H2：4）　6. 陶鼎（H2：2）

2. H2出土遗物

罐　H2：1，夹砂褐陶，侈口，折沿，尖圆唇，折沿内侧有一周凸棱，素面。口径23.2、残高6厘米（图2-11，4）。

鼎　H2：2，残存鼎足，夹砂褐陶，鸭喙状，外侧有数向划痕，素面。残高6.8厘米（图2-11，6）。

钵　H2：3，泥质褐胎黑皮陶，敛口，圆唇，斜弧腹，素面。口径35、残高3.4厘米（图2-11，2）。

盆　H2：4，泥质黑陶，敞口，卷沿，小圆唇，斜弧腹，沿面数周凹弦纹，余素面。口径34.4、残高6.6厘米（图2-11，5）。

3. H3出土遗物

彩陶罐　折沿，小圆唇。H3：6，泥质红陶，敛口，上腹微弧，下腹部弧收至底，平底，器表施红色陶衣，腹部饰黑色平行宽带纹和"X"纹。口径16.4、底径10.4、高22厘米（图2-12，1）；H3：7，泥质灰陶，敛口，弧腹，残存部分饰红色网纹，余素面。口径20、残高3厘米（图2-12，2）；H3：8，泥质灰陶，直口，折腹，上腹部较直，上腹部饰红色网纹和平行宽带纹。口径19.2、残高8厘米（图2-12，3）。

罐　H3：4，夹砂褐胎黑皮陶，侈口，折沿，尖唇，折腹，折腹处有戳印纹，余素面。口径10.4、底径7.8、高10.4厘米（图2-12，17；图版三五，4）；H3：9，夹砂褐胎黑皮陶，侈口，折沿，圆唇，斜肩，素面。口径13.6、残高4.6厘米（图2-12，12）；H3：12，夹砂灰陶，敛口，折沿，方唇，唇面内勾，素面。口径17、残高4厘米（图2-12，14）；H3：13，夹砂褐胎灰皮陶，陶色不均，下腹部斜收，平底，素面。底径12.8、残高7.6厘米（图2-12，5）；H3：14，夹砂褐陶，敛口，尖唇，唇面有两周凹槽，溜肩，鼓腹，肩部一下饰细绳纹。口径10.8、残高14厘米（图2-12，4）。

钵　H3：1，泥质灰陶，敛口，尖圆唇，斜腹，平底，器表抹光。口径23.6、底径8、高10厘米（图2-12，18；图版三五，1）；H3：2，泥质褐胎黑皮陶，敞口，尖圆唇，斜腹，平底。口径13.2、底径5.2、高4.6厘米（图2-12，15；图版三五，2）；H3：3，夹砂灰陶，敛口，尖圆唇，弧腹斜收，平底。口径16.8、底径6.4、高5.4厘米（图2-12，19；图版三五，3）；H3：11，夹砂褐胎黑皮陶，尖圆唇，弧腹，器表抹光。残高6厘米（图2-12，7）；H3：17，泥质灰陶，圆唇，斜弧腹，素面。口径19.6、残高3.6厘米（图2-12，9）。

盆　H3：10，泥质灰陶，敞口，微敛，圆唇，弧腹，唇面下部饰一周附加堆纹，余素面。口径36.4、残高8厘米（图2-12，8）；H3：18，夹砂灰陶，敛口，厚方唇，素面。口径40、残高6厘米（图2-12，6）。

　　碗　H3：15，残存底部和圈足，泥质灰陶，圜底，矮圈足，腹部饰一层灰色陶衣，余素面。底径9.6、残高6.8厘米（图2-12，10）。

　　豆　H3：16，残存圈足，泥质灰陶，圜底，喇叭状矮圈足，圈足上饰三个圆形镂空，素面。底径10.6、残高5.8厘米（图2-12，11）。

　　瓮　H3：19，泥质灰陶，敛口，厚方唇，器表抹光。口径32.8、残高4.4厘米（图2-12，13）。

　　纺轮　H3：5，泥质黑陶，圆形，磨光，剖面近菱形，中有圆形穿孔，穿孔两端内凹。直径4、穿径0.4、最厚1.8厘米（图2-12，16；图版三五，5）。

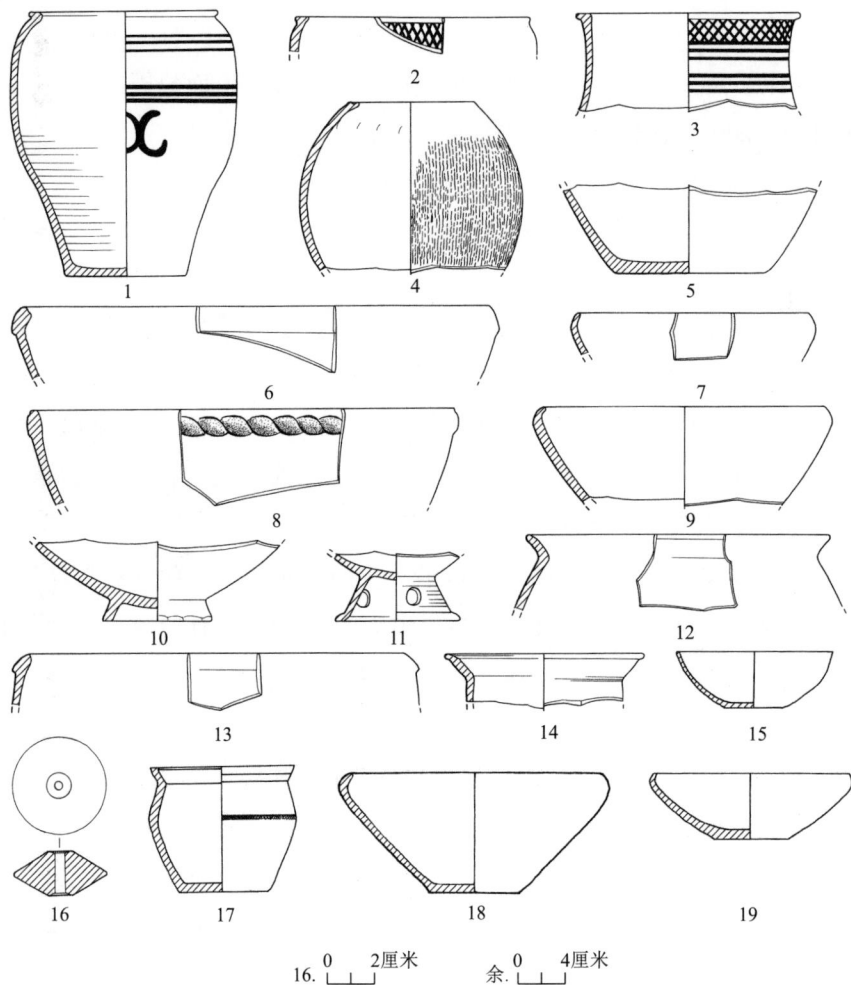

图2-12　H3出土遗物

1～3.彩陶罐（H3：6～8）　4、5、12、14、17.陶罐（H3：14、13、9、12、4）　6、8.陶盆（H3：18、10）　7、9、15、18、19.陶钵（H3：11、17、2、1、3）　10.陶碗（H3：15）　11.陶豆（H3：16）　13.陶瓮（H3：19）　16.陶纺轮（H3：5）

4. H4出土遗物

　　鼎　H4：1，夹砂褐陶，侈口，折沿，尖唇，唇面内勾，斜肩，素面。口径29.2、残高7厘米（图2-13，1）；H4：3，残存鼎足，夹砂褐陶，鸭喙状，残存上部，素面。残高6厘米（图

2-13，2）。

盆　H4：2，泥质灰陶，敛口，折沿，小圆唇，斜弧腹，上腹部有数周快轮修整形成的凹弦纹，余素面。残高6.6厘米（图2-13，3）。

5. H5出土遗物

罐　H5：3，泥质灰陶，折沿，尖圆唇，唇面内勾，溜肩，素面。口径26、残高6厘米（图2-13，7）。

鼎　H5：5，残存鼎足，夹砂红陶，鸭喙状，素面。残高5厘米（图2-13，5）。

钵　H5：4，泥质灰陶，敛口，圆唇，斜弧腹，素面。口径22.2、残高4厘米（图2-13，6）。

盆　敛口，折沿，小圆唇，斜弧腹。H5：1，泥质灰陶，陶色不均，素面。口径40.8、残高11厘米（图2-13，8）；H5：2，泥质黑陶，上腹部饰数周凹弦纹，余素面。口径30、残高3厘米（图2-13，9）。

石器　H5：6，青石，饼状，半残，周边有不规则片疤。长8、宽4厘米（图2-13，4）。

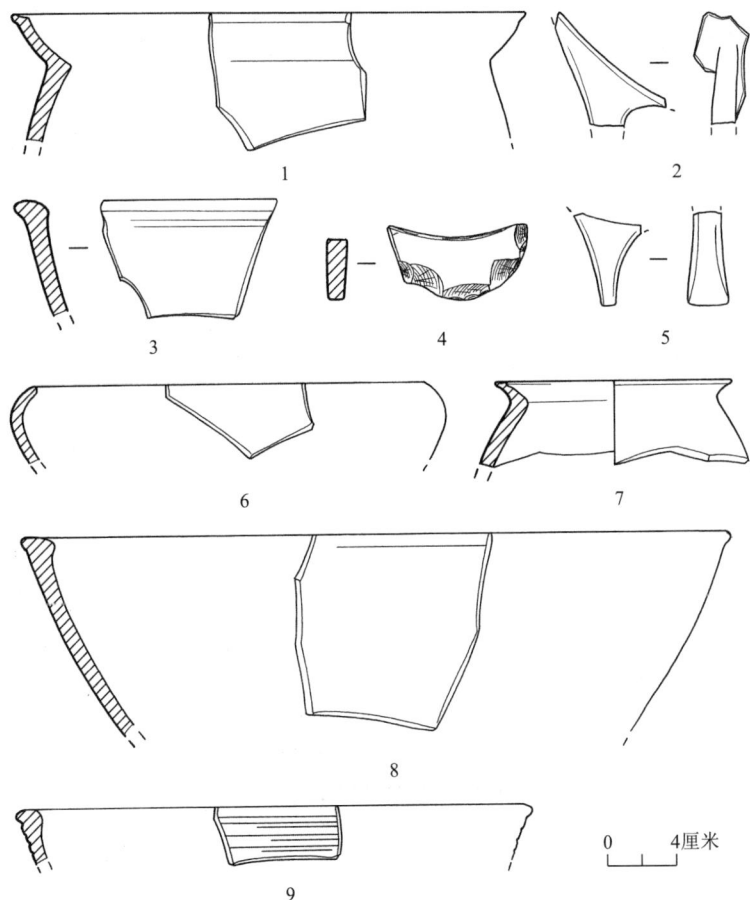

图2-13　H4、H5出土遗物

1、2、5.陶鼎（H4：1、H4：3、H5：5）　3.陶盆（H4：2）　4.石器（H5：6）　6.陶钵（H5：4）　7.陶罐（H5：3）
8、9.陶盆（H5：1、2）

6. H6出土遗物

彩陶罐　H6：1，泥质红陶，敛口，折沿，小圆唇，上腹微弧，器物外壁有一层红色陶衣，上腹部饰黑色网纹和平行直线纹。口径18.8、残高7厘米（图2-14，2）。

罐　H6：3，夹砂褐胎黑皮陶，侈口，折沿，尖圆唇，唇面内勾，斜肩，沿面有数周凹弦纹，肩部上端有数周快轮修整形成的凹弦纹，余素面。口径20、残高8.8厘米（图2-14，1）。

鼎　H6：2，残存鼎足，夹砂褐陶，鸭喙状，素面。残高8厘米（图2-14，4）。

瓮　H6：4，泥质灰陶，敛口，厚唇，鼓肩，肩部饰数周凹弦纹，余素面。口径29.6、残高8.8厘米（图2-14，3）。

7. H7出土遗物

钵　H7：1，泥质灰陶，敛口，尖圆唇，斜弧腹，平底，器物断裂处有两组对称圆形穿孔，可能为修补之用，素面。口径22、底径9.6、高9厘米（图2-14，5）。

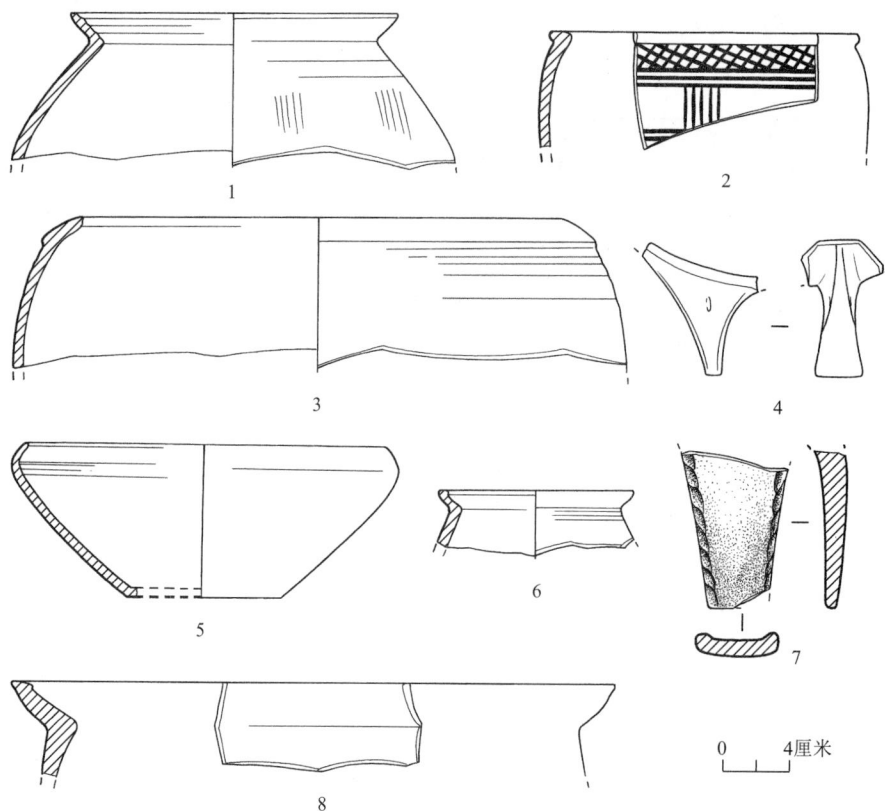

图2-14　H6、H7、G1出土遗物

1、6、8.陶罐（H6：3、G1①：2、G1①：1）　2.彩陶罐（H6：1）　3.陶瓮（H6：4）　4、7.陶鼎（H6：2、G1①：3）

5.钵（H7：1）

8. G1出土遗物

罐　侈口，折沿，唇面内勾，斜肩。G1①：1，夹砂褐陶，尖圆唇，素面。口径37.2、残高5.4厘米（图2-14，8）；G1①：2，泥质褐陶，圆唇，肩部上端近折沿处饰两周凸弦纹，余素面。口径12、残高3.4厘米（图2-14，6）。

鼎　G1①：3，残存鼎足，夹砂红陶，反梯形凹面足，两侧饰压印波状纹。残高9厘米（图2-14，7）。

第三章 汉代墓葬

汉代墓葬共27座，分别有M1、M2、M9、M11～M14、M16～M34。现分述如下。

一、M1

1. 墓葬概况

位于2012XXST0403东部，开口于②层下，向下打破生土，现存口部距地表0.8米，方向0°（图2-15；彩版六，1）。

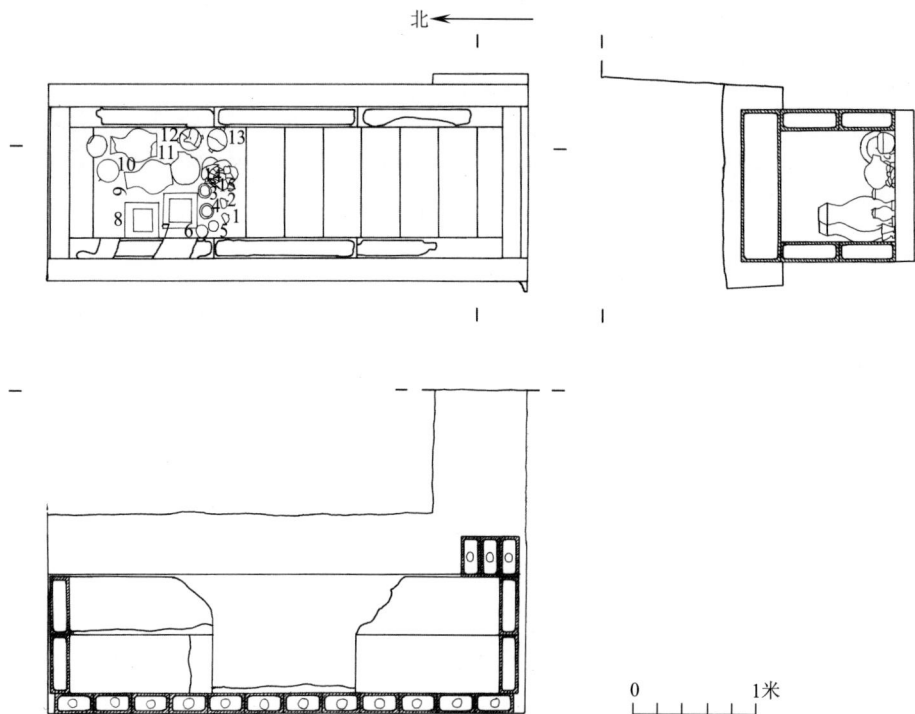

图2-15 M1平、剖面图

1、2.陶匜 3、4.小陶壶 5、6.陶杯 7、8.陶钫 9、10.大陶壶 11.陶罐 12、13.陶鼎 14、15.陶盒

墓葬形制：该墓为长方形竖穴土圹空心砖室墓，口部平面形状呈长方形，直壁，平底。土圹长4、宽1.72米。空心砖墓室内部长3.6、宽0.88、深2.4米。空心砖墓室的砌法是：首先在挖好的长方形土圹底部横向平铺一层空心砖，共12块，然后在铺地砖上顺土圹四壁对缝侧砌上下两层空心砖，其中南、北壁每层一块，东、西壁每层三块，首尾相接，壁砖与土矿间隙填土并稍加夯实；墓顶由空心砖横向侧置一层，残存12块；其中顶砖和铺地砖规格一样，均为素面，长1.2、宽0.3、厚0.16米；壁砖长1.2、宽0.46、厚0.16米。正面四周为锯齿状树叶纹，依稀可见有红、黄两色彩绘，中间为乳钉柿蒂纹，两侧及背面为菱形米格文（图2-18）。其中顶砖最南侧一块为模印花纹砖，纹饰与壁砖相仿。空心砖墓室北部顶端及东、西两壁中间位置均有早期盗洞。

填土：为褐色杂土，带有黄斑，土质较软，结构疏松，较纯净。

葬具：不详。

葬式、性别及年龄：墓底铺地砖上残存有少量人骨，成粉末状，葬式、性别及年龄均不详。

2. 随葬品

墓室北部清理出陶器一组，器型有大壶、小壶、钫、鼎、盒、杯、匜和圜底罐。均为泥质灰陶。

壶 4套。敞口，方唇，束颈，圆鼓腹，高圈足外撇。口承盖，顶近平，内空，子口内凹。器表饰彩绘，大部分已脱落。

大壶 2套。圜底。M1∶9，口径15.2、底径18.6、盖径16.8、通高39.5厘米（图2-16，1；图版三七，3）；M1∶10，口径15.6、底径18.6、盖径16.8、通高40.7厘米（图2-16，4；图版三七，4）。

小壶 2套。假圈足。M1∶3，口径8.4、底径9、盖径8.8、通高17.6厘米（图2-16，5；图版三六，3）；M1∶4，口径8、底径9、盖径8.8、通高18厘米（图2-16，6；图版三六，4）。

钫 2套。胎质较厚，方形敞口，束颈，溜肩，鼓腹，平底微内凹，高圈足外撇。盖作盝顶，方形子口。器表饰彩绘，大部分已脱落。M1∶7，口径15.8、底径21、盖径16.7、通高55.4厘米（图2-16，2；图版三七，1）；M1∶8，口径15.8、底径21、盖径16.7、通高55.5厘米（图2-16，3；图版三七，2）。

鼎 2套。子口内敛，方唇，微鼓腹，圜底近平。口附长方形竖耳外撇，双耳中空；腹中部有一周凸棱，底附三个兽蹄形足，蹄足断面呈半圆形；盖弧顶。器表饰彩绘，大部分已脱落；M1∶12，口径14.4、盖径16.4、通高17厘米（图2-17，2；图版三七，6）；M1∶13，口径12、盖径18.8、通高18厘米（图2-17，1；图版三八，1）。

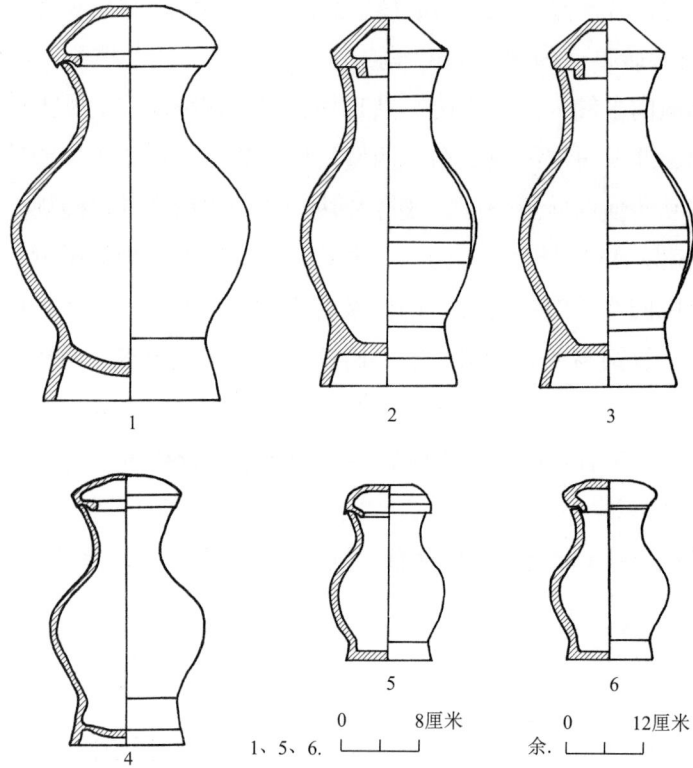

图2-16　M1出土遗物（一）

1、4.大壶（M1：9、10）　　2、3.钫（M1：7、8）　　5、6.小壶（M1：3、4）

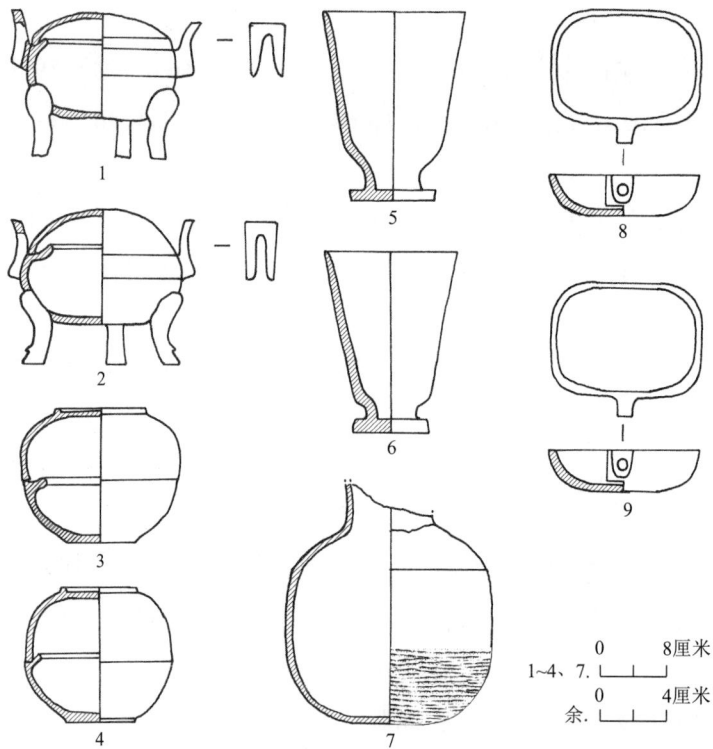

图2-17　M1出土遗物（二）

1、2.陶鼎（M1：13、12）　　3、4.陶盒（M1：14、15）　　5、6.陶杯（M1：5、6）　　7.陶圈底罐（M1：11）

8、9.陶匜（M1：1、2）

盒　2套。子口内敛，方唇，弧腹斜收，底有较矮的假圈足；上承盒盖为直口，方唇，直腹斜收，平顶，矮圈状盖纽。器表饰彩绘，大部分已脱落；M1∶14，口径15.5、圈足径8.4、盖径19.2、纽径11.2、通高17厘米（图2-17，3；图版三八，2）；M1∶15，口径15.2、圈足径9、盖径18.4、纽径11.6、通高15.6厘米（图2-17，4；图版三八，3）。

杯　2件。敞口，尖圆唇，斜腹下收，矮柱状柄中空，下有圆饼状底座。器表饰彩绘，大部分已脱落；M1∶5，口径8.6、底径5、高11厘米（图2-17，5；图版三六，5）；M1∶6，口径8、底径4.6、高10.6厘米（图2-17，6；图版三六，6）。

匜　2件。口部呈圆角方形，敞口，方唇，弧腹一侧有管状流，中空，平底。器壁内外饰朱色，大部分已脱落；M1∶1，口径6.6～9、高2.4厘米（图2-17，8；图版三六，1）；M1∶2，口径6.6～9、高2.4厘米（图2-17，9；图版三六，2）。

圜底罐　1件。M1∶11，口残，高直领，斜肩微折，深腹近直，圜底；下腹部及底饰横向绳纹。残高28厘米（图2-17，7；图版三七，5）。

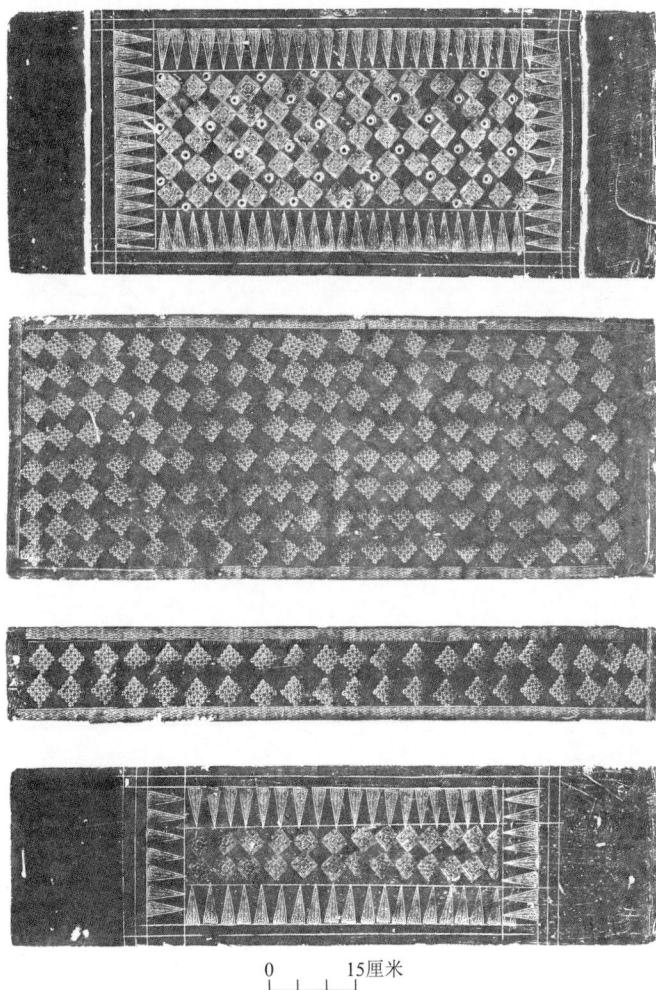

图2-18　M1出土空心砖纹饰拓本

二、M2

1. 墓葬概况

　　位于2012XXST1404北部，开口于②层下，向下打破生土，口部距地表0.8米，方向100°。由墓道和墓室两部分组成（图2-19）。

　　墓道：竖井墓道位于墓室东部。口部平面形状呈长方形，壁微斜，平底。口部长3.06、宽1.15～1.26米，底部长3、宽1～1.05米，残深1米。

　　墓室：土洞墓室位于墓道西部。由于破坏，顶部不存。残存洞室平面近长方形，直壁，平底。长3、宽1.78～1.86、残高1米。

　　填土：墓道和墓室填土均为褐色杂土，带有黄斑，土质较软，结构疏松，较纯净。

　　葬具：不详。

　　葬式、性别及年龄：由于盗扰严重，未见人骨。

2. 随葬品

　　发现铜钱1枚，因锈蚀严重，钱文不详。

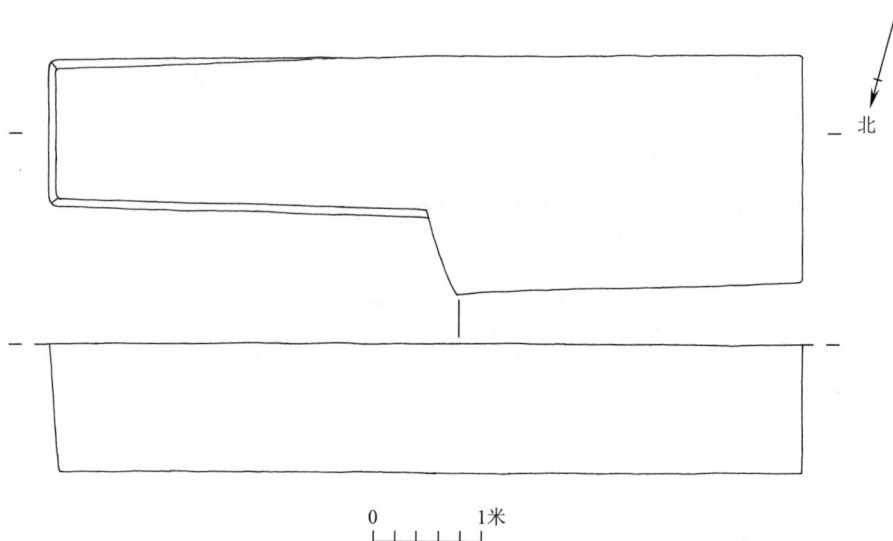

图2-19　M2平、剖面图

三、M4

1. 墓葬概况

　　位于2012XXST1304中部。开口于②层下，向下打破生土，口部距地表0.8米，方向180°。

由墓道、墓室和耳室三部分组成（图2-20）。

墓道：竖井墓道位于墓室南部，打破M9部分墓道。口部平面形状呈长方形，直壁，平底。长1.5、宽1.2～1.58、残深0.8米。

墓室：砖砌墓室位于墓道北部。墓室建于土圹之中，土圹平面形状呈圆角长方形，直壁，平底。南北长2.84～3.2、东西宽2.46～2.9、残深0.8米。由于盗扰严重，仅东南角和西南角残存少量壁砖和铺地砖，壁砖砌法为条砖错缝平铺。砖长度不一，长0.28～0.3、宽0.12～0.14、厚0.04米；铺地砖为碎砖平铺。

耳室：位于墓室西部。土圹结构，平面形状呈长方形，直壁，平底。长2.8、宽1.05、残高0.8米。

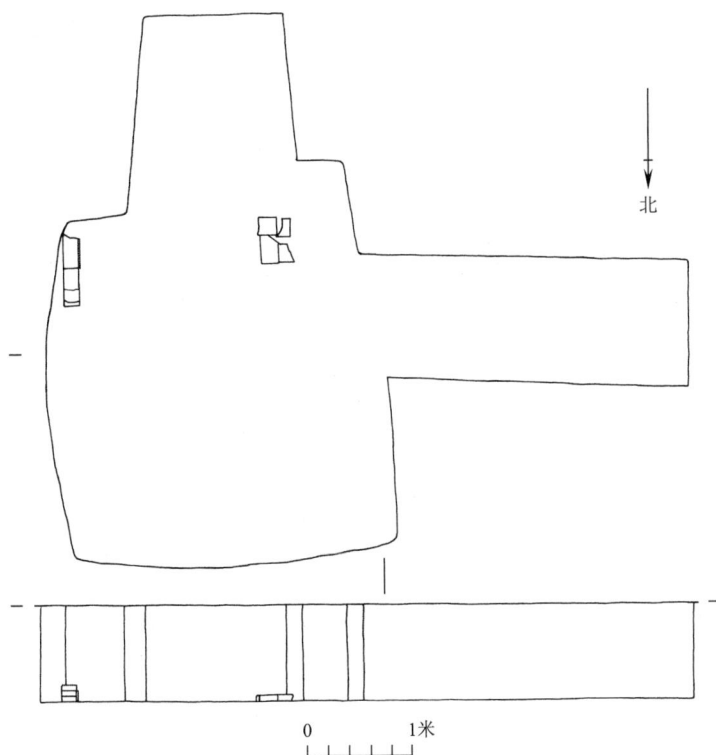

图2-20　M4平、剖面图

填土：由于盗扰严重，墓室和墓道内填土较乱，为褐色杂土，带有黄斑，土质较软，结构疏松，包含有少量碎砖块。

葬具：不详。

葬式、性别及年龄：由于盗扰严重，未见人骨。

2. 随葬品

未发现随葬品。

四、M9

1. 墓葬概况

位于2012XXST1304南部，开口于②层下，被M4打破，向下打破生土，口部距地表0.8米，方向90°。由墓道和墓室两部分组成（图2-21）。

墓道：斜坡墓道位于墓室东部，墓道尽端被M4墓道打破，平面形状略呈长方形，直壁，坡底。长4、宽0.8 ~ 1.14、残深0.8米。

墓室：土洞墓室位于墓道西部。由于破坏，顶部不存，洞室平面形状呈长方形，直壁，平底。长3.7、宽1.5、残高0.8米。

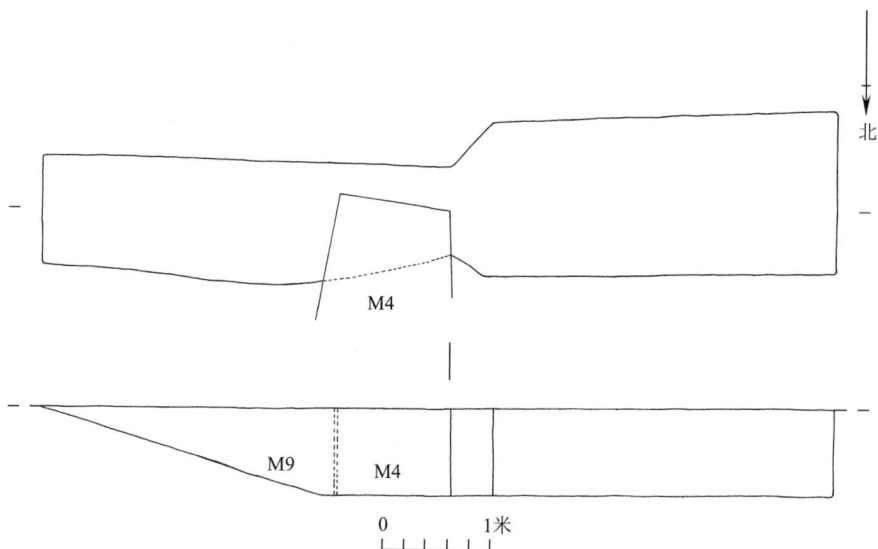

图2-21　M9平、剖面图

填土：墓道和墓室填土均为褐色杂土，带有黄斑，土质较软，结构疏松，较纯净。

葬具：不详。

葬式、性别及年龄：由于盗扰严重，未见人骨。

2. 随葬品

未发现随葬品。

五、M11

1. 墓葬概况

位于2012XXST0102东南部。开口于②层下，打破G1，向下打破生土，口部距地表0.6 ~ 0.7米，方向0°（图2-22；彩版六，2）。

墓葬形制：该墓为长方形竖穴土坑墓，口部平面形状呈长方形，直壁，平底。长1.9、宽0.4～0.43、残深0.4米。

填土：褐色杂土，带有黄斑，土质较软，结构疏松，较纯净。

葬具：不详。

葬式、性别及年龄：墓室底部残存少量人骨，根据下肢骨残存状况，墓主为仰身葬，头北足南；性别、年龄等不详。

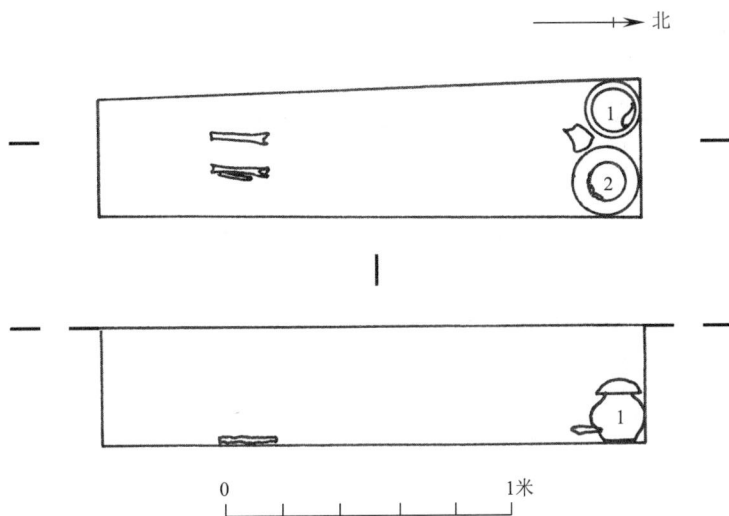

图2-22　M11平、剖面图
1.陶盘口罐　2.陶圜底罐

2. 随葬品

墓室北端清理出随葬陶器一组，盘口罐和圜底罐各1件。均为泥质灰陶。

盘口罐　1件（套）。M11：1，口部覆钵。胎质粗糙，器表有较多气孔。侈口，折沿，方圆唇，直领较高，圆肩，鼓腹，小平底；素面无纹。覆钵直口微敛，尖圆唇，折腹，平底。口径10.8、腹径17.6、底径9.2；覆钵口径14、通高20厘米（图2-23，2；图版三八，4）。

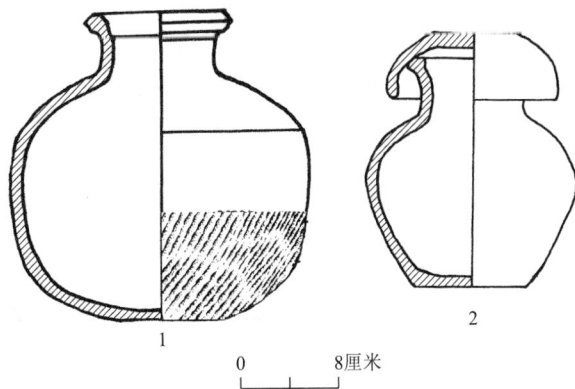

图2-23　M11出土遗物
1.陶圜底罐（M11：2）　2.陶盘口罐（M11：1）

圜底罐　1件。M11：2，侈口，折沿，方圆唇，直领较高，圆肩，腹近直，圜底。下腹饰斜向中绳纹，底饰交错中绳纹。口径11.5、腹径24、高24厘米（图2-23，1；图版三八，5）。

六、M12

1. 墓葬概况

位于2012XXST0102东北部，开口于②层下，向下打破生土，口部距地表0.6米，方向0°。该墓为长方形竖穴土圹空心砖墓（图2-24）。

墓室：平面形状呈长方形，直壁，平底。长3.8、宽1.44、残深0.6米。共残存六块铺底空心砖，东西横向平铺。砖长1.2、宽0.38、厚0.15米。

填土：由于盗扰严重，墓内填土较乱，包含有大量空心砖残片。

葬具：不详。

葬式、性别及年龄：由于盗扰严重，未见人骨。

2. 随葬品

未发现随葬品。

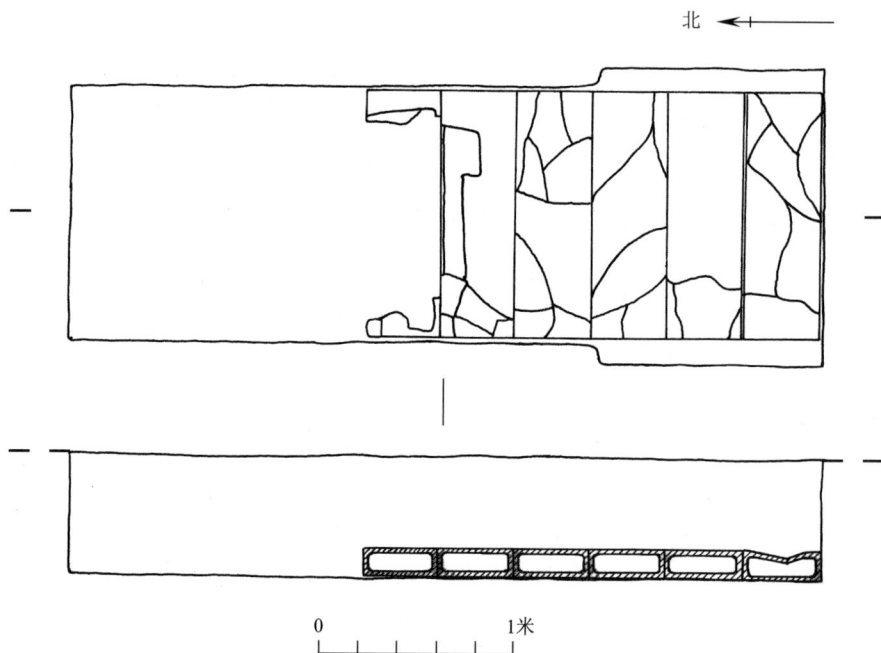

图2-24　M12平、剖面图

七、M13

1. 墓葬概况

位于2012XXST1104北部，开口于②层下，向下打破生土，口部距地表0.8米，方向275°。该墓由墓道、封门和墓室三部分组成（图2-25）。

墓道：竖井墓道位于墓室东部。墓道东端及北端已在前期施工开挖沟渠时遭到破坏，墓道尽端有近似长方形的盗洞一处。残存平面形状略呈正方形，直壁，平底。残长1.7、残宽1.6米、残深0.4米。

封门：位于墓道和墓室之间。残存立柱砖一块、封门砖两块。封门砖为画像砖，上下两块对缝侧砌。正面模印马拉车及门楼图案，车上坐有两人，门楼下站一人作迎接状，其余三面为素面，封门砖两窄端有横向子母口。砖长44、宽20、厚8.3厘米（图2-26）。立柱砖立于封门砖东部，紧靠墓道南部土圹，砖的侧面模印有"五"字纹和青龙、白虎纹饰，窄端均有子母口。立柱砖残长39.5、宽9.5、厚8.5厘米（图2-27）。

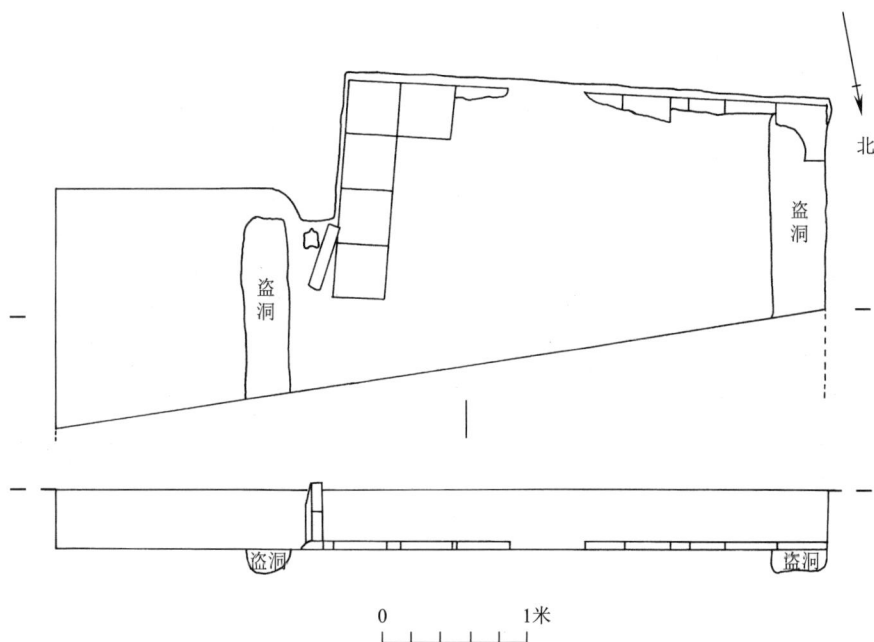

图2-25　M13平、剖面图

墓室：砖砌墓室位于墓道西部。墓室北部已被破坏殆尽，残存部分平面形状呈梯形，西端有近似长方形的盗洞一处。长3.4、残宽1.4～2.6、残深0.4米。墓室南端及东端底部残存部分正方形铺地砖，对缝平铺，素面无纹。铺地砖边长36、厚5厘米。

填土：墓道和墓室填土均为褐色杂土，带有黄斑，土质较软，结构疏松，较纯净。

葬具：不详。

葬式、性别及年龄：由于盗扰严重，未见人骨。

2. 随葬品

未发现随葬品。

图2-26　M13出土墓砖纹饰本（一）

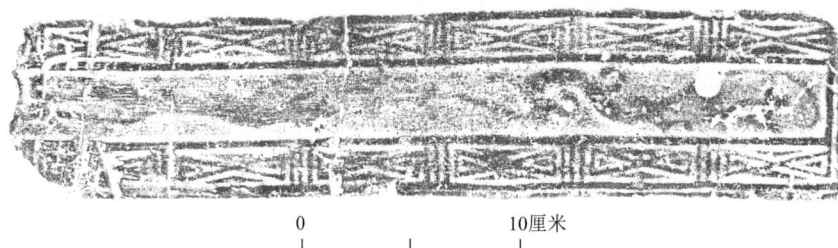

图2-27　M13出土墓砖纹饰本（二）

八、M14

1. 墓葬概况

位于2012XXST1103东北部及2012XXST1104东南部，开口于②层下，向下打破生土，口部距地表0.8米，方向170°。由墓道和墓室两部分组成（图2-28；彩版六，3）。

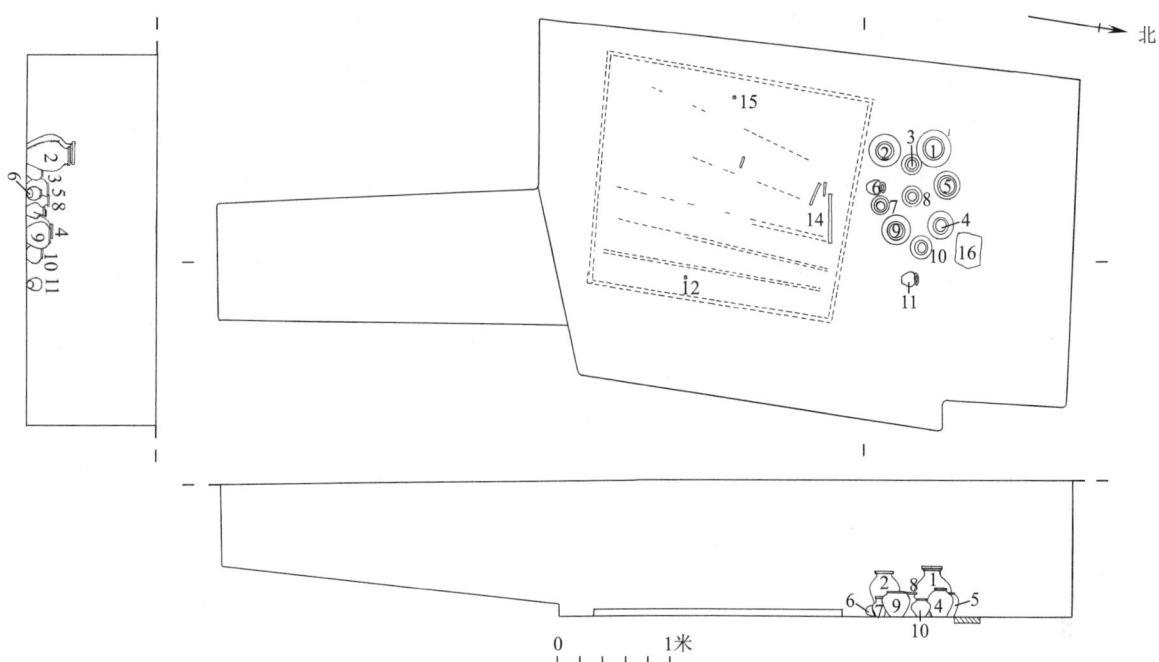

图2-28　M14平、剖面图

1、2、6~8、11.陶盘口罐　3~5、9、10.陶敛口罐　12、13.铜钱（34枚）　14.铁削　15.陶瓮　16.镇墓石

墓道：竖井墓道位于墓室南部。口部平面形状呈长方形，直壁，坡底。口部长2.84~3.1、宽1~1.15、残深0.7~1.05米。

墓室：土洞墓室位于墓道北部。由于破坏，顶部不存，墓室平面形状呈不规则长方形，直壁，平底，墓室底部略低于墓道底部。长4.3~4.8，宽2.8~3.14、残高1.16米。

填土：墓道和墓室填土均为褐色杂土，带有黄斑，土质较软，结构疏松，较纯净。

葬具：木棺2具。墓底南部残存木棺朽痕，东棺朽痕长2.38、宽1米；西棺朽痕长2.18、宽1米。两棺均厚0.03~0.04、残高0.1米。

葬式、性别及年龄：人骨腐朽严重，呈粉末状，其葬式、性别及年龄等均不详。

2. 随葬品

在西侧木棺内部北端发现铁削1件；在木棺外北部清理出陶器一组以及镇墓石1块。另外在两具木棺内部清理出"五铢钱"和"大泉五十"铜钱，共计24枚。

（1）陶器

器型有敛口罐、盘口罐、壶和瓮四类，均为泥质灰陶。

敛口罐　5件。敛口，圆唇，矮领，鼓肩，下腹斜收至底，平底或微凹，底部边沿斜削一周。M14：3，口径16.2、底径12.4、高20厘米（图2-29，4；图版三九，2）；M14：4，口径12.6、底径12.5、高23.6厘米（图2-30，2；图版三九，3）；M14：5，平底微凹，口径9.8、底径8、高15.2厘米（图2-29，6；图版三九，4）；M14：9，口径15、底径12.8、高21.4厘米（图2-29，1；图版四〇，2）；M14：10，口径10、底径9.1、高15.6厘米（图2-29，7；图版四〇，3）。

盘口罐　6件。直口微侈，平折沿，方圆唇，束颈，溜肩，弧腹，平底，底部边沿斜削一周，器表均有数周轮制旋痕。M14：1，口径20、底径16.8、高43厘米（图2-29，3；图版三八，6）；M14：2，口径16.8、底径12、高38.6厘米（图2-29，5；图版三九，1）；M14：6，口径10.2、底径5.8、高16厘米（图2-29，9；图版三九，5）；M14：7，口径10.1、底径7、高16.6厘米（图2-29，8；图版三九，6）；M14：8，口径11、底径7.6、高20.5厘米（图2-29，2；图版四〇，1）；M14：11，口径10、底径7.4、高13.8厘米（图2-29，11；图版四〇，4）。

瓮　1件。M14：15，胎芯呈红色，直口，方唇内勾，矮直领，圆肩，上腹圆鼓，下腹斜收，最大腹径近肩处，平底内凹。肩与腹交接处饰两周较宽的凹弦纹。口径18、腹径33.2、底径17.2、高25.6厘米（图2-30，1；图版四一，2）。

（2）石器

镇墓石　1块。编号M14：16，青灰色，呈不规则形。最长0.3、最宽0.22、厚0.05米。

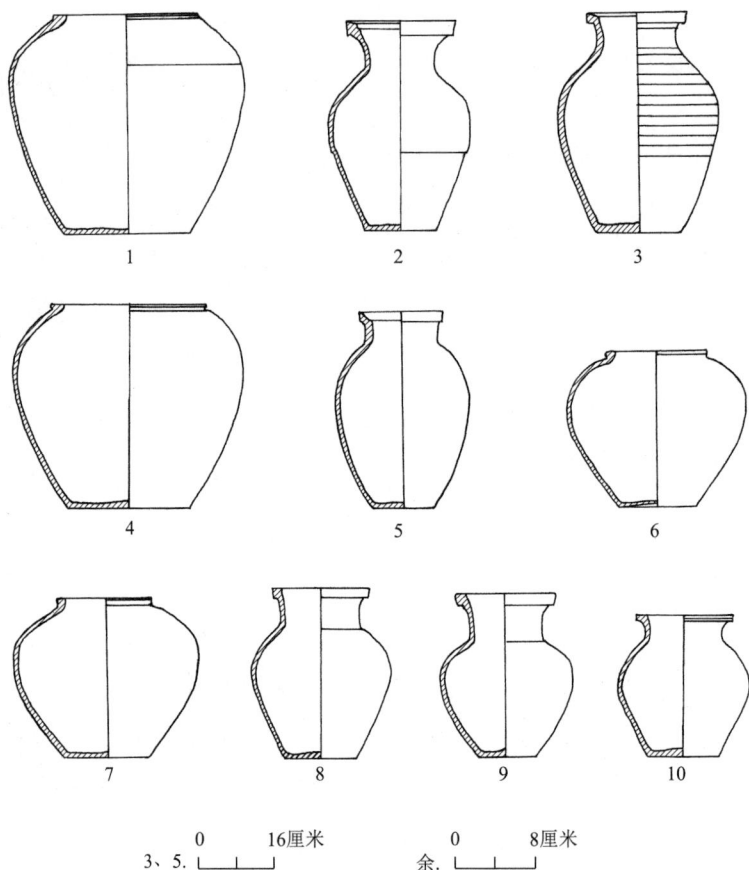

图2-29　M14出土遗物（一）

1、4、6、7.陶敛口罐（M14：9、3、5、10）　2、3、5、8~10.陶盘口罐（M14：8、1、2、7、6、11）

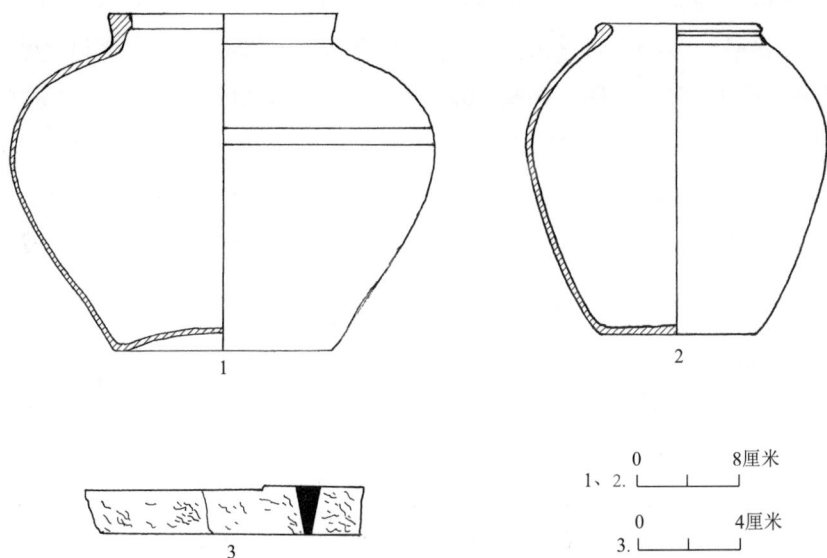

图2-30　M14出土遗物（二）

1.陶瓮（M14∶15）　2.陶盘口罐（M14∶4）　3.铁削（M14∶14）

（3）铁器

削　1件。M14∶14，锈蚀严重，残存部分削身，单面刃，外有木屑痕迹。残长11、宽
1.6～1.8厘米（图2-30，3；图版四一，1）。

（4）铜器

铜钱　34枚。圆形，方穿。正、背面均有外郭，穿背面有内郭。有五铢钱和大泉五十
两种。

五铢　26枚（图版四〇，5）。M14∶12-1，钱径2.5、穿径0.96、厚0.1厘米，重2.4克（图
2-31，1）；M14∶12-2，穿上一横，钱径2.45、穿径0.96、厚0.1厘米，重2.3克（图2-31，
2）；M14∶12-3，穿上一横，钱径2.5、穿径0.94、厚0.1厘米，重2.4克（图2-31，3）；
M14∶12-4，钱径2.5、穿径0.94、厚0.1厘米，重2.5克（图2-31，4）；M14∶12-5，穿上一
横，钱径2.45、穿径0.93、厚0.1厘米，重2.6克（图2-31，5）；M14∶12-6，钱径2.5、穿径
0.96、厚0.11厘米，重2.6克（图2-31，6）；M14∶12-7，钱径2.56、穿径0.95、厚0.1厘米，重
2.7克（图2-31，7）；M14∶12-8，钱径2.5、穿径0.96、厚0.1厘米，重2.6克（图2-31，8）；
M14∶12-9，钱径2.56、穿径0.97、厚0.1厘米，重2.8克（图2-31，9）；M14∶12-10，钱径
2.5、穿径0.98、厚0.1厘米，重2.4克（图2-31，10）；M14∶12-11，穿下一点，钱径2.5、穿径
0.97、厚0.1厘米，重2.6克（图2-31，11）；M14∶12-12，穿下一点，钱径2.51、穿径0.94、
厚0.1厘米，重2.7克（图2-31，12）；M14∶12-13，穿下一点，钱径2.5、穿径0.96、厚0.11厘
米，重2.7克（图2-31，13）；M14∶12-14，穿下一点，钱径2.54、穿径0.96、厚0.1厘米，重
2.6克（图2-31，14）；M14∶12-15，穿下一点，钱径2.55、穿径0.96、厚0.1厘米，重2.6克
（图2-31，15）；M14∶12-16，钱径2.7、穿径0.98、厚0.1厘米，重2.6克（图2-32，9）

大泉五十　8枚（图版四〇，6）。M14：13-1，钱径2.7、穿径0.95、厚0.12厘米，重2.9克（图2-32，1）；M14：13-2，穿上一横，钱径2.72、穿径0.95、厚0.11厘米，重2.7克（图2-32，2）；M14：13-3，穿上一横，钱径2.65、穿径0.94、厚0.11厘米，重2.75克（图2-32，3）；M14：13-4，钱径2.7、穿径0.96、厚0.12厘米，重2.7克（图2-32，4）；M14：13-5，穿上一横，钱径2.7、穿径0.96、厚0.12厘米，重2.6克（图2-32，5）；M14：13-6，钱径2.71、穿径0.96、厚0.11厘米，重2.6克（图2-32，6）；M14：13-7，钱径2.72、穿径0.95、厚0.11厘米，重2.7克（图2-32，7）；M14：13-8，钱径2.7、穿径0.96、厚0.11厘米，重2.71克（图2-32，8）。

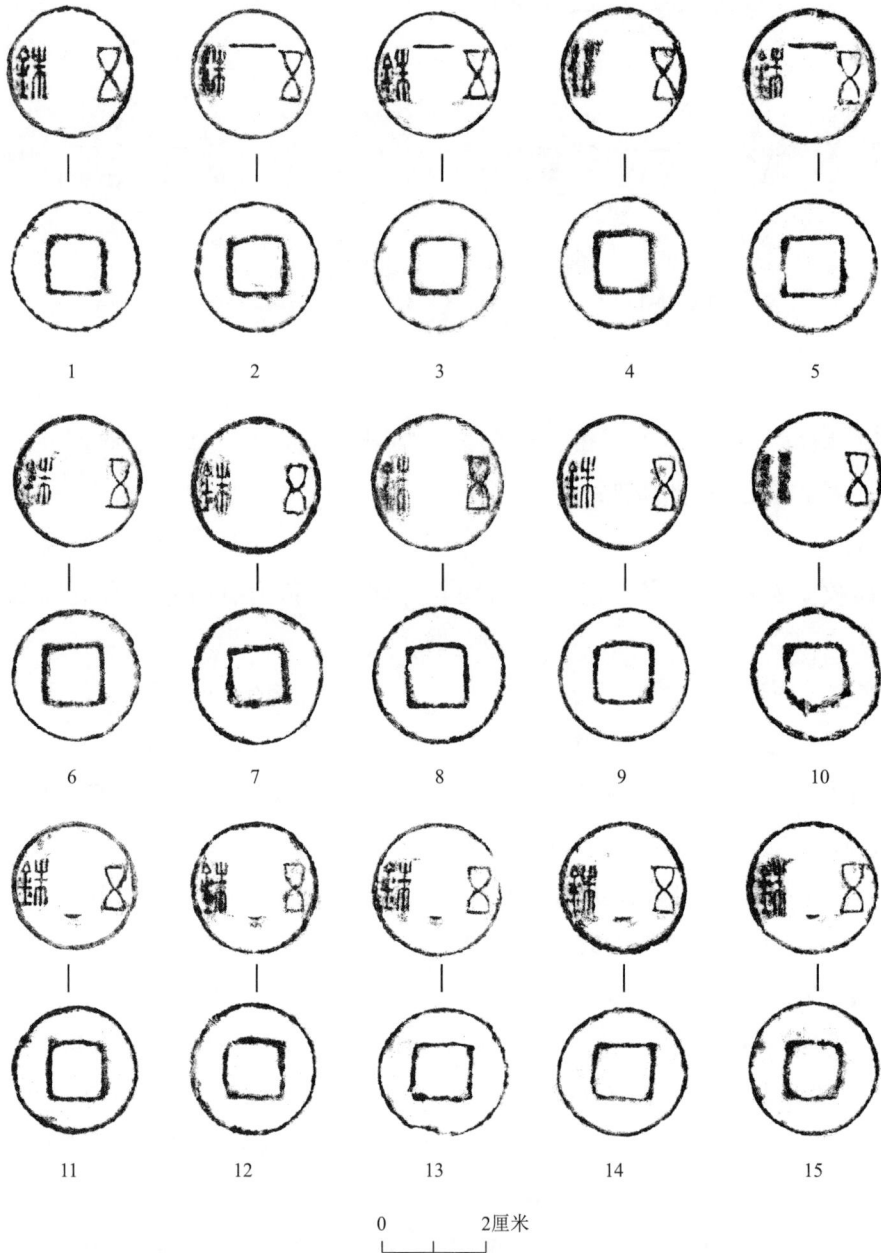

图2-31　M14出土铜钱拓本（一）

1～15. 五铢钱（M14：12-1～15）

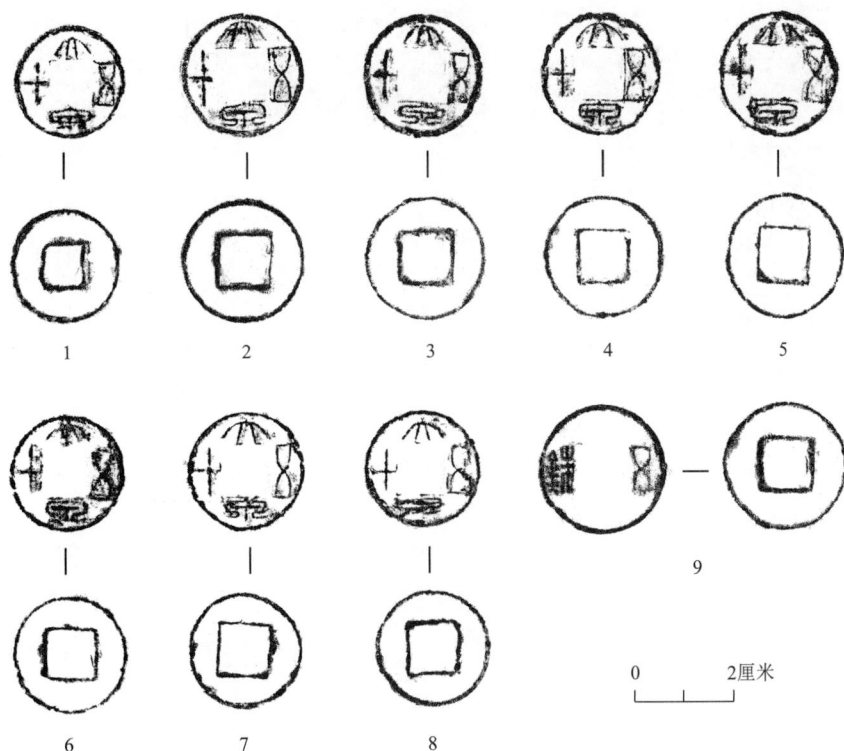

图2-32　M14出土铜钱拓本（二）

1~8.大泉五十（M14：13-1~8）　9.五铢钱（M14：12-16）

九、M16

1.墓葬概况

位于2012XXST1003南部，开口于②层下，向下打破生土，口部距地表0.6米，方向90°。由墓道和墓室两部分组成（图2-33；图版三二，1）。

墓道：斜坡墓道位于墓室东部。口部平面形状呈长方形，直壁，坡底。口部长4.7、宽1.12、深0~1.8米。

墓室：土洞墓室位于墓道西部。由于坍塌，洞顶不存，土洞墓室平面呈近长方形，直壁，平底，墓室底部略低于墓道底0.1米。长3.3、宽1.86~1.92、残高1.2米。

填土：墓道及墓室填土均为褐色杂土，带有黄斑，较纯净。唯墓道内填土质地稍硬，结构较致密，墓室内填土则较为松软。

葬具：木棺一具。仅存木棺朽痕，朽痕长2.16、宽0.74、残高0.2米。

葬式、性别及年龄：木棺内出土人骨一具，仰身直肢葬，头东足西，由于人骨腐朽严重，性别、年龄等均不详。

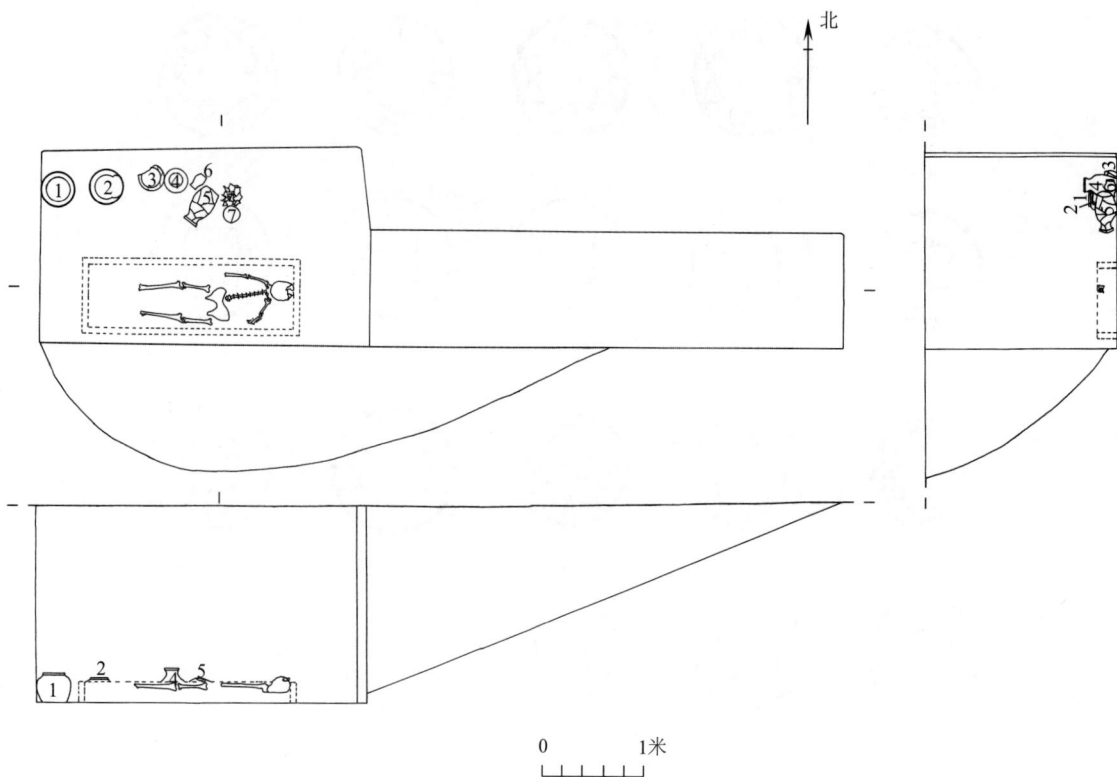

图2-33　M16平、剖面图

1、2.陶敛口罐　3.铜洗　4、5、7.陶盘口罐　6.陶壶

2. 随葬品

在墓室北壁下清理出随葬器物一组。

（1）陶器

器形有罐、洗和壶三类，均为泥质灰陶。

敛口罐　2件。器形较大，敛口，方唇，矮领，溜肩微折，中腹以下斜收至底，平底。底部边沿斜削一周，器身外均有数周轮修痕迹。M16：1，口径24、底径26、高26厘米（图2-34，5；图版四一，3）；M16：2，口径24、底径25.5、高23.6厘米（图2-34，6；图版四一，4）。

盘口罐　3件。盘口，尖圆唇，束颈，溜肩，弧腹，下收为平底。底部边沿斜削一周，刀痕较宽，器身外均有数周轮修痕迹。M16：4，口径14.7、底径14、高32.8厘米（图2-34，4；图版四一，5）；M16：5，口径16、底径18、高42厘米（图2-34，1；图版四一，6）；M16：7，口径15、底径15、高39厘米（图2-34，2；图版四二，2）。

壶　1件。M16：6，侈口，平沿，尖唇，束颈，溜肩，鼓腹，下收为平底。器身外均有数周轮修痕迹。口径6.6、底径7、高17厘米（图2-34，3；图版四二，1）。

（2）铜器

洗　1件。M16：3，质地较薄，敞口，折沿，弧腹下收，圜底。锈蚀严重，残存碎块，大部分已成粉末状（图2-34，7）。

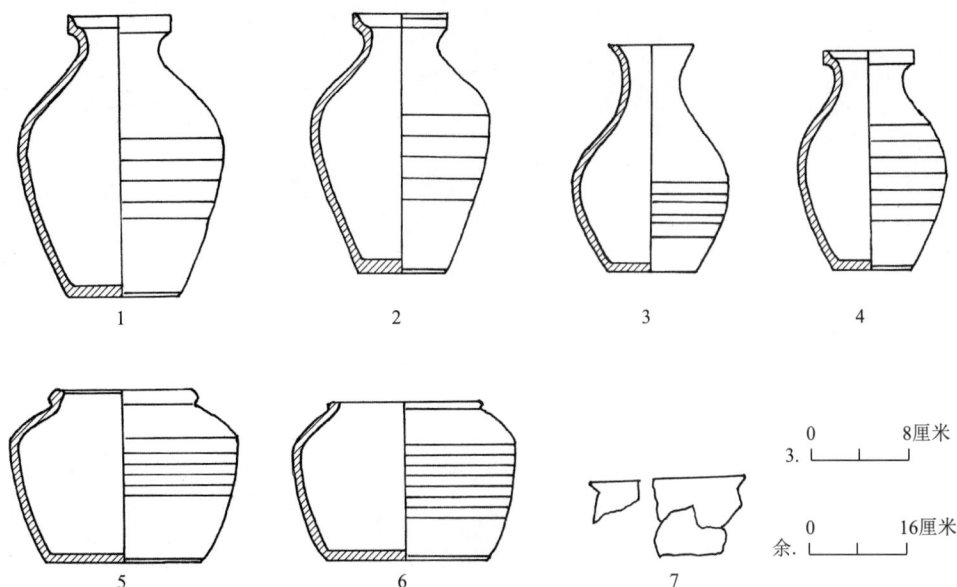

图2-34　M16出土遗物

1、2、4.陶盘口罐（M16：5、7、4）　3.陶壶（M16：6）　5、6.陶敛口罐（M16：1、2）　7.铜洗（M16：3）

一〇、M17

1. 墓葬概况

位于2012XXST1103西部和2012XXST1104西南部，开口于②层下，向下打破生土，口部距地表0.5米，方向182°。由墓道和墓室两部分组成（图2-35；图版三二，2）。

墓道：竖井墓道位于墓室南部。口部平面形状呈长方形，直壁，平底。长2.9、宽0.74~0.76、深1.7米。

墓室：土洞墓室位于墓道北部，由于塌陷，洞顶不存。墓室平面形状呈近长方形，直壁，平底，墓室底部略低于墓道底部。长3.5、宽2.36~2.62、残高1米。

填土：墓道及墓室填土均为褐色杂土，带有黄斑，较纯净。唯墓道内填土质地稍硬，结构较致密，墓室内填土则较为松软。

葬具：木棺两具。仅存朽痕，其中东棺朽痕长2.38、宽0.76~0.78米；西棺朽痕长2.41、宽0.8~0.86米。两棺均残高0.1、厚0.03~0.05米。

葬式、性别及年龄：东棺人骨腐朽严重，呈粉末状，葬式不详；西棺残存少量碎骨，可辨葬式为仰身直肢，头南脚北，面向上。因人骨腐朽严重，性别、年龄等均不详。

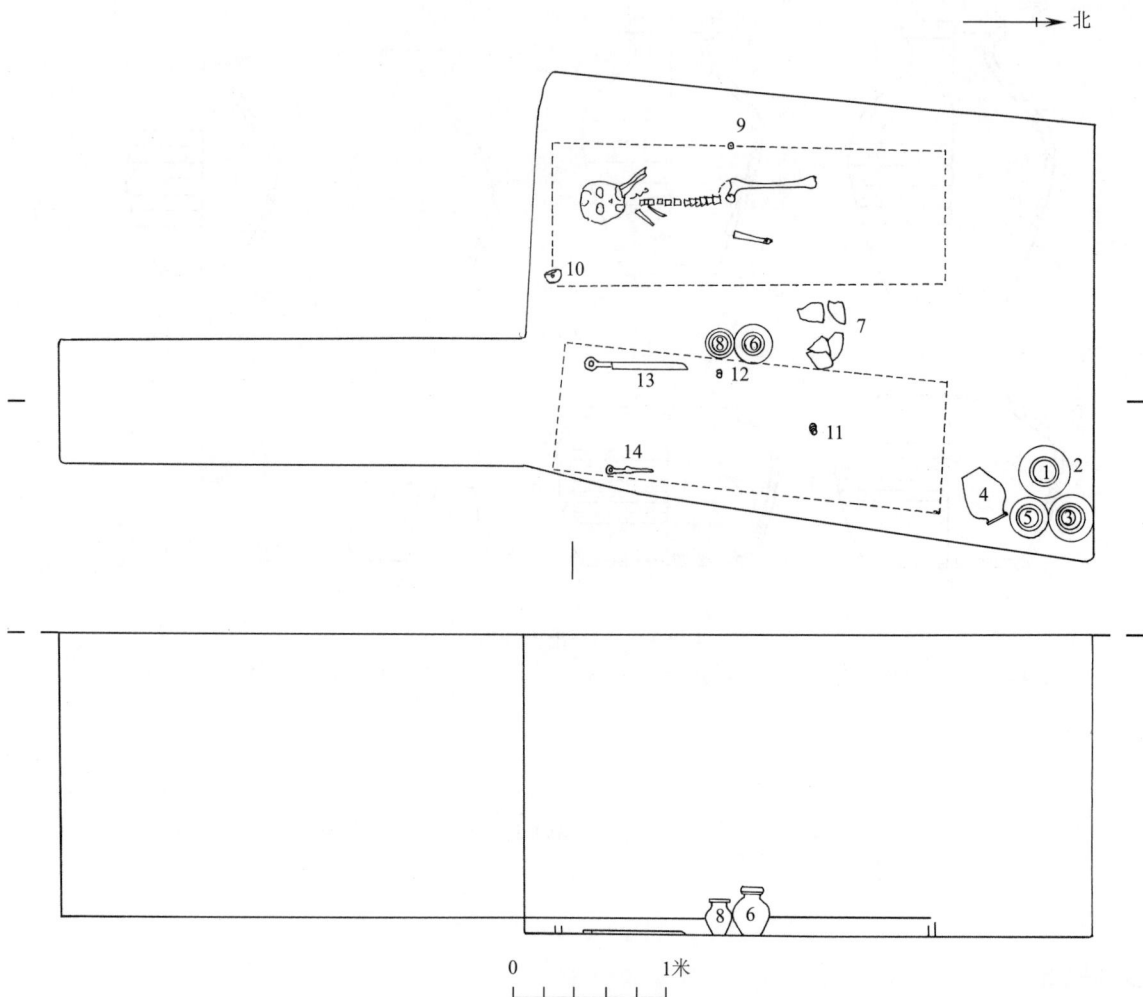

图2-35　M17平、剖面图

1~9.陶盘口罐　10.铜镜　11.铜带钩　12.铜钱（14枚）　13、14.铁刀

2. 随葬品

在墓室东北角清理出随葬陶器一组；东棺内发现铁刀、铁削、铜带钩各1件及"五铢"钱1枚；西棺东南角出土铜镜1面，另有"五铢"钱1枚；两棺之间自南向北依次清理出陶罐一组。

（1）陶器

器型均为罐，均为泥质灰陶。

盘口罐　9件。小盘口，方唇或圆唇，束颈，溜肩，鼓腹，下收为平底。M17：1，肩部有数周轮修痕迹。口径19.2、底径16.6、高44.8厘米（图2-36，9；图版四二，3）；M17：2，中腹有数周轮修痕迹。口径16.2、底径14.4、高39.4厘米（图2-36，6；图版四二，4）；M17：3，口径11.6、底径8.4、高20厘米（图2-36，5；图版四二，5）；M17：4，口径14.8、底径11.6、高33.4厘米（图2-36，1；图版四二，6）；M17：5，肩微折。口径15、底径12.4、高30.4厘米（图2-36，2；图版四三，1）；M17：6，口径13、底径11、高27.6厘米（图2-36，

3；图版四三，2）；M17：7，口径20.5、底径17.4、高46厘米（图2-36，8；图版四三，3）；
M17：8，口径13.2、底径8、高20厘米（图2-36，4；图版四三，4）；M17：9，口径17、底径
15.6、高37.4厘米（图2-36，7；图版四三，5）。

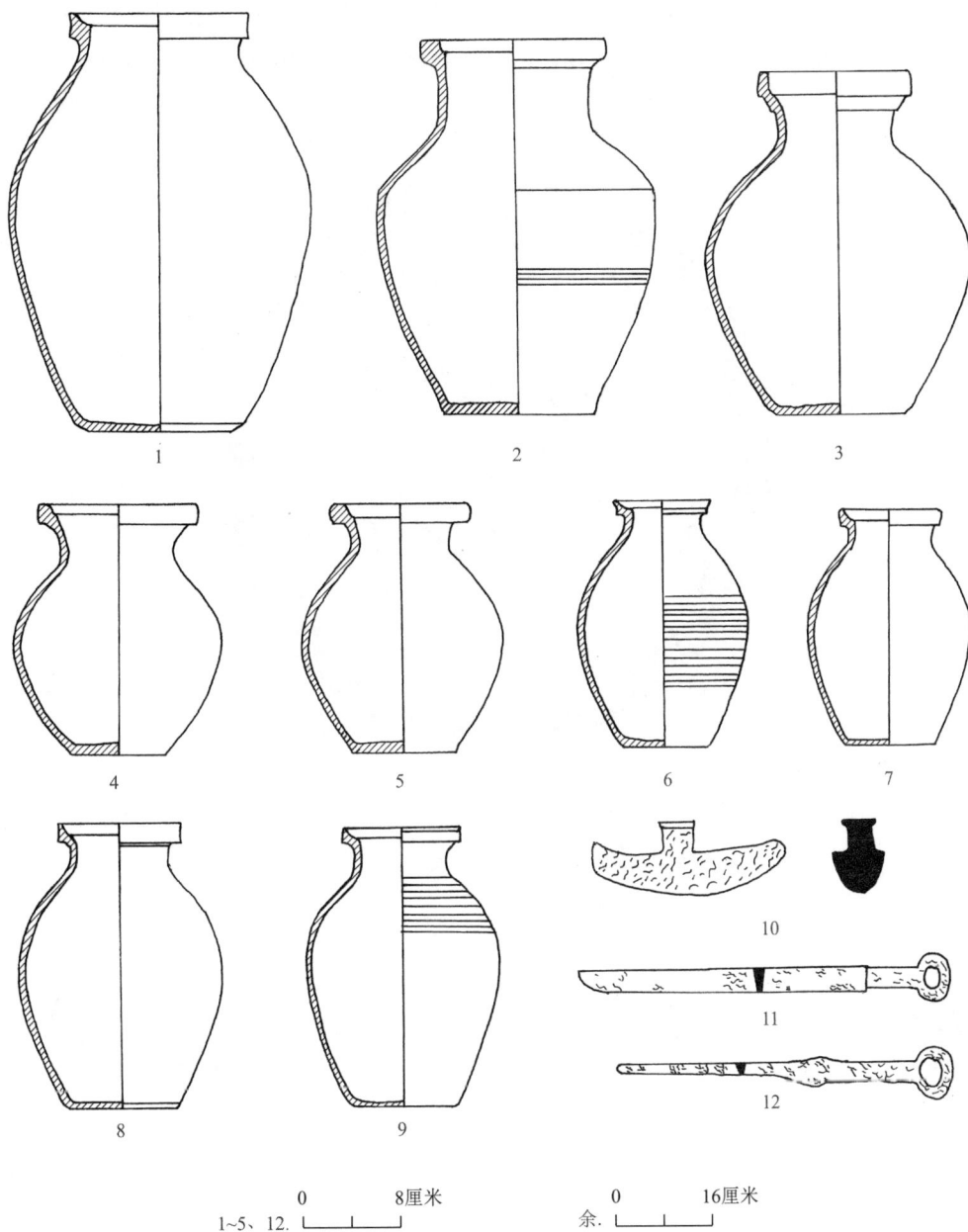

0　　　　　　8厘米
1~5、12. └──┴──┘

0　　　　　　16厘米
余. └──┴──┘

图2-36　M17出土遗物
1~9.陶盘口罐（M17：4~6、8、3、2、9、7、1）　10.铜带钩（M17：11）
11、12.铁刀（M17：13、14）

（2）铜器

镜　1面。M17：10，圆形，连峰式纽，圆纽座，外区有星云纹带，间饰四乳，内区有内
向十六连弧纹，另有弦纹一周。直径11、缘厚0.3厘米（图2-37；图版四三，6）。

带钩　1件。M17：11，残存尾部，圆纽。残长4、纽径0.8厘米（图2-36，10；图版四四，1）。

五铢钱　14枚（图版四四，2）。正、背面均有外郭，穿背面有内郭。其中4枚钱文清晰，其余10枚锈蚀严重。M17：12-1，穿下有一点，钱径2.55、穿径0.97、厚0.1厘米，重2.45克（图2-38，1）；M17：12-2，穿下有一点，钱径2.5、穿径0.96、厚0.1厘米，重2.4克（图2-38，2）；M17：12-3，钱径2.5、穿径0.95、厚0.1厘米，重2.5克（图2-38，3）；M17：12-4，穿上一横，钱径2.45、穿径0.95、厚0.1厘米，重2.55克（图2-38，4）。

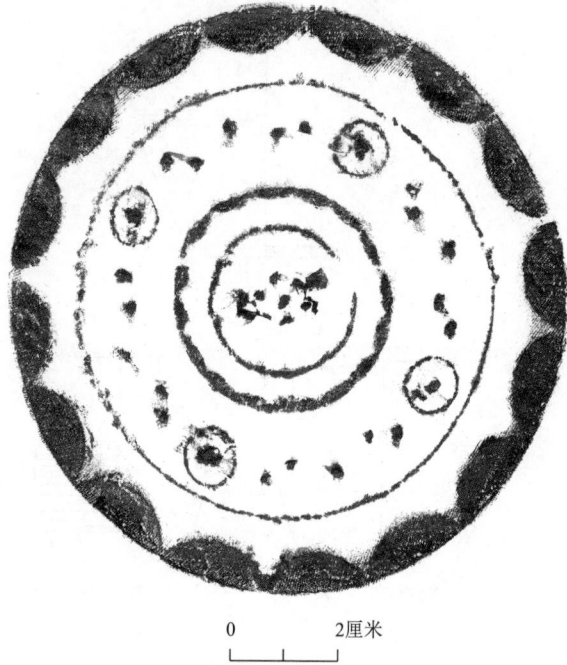

0　　　　2厘米

图2-37　M17出土铜镜拓本（M17：10）

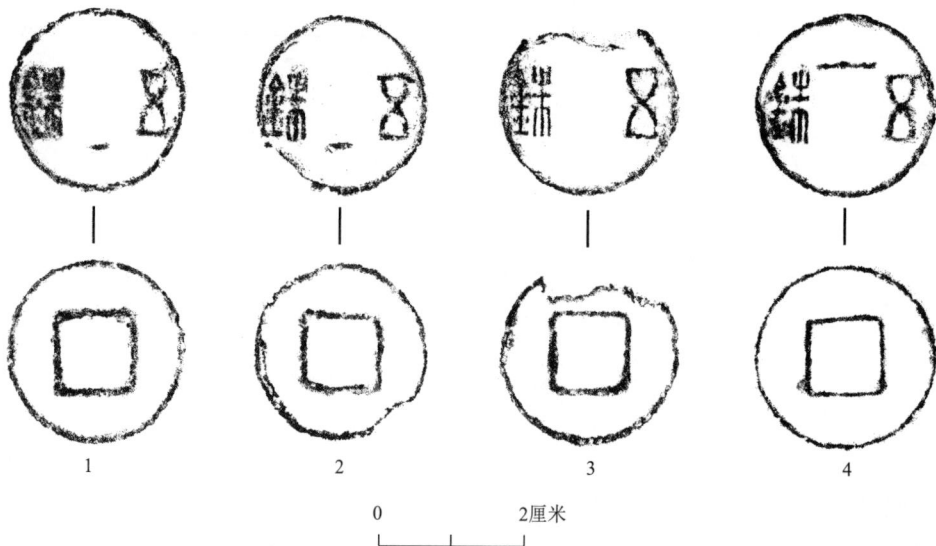

1　　　　　2　　　　　3　　　　　4

0　　　　2厘米

图2-38　M17出土铜钱拓本

1~4.五铢钱（M17：12-1~4）

（3）铁器

均锈蚀严重。

刀　2件。环首，铁柄窄于刀身，背厚，单面刃，尖首已残。M17∶13，刀柄、身均沾有木屑。残长62、最宽3.6厘米（图2-36，11；图版四四，3）；M17∶14，残长28、宽1.6厘米（图2-36，12；图版四四，4）。

一一、M18

1. 墓葬概况

位于2012XXST0703北部。开口于②层下，向下打破生土，口部距地表0.8米，方向273°。由墓道、封门和墓室三部分组成（图2-39）。

墓道：竖井墓道位于墓室西部。口部平面形状呈长方形，直壁，底呈斜坡状。长4、残宽1.18、残深0.71~1.2米。

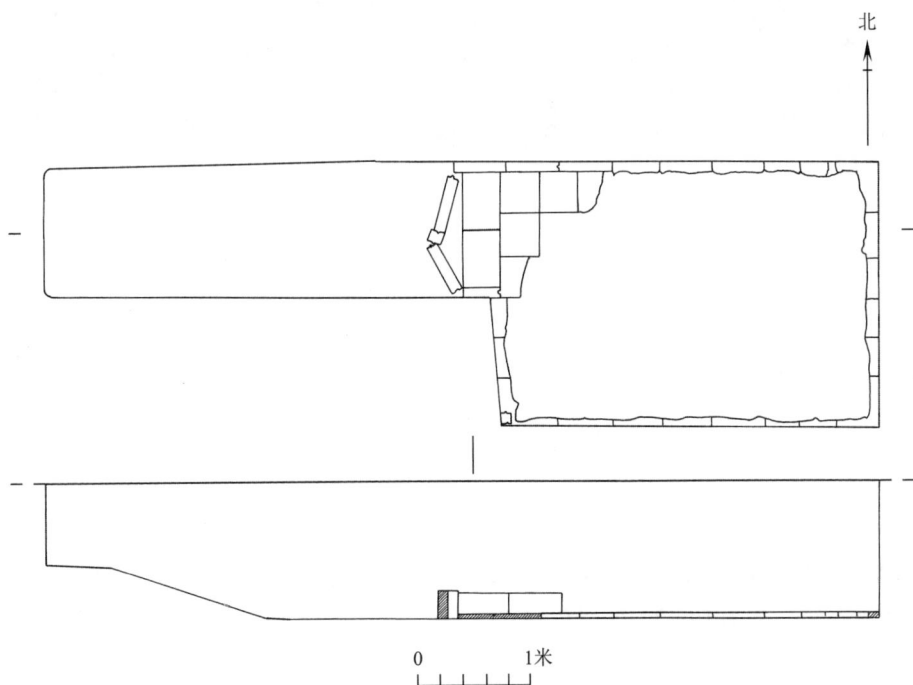

北

图2-39　M18平、剖面图

封门：位于墓道与墓室之间。残存两块长方形青砖，呈"八"字形侧立于铺地砖上，砖长0.48、宽0.24、厚0.09米；两块立砖之间有一块条形砖，条形砖长0.48、宽0.13、厚0.1米。上述两种封门砖两窄端均有横向子母口，正面均有条形齿状纹及几何菱形纹（图2-40）。

墓室：砖砌墓室位于墓道东部。平面形状近长方形，直壁，平底。长3.6、宽2.3、残高

1.2米。由于盗扰严重，仅存墓室四壁及近封门处铺地砖，砖长0.5、宽0.34、厚0.05米，素面无纹。

　　填土：由于盗扰严重，墓室和墓道内填土较为杂乱，土色较杂，以褐色为主，带有黄斑，土质较软，结构疏松，包含有碎砖块以及少量碎骨。

　　葬具：不详。

　　葬式、性别及年龄：由于盗扰严重，未见人骨。

2. 随葬品

　　未发现随葬品。

0　　　　　　　　　10厘米

图2-40　M18出土空心砖纹饰拓本

一二、M19

1. 墓葬概况

　　位于2012XXST0403南部和2012XXST0402北部，开口于②层下，向下打破生土，口部距地表0.8米，方向180°。由墓道和墓室两部分组成（图2-41）。

　　墓道：竖井墓道位于墓室南部，南端已被破坏。残存平面形状呈长方形，直壁，平底。残长0.8、宽1.24、残深0.25米。

　　墓室：土洞墓室位于墓道北部，由于破坏，洞顶不存，残存底部平面形状呈长方形，直壁，平底，墓室底部低于墓道底部0.08米。长3、宽1.4米，残高0.3米。

　　填土：由于盗扰严重，墓室和墓道内填土较为杂乱，土色较杂，以褐色为主，带有黄斑，土质较软，结构疏松，包含有少量料姜石颗粒。

　　葬具：不详。

葬式、性别及年龄：墓底残存人骨可辨葬式仰身葬，头向南，由于腐朽严重，性别、年龄等均不详。

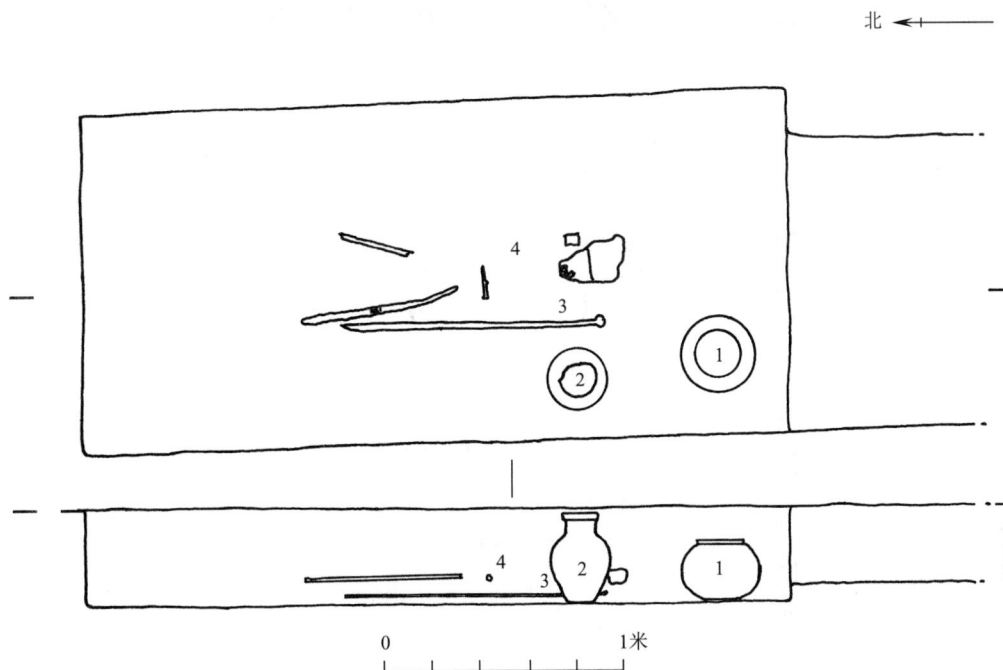

图2-41 M19平、剖面图
1.陶盘口罐 2.陶瓮 3.铜带钩 4.铁刀

2. 随葬品

在墓主尸骨腰部发现铜带钩1件，尸骨左侧发现铁刀1件，此外，在墓主头端发现随葬陶器一组。

（1）陶器

器型有罐、瓮两类，均为泥质灰陶。

盘口罐 1件。M19：1，小盘口，方唇，束颈，溜肩，鼓腹，下收为平底，底部边沿斜削一周。口径16.2、底径11.4、高36.6厘米（图2-42，3；图版四四，5）。

瓮 1件。M19：2，烧制火候较低，破碎严重，敛口，方圆唇，矮领，鼓肩，圆鼓腹，最大腹径在肩与腹交接处，下斜收为平底。

（2）铜器

带钩 1件。M19：4，长条形，兽首形钩首及颈饰蟠螭纹，圆形纽较大。长12.5、最宽1.2、纽径1.8厘米（图2-42，2；图版四五，2）。

（3）铁器

刀 1件。M19：3，环首，刀柄较长，略窄于刀身，刀身扁平，单面刃，斜尖。长100、最宽3、最厚0.8厘米（图2-42，1；图版四五，1）。

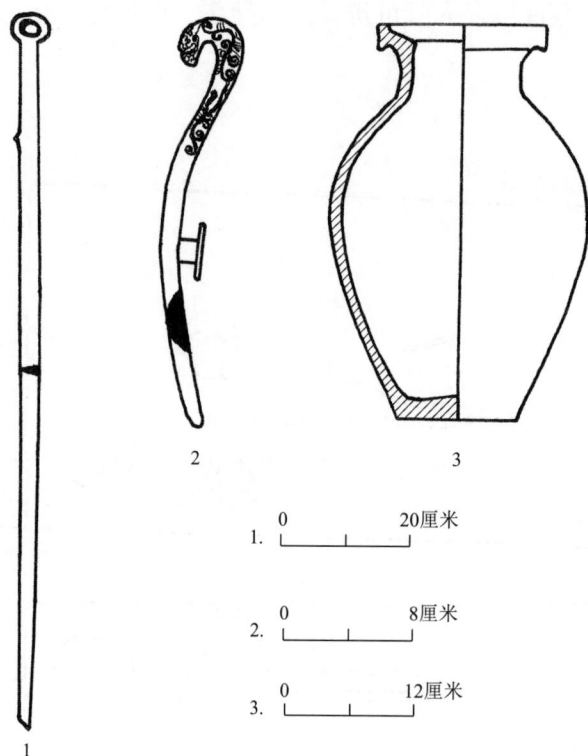

图2-42　M19出土遗物
1.铁刀（M19：3）　2.铜带钩（M19：4）　3.陶盘口罐（M19：1）

一三、M20

1. 墓葬概况

位于2012XXST1003西北部，开口于②层下，向下打破生土，口部距地表0.4米，方向180°。由墓道和墓室两部分组成（图2-43）。

墓道：位于墓室南部。平面形状呈长方形，直壁。南部1.3米呈斜坡状，北部1.7米为平底。口部长3、宽0.72米，残深0.8米。

墓室：砖砌墓室位于墓道北部。略宽于墓道，平面形状呈长方形，直壁，平底。长2.9、宽0.72～1.08、残高0.8米。东西两壁残存部分铺地砖及两块壁砖，壁砖为长条形，子母口，两侧面均有重"五"字纹，长0.39、宽0.12、厚0.1米，顺壁纵向侧砌（图2-44）；铺地砖为顺缝平铺一层，砖长34、厚6厘米，素面无纹。

填土：由于盗扰严重，墓室和墓道内填土较为杂乱，土色较杂，以褐色为主，带有黄斑，土质较软，结构疏松，包含有碎砖块以及少量碎骨。

葬具：不详。

葬式、性别及年龄：由于盗扰严重，未见人骨。

2. 随葬品

未发现随葬品。

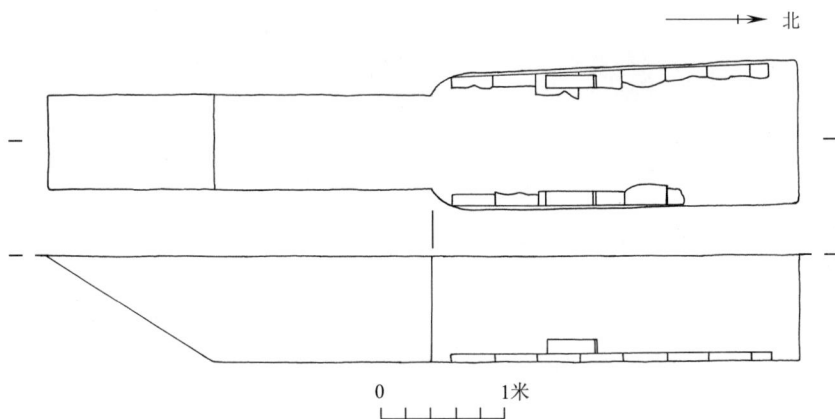

图2-43　M20平、剖面图

图2-44　M20出土墓砖纹饰拓本

一四、M21

1. 墓葬概况

位于2012XXST0403西部，开口于②层下，向下打破生土，口部距地表0.8米，方向0°（图2-45；图版三二，3）。

墓葬形制：该墓为长方形竖穴土坑墓，口部平面形状呈长方形，直壁，平底。长3、宽1.4、深1.1米。

填土：为褐色杂土，带有黄斑，土质较软，结构疏松，包含有少量料姜石颗粒。

葬具：不详。

葬式、性别及年龄：墓底清理出人骨一具，葬式为仰身直肢，头北足南，面向上。性别、年龄等均不详。

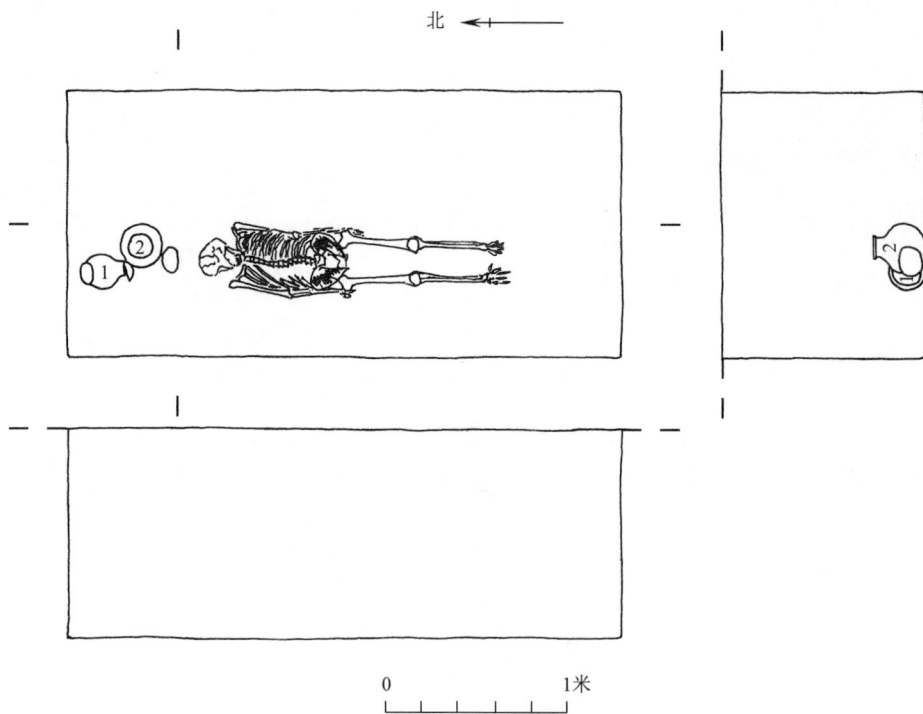

图2-45　M21平、剖面图

1.陶盘口罐　2.陶圜底罐

2. 随葬品

墓主头端发现随葬陶器一组，器形均为罐，器口均覆以陶钵，均为泥质灰陶。

盘口罐　1件（套）。M21：1，直口微侈，平折沿，方唇，直领，束颈，圆肩，鼓腹，平底。器身磨光，腹部有数周轮修痕迹。覆钵盖为敛口，方圆唇，折腹，平顶。口径10.8、底径11、盖径14、通高23.2厘米（图2-46，2；图版四五，3）；

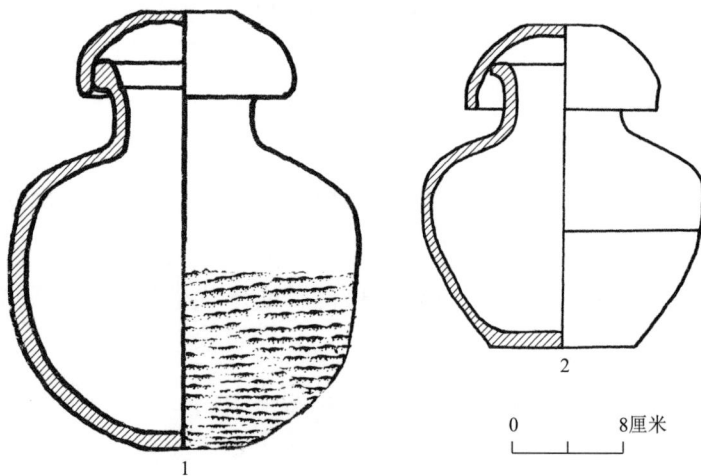

图2-46　M21出土遗物

1.陶圜底罐（M21：2）　2.陶盘口罐（M21：1）

圜底罐　1件（套）。M21：2，侈口，折沿，方唇，直领，束颈，圆肩，鼓腹，圜底。下腹部饰横向绳纹，底饰交错绳纹。覆钵盖为敛口，方圆唇，折腹，平顶。口径13.8、盖径15.6、通高36.6厘米（图2-46，1；图版四五，4）。

一五、M22

1. 墓葬概况

位于2012XXST0703南部，开口于②层下，向下打破生土，口部距地表0.8米，方向270°。由墓道和墓室两部分组成（图2-47；图版三二，4）。

墓道：斜坡墓道位于墓室西部。口部平面形状呈长方形，直壁，其中北壁近墓室处略向外弧，坡底。长5、宽1.2、残深0.22～1.6米。

墓室：土洞墓室位于墓道东部。平面形状呈长方形，顶部坍塌不存，直壁，平底。长3.6、宽2.8、残深1.6米。

填土：由于盗扰，墓内填土较乱，土质较软，结构疏松，包含有少量料姜石颗粒，并偶见碎骨。

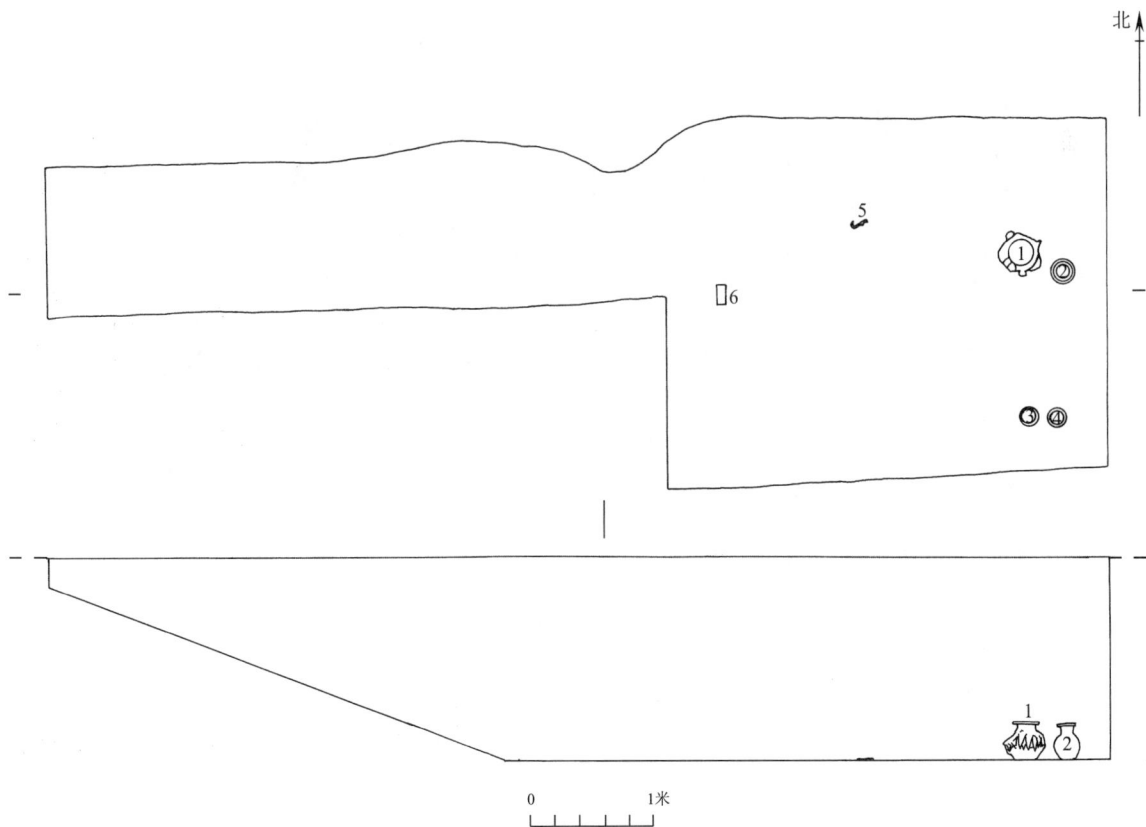

图2-47　M22平、剖面图
1～4.陶盘口罐　5.铜带钩　6.铁舌

葬具：不详。

葬式、性别及年龄：由于盗扰严重，未发现人骨。

2. 随葬品

墓室近墓道处发现铁臿1件，中部偏北发现铜带钩1件，另外在墓室东端发现随葬陶器一组。

（1）陶器

器型均为盘口罐，均为泥质灰陶。

盘口罐　4件。侈口或小盘口，平折沿，束颈，溜肩，鼓腹，平底，素面。M22：1，方唇，唇面微凹。口径21、底径21、通高44厘米（图2-48，3；图版四五，5）；M22：2，方圆唇，口径13.6、底径10.4、通高27.2厘米（图2-48，5；图版四五，6）；M22：3，斜方唇，唇面微凹。口径18.5、底径12.5、通高33.6厘米（图2-48，2；图版四六，1）；M22：4，方唇，唇面微凹，口径15.6、底径10.8、通高31.2厘米（图2-48，4；图版四六，2）。

（2）铜器

带钩　1件。M22：5，长条形，兽首钩首及颈饰蟠螭纹。通长5.5、纽径1.3厘米（图2-48，1；图版四六，3）。

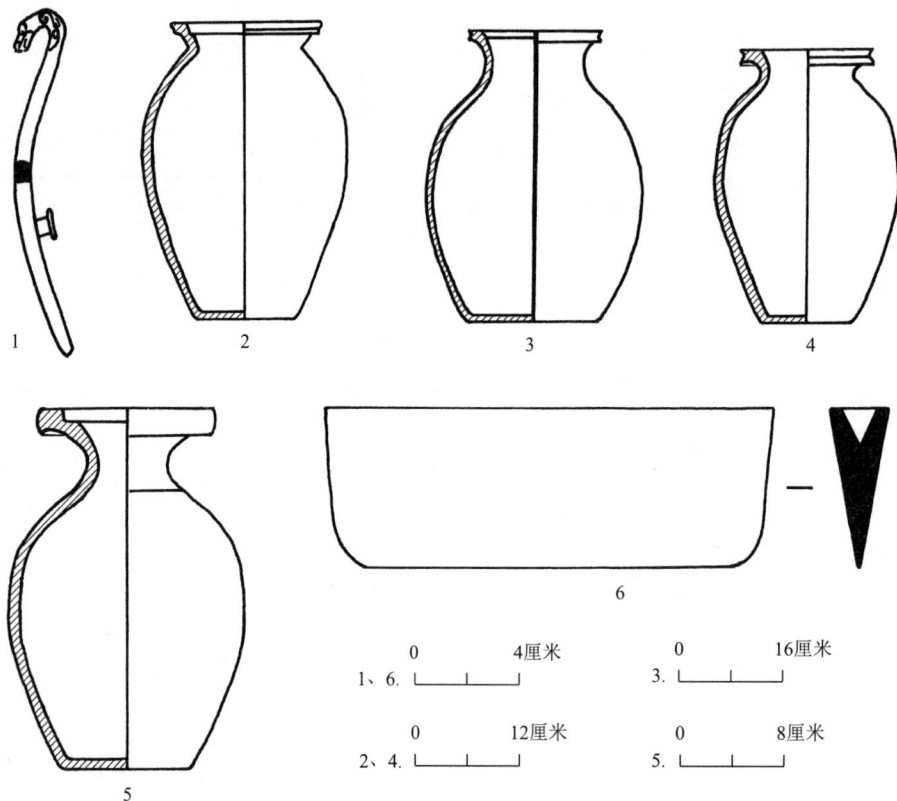

图2-48　M22出土遗物

1.铜带钩（M22：5）　2~5.陶盘口罐（M22：3、1、4、2）　6.铁臿（M22：6）

（3）铁器

斸　1件。M22：6，锈蚀严重，长方形，双面刃，背部有长方形銎口。宽17.6、高6、最厚2.25厘米（图2-48，6；图版四六，4）。

一六、M23

1. 墓葬概况

位于2012XXST0303西部和2012XXST0202东部，开口于②层下，向下打破生土，口部距地表0.55米，方向0°（图2-49；图版三三，1）。

墓葬形制：该墓为长方形竖穴土坑墓。口部平面形状呈长方形，斜壁，口大底小，平底。口部长3.5、宽2.2～2.38米；底部长2.5、宽1.2～1.32、深2米。

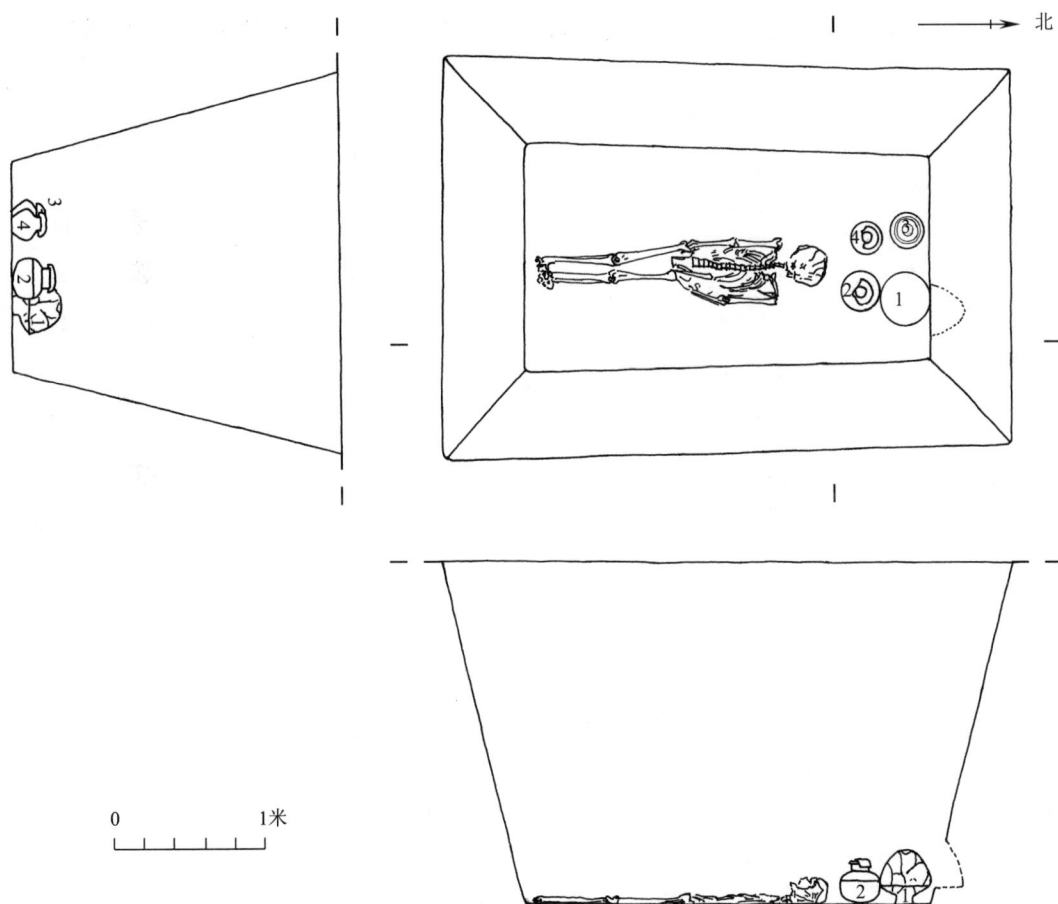

图2-49　M23平、剖面图
1、2.陶圈底罐　3、4.陶罐　5.铁斸

填土：为褐色杂土，带有黄斑，土质较硬，结构致密，似经过夯打，包含有少量料姜石颗粒。

葬具：不详。

葬式、性别及年龄：墓底清理出人骨一具，葬式为仰身直肢，头北足南，面向上。经鉴定墓主为中年男性。

2. 随葬品

墓主头端发现随葬品一套，其中陶器4件（套）、铁臿1件。

（1）陶器

器型均为陶罐，其中3件陶罐口部覆以陶钵，无覆钵者为倒置，均为泥质灰陶。

盘口罐　2件（套）。侈口内有凹痕，圆唇，直领，圆肩，鼓腹，平底；覆钵盖为敛口，尖圆唇，弧腹，平顶；罐和盖器身均有轮修痕迹。M23：3，口径12.4、底径11、盖径14.4、通高21.6厘米（图2-50，4；图版四七，1）；M23：4，口径12.4、底径12.4、盖径14.4、通高21.2厘米（图2-50，5；图版四七，2）。

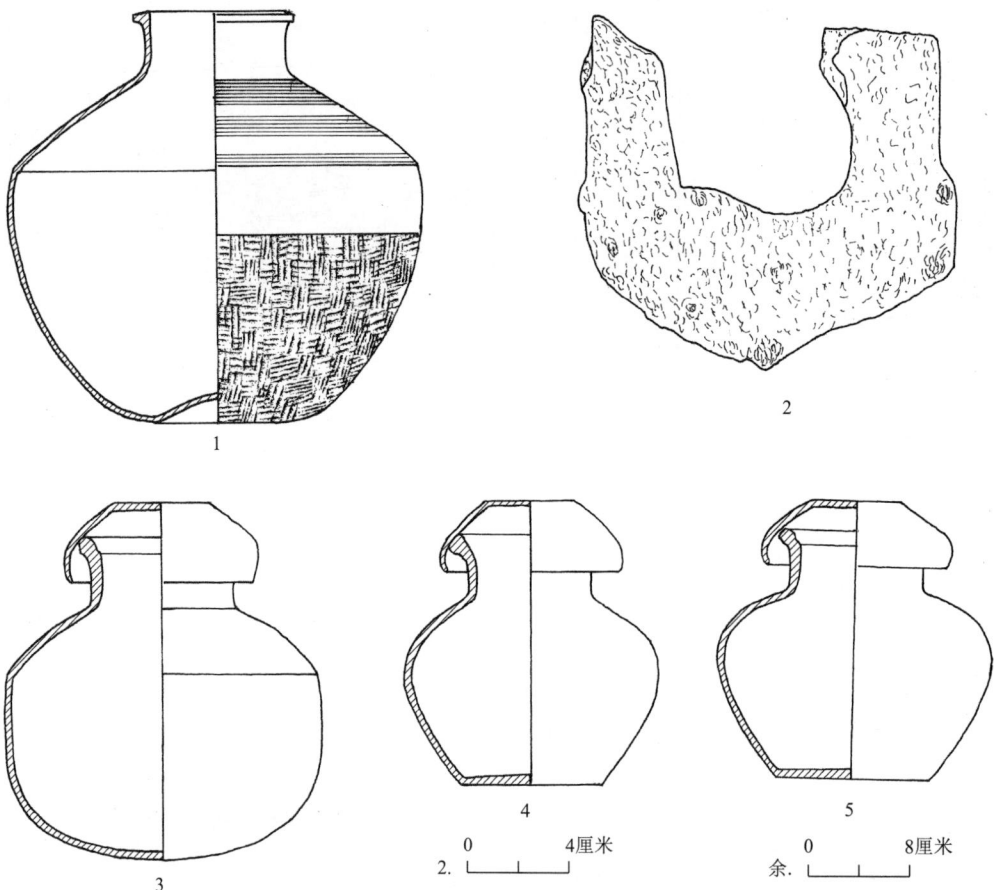

图2-50　M23出土遗物

1、3.陶圈底罐（M23：1、2）　2.铁臿（M23：5）　4、5.陶罐（M23：3、4）

圜底罐 2件（套）。侈口，直领，折肩，弧腹。下腹及底均饰交错中绳纹。M23：1，平折沿，方圆唇，凹圜底。肩饰两组凹弦纹，器身有烟炱痕迹。口径10.4、高31.2厘米（图2-50，1；图版四六，5）；M23：2，口内微凹，圆唇；覆钵盖为素面，烧制火候较低，敛口，尖圆唇，平顶。口径13.2、腹径25、盖径14.4、通高27.2厘米（图2-50，3；图版四六，6）。

（2）铁器

盂 1件。M23：5，锈蚀严重，整体呈"凹"形，弧刃，中部有尖，盂内侧有銎。最宽14、高13.5厘米（图2-50，2；图版四七，3）。

一七、M24

1.墓葬概况

位于2012XXST0302北部，开口于②层下，向下打破生土，口部距地表0.6米，方向0°（图2-51；图版三三，2）。

墓葬形制：该墓为长方形竖穴土坑墓。口部平面形状呈长方形，直壁，底部不平。长3.8、宽1.52、深1.8米。

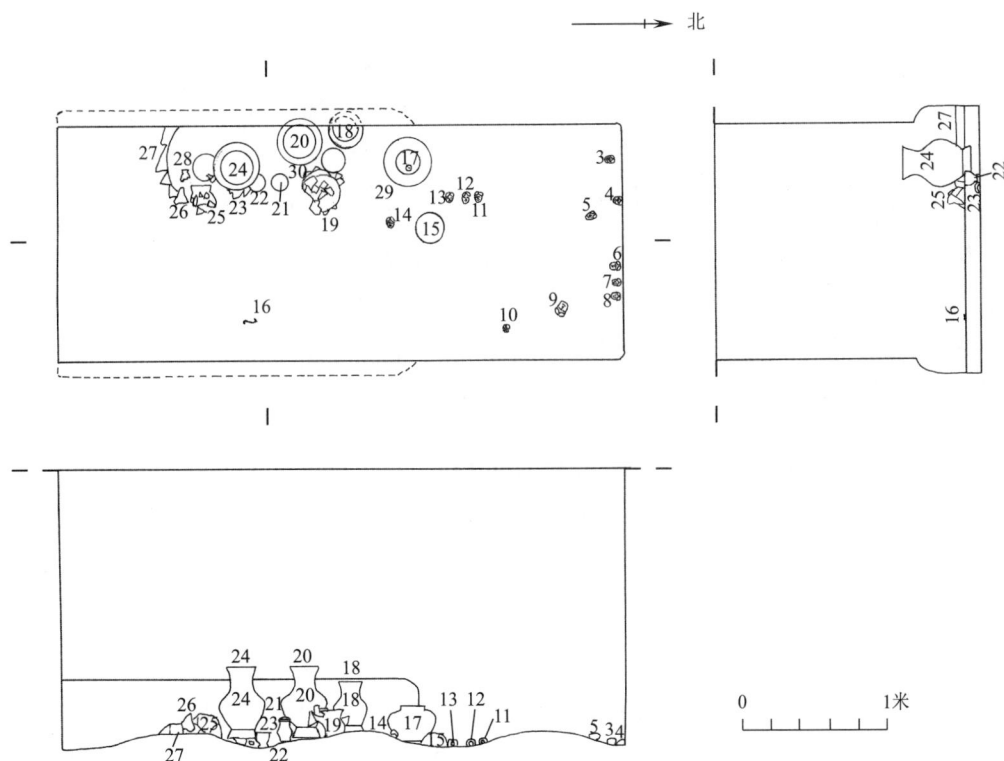

图2-51 M24平、剖面图

填土：为褐色杂土，带有黄斑，土质较硬，结构致密，似经过夯打。

葬具：不详。

葬式、性别及年龄：人骨腐朽严重，仅余朽痕，其葬式、性别及年龄等均不详。

2. 随葬品

墓底东部偏南发现铜带钩1件，西壁下发现随葬陶器一组，此外，墓底北部散乱放置陶质人俑首12件，填土中亦发现2件陶俑首。

（1）陶器

器型有罐、壶、鼎、瓮、杯、耳杯、盒盖、器盖、人俑首等。

大壶　4件（套）。器形较大，均为泥质灰陶。敞口，方唇，束颈，溜肩，圆鼓腹，平底，高圈足微外撇。器身均饰彩绘，大部分已脱落。M24：18，假圈足微外撇，口承盖，盖弧顶，内空，子口内凹。口径13.9、底径18.9、盖径14.4、通高36.6厘米（图2-52，4；图版五〇，2）；M24：20，喇叭状高圈足，口饰彩绘，器身磨光。口径21.9、底径24.5、高49厘米（图2-52，2；图版五〇，4）；M24：24，喇叭状高圈足，口饰彩绘，器身磨光。口径21.5、底径24、高49厘米（图2-52，1；图版五一，2）；M24：25，假圈足微撇，口承盖，盖弧顶，内空，子口内凹。口径14.4、底径18、盖径14.8、通高37.2厘米（图2-52，5；图版五一，3）；

小壶　2件（套）。器形较小，均为泥质灰陶。敞口，方唇，束颈，溜肩，圆鼓腹，平底。盖弧顶，内空，子口内凹。器身均饰彩绘，大部分已脱落。M24：21，口径7.8、底径7、盖径8.7、通高15.8厘米（图2-52，3；图版五〇，5）；M24：26，口径7.8、底径6.5、盖径9、通高15.8厘米（图2-52，6；图版五一，4）。

圜底罐　1件。M24：27，泥质灰陶，直口，平折沿较宽，方唇微凹，近直领，斜折肩较广，下腹弧收，圜底。肩饰两组凹弦纹，每组六周，腹及底饰交错绳纹。口径17、高21.5厘米（图2-53，6；图版五一，5）。

鼎　2套。均为泥质灰陶，口部有盖。子口内敛，口部两侧附长方形对称竖耳外侈，双耳下半部中空，鼓腹，圜底，底部附有三个兽蹄形足，足断面呈半圆形，中腹有凸棱一周；盖弧顶，直口，方唇。器身均饰彩绘，大部分已脱落，M24：19，口径19.6、盖径18.8、通高16厘米（图2-53，1；图版五〇，3）；M24：30，口径15.8、盖径18.8、通高16.6厘米（图2-53，2；图版五二，2）。

瓮　1件。M24：17，泥质灰陶，直口，方唇，矮领，鼓肩，下腹斜收，最大腹径近肩处，平底。素面。口径16、底径15.8、高22.4厘米（图2-53，4；图版五二，3）。

杯　2件。均为泥质灰陶，形制相同，大小相仿。直口，方唇，深弧腹，矮柱状柄中空，下有圆饼状底座。器身饰彩绘，大部分已脱落，M24：22，口径10、底径5.6、高11.4厘米（图2-53，7；图版五〇，6）；M24：28，口径9.2、底径5.6、高10.2厘米（图2-53，8；图版五一，6）。

图2-52　M24出土遗物（一）

1、2、4、5.大陶壶（M24：24、20、18、25）　3、6.小陶壶（M24：21、26）

匜　1件。M24：23，泥质灰陶。口部呈圆角长方形，方唇，弧腹斜收，一侧有流，中空，圈底近平。器内外饰彩绘，大部分已脱落，口径7.5～9、高2.5厘米（图2-53，5；图版五一，1）。

盒盖　1件。M24：15，泥质灰陶，敞口，尖唇，弧腹，圈顶，环状盖纽较矮。素面。口径19.6、纽径4.5、高7.6厘米（图2-53，3；图版四九，6）。

器盖　1件。M24：29，泥质灰陶，斗笠形，子口较浅，平沿微凹，方唇。盖径6.6、高2.7厘米（图2-53，10；图版五二，1）。

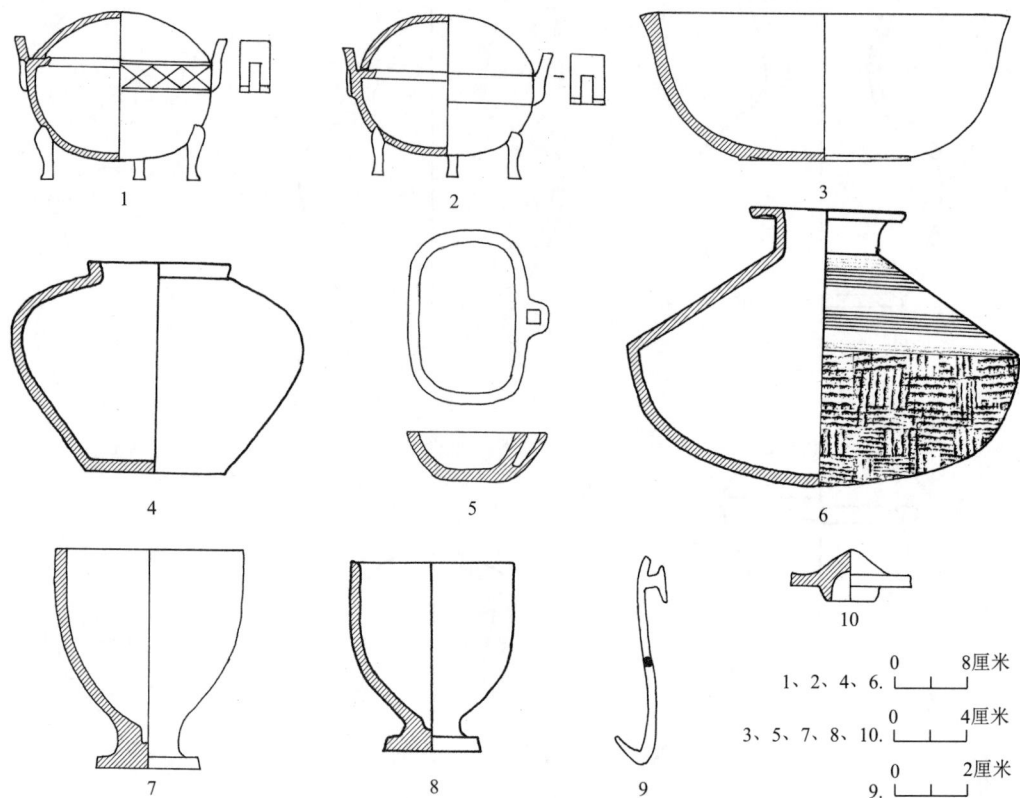

图2-53　M24出土遗物（二）

1、2.陶鼎（M24：19、30）　3.陶盒盖（M24：15）　4.陶瓮（M24：17）　5.陶匜（M24：23）　6.陶圜底罐（M24：27）
7、8.陶杯（M24：22、28）　9.铜带钩（M24：16）　10.陶器盖（M24：29）

人俑首　14件。模制，形制相同，大小相仿。烧制火候高者呈青灰色；烧制火候较低者呈褐红色。均为彩绘女俑，中分双髻，细眉，长眼，小口，阔鼻，大耳；中空。M24：1，高7.3、最宽6.2厘米（图2-54，1；图版四七，4）；M24：2，高6、最宽5.5厘米（图2-54，2；图版四七，5）；M24：3，高4.5、最宽4厘米（图2-54，14；图版四七，6）；M24：4，高5.1、最宽4.7厘米（图2-54，4；图版四八，1）；M24：5，高5.1、最宽4.6厘米（图2-54，1；图版四八，2）；M24：6，高5.1、最宽4.5厘米（图2-54，6；图版四八，3）；M24：7，高5.4、最宽4.7厘米（图2-54，13；图版四八，4）；M24：8，高6.6、最宽5.4厘米（图2-54，5；图版四八，5）；M24：9，高7.2、最宽6.5厘米（图2-54，3；图版四八，6）；M24：10，高4.8、最宽4厘米（图2-54，8；图版四九，1）；M24：11，高5.5、最宽5厘米（图2-54，9；图版四九，2）；M24：12，高5、最宽4.5厘米（图2-54，10；图版四九，3）；M24：13，高5.8、最宽4.8厘米（图2-54，11；图版四九，4）；M24：14，高6.3、最宽5.4厘米（图2-54，7；图版四九，5）。

（2）铜器

带钩　1件。M24：16，锈蚀严重，整体呈琵琶形，禽首形钩首，椭圆形纽。通长5.4、纽径1.9～4.5厘米（图2-53，9；图版五〇，1）。

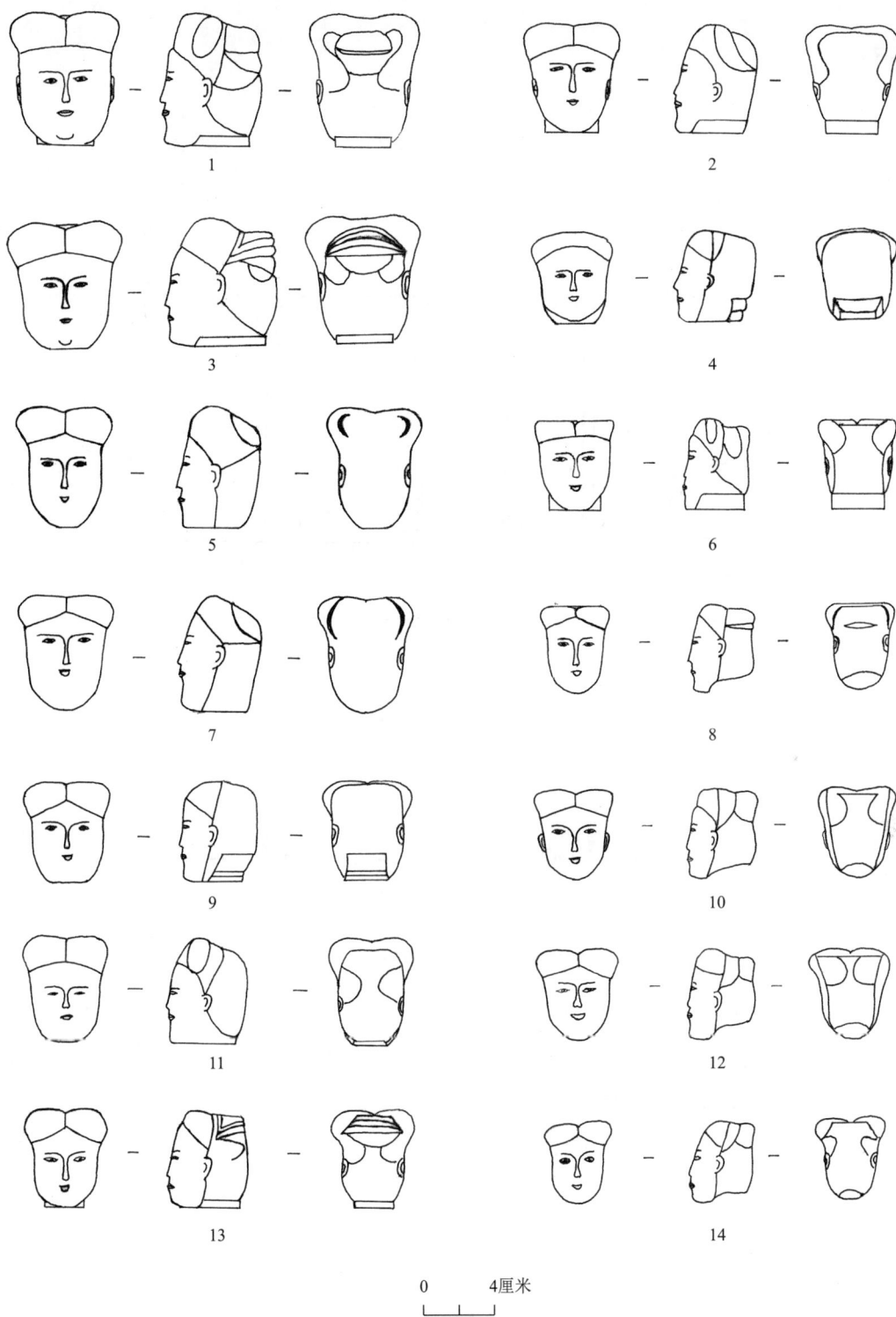

图2-54　M24出土遗物（三）
1~14.陶人俑首（M24：1、2、9、4、8、6、14、10~13、5、7、3）

一八、M25

1. 墓葬概况

位于2012XXST0303中部，开口于②层下，向下打破生土，口部距地表0.55米，方向10°（图2-55）。

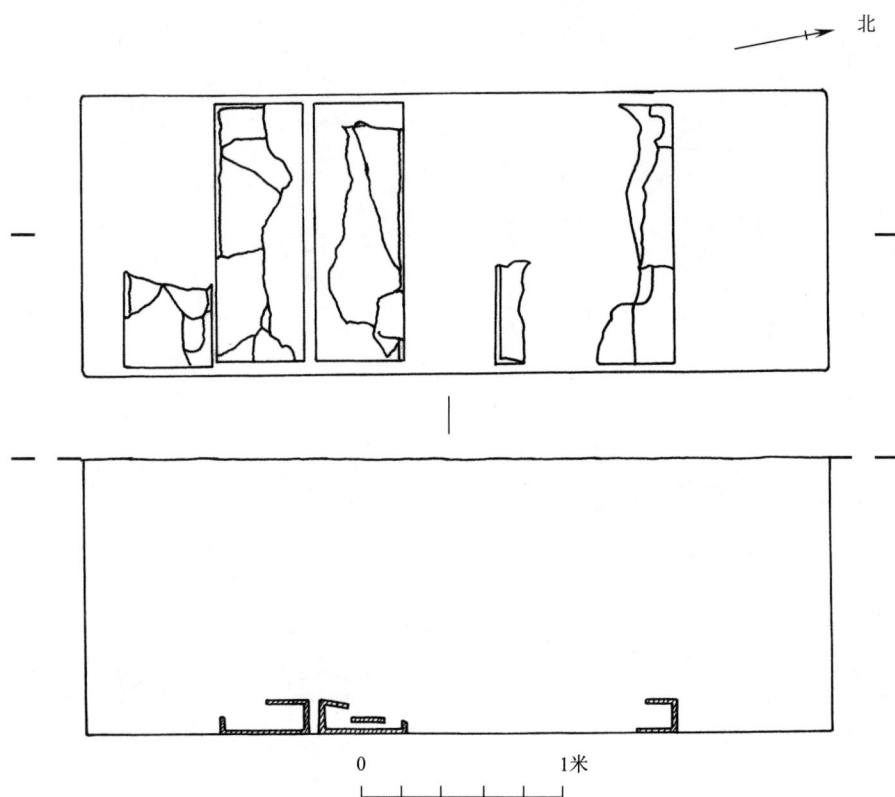

图2-55　M25平、剖面图

墓葬形制：该墓为长方形竖穴空心砖室墓。口部平面形状呈长方形，直壁，平底。长3.1、宽1.2、深1.2米。墓底残存铺底空心砖三块，横向平铺，砖长1.1、宽0.39、厚0.16米，铺地砖一面为菱形米格文，余则素面无纹。

填土：由于盗扰严重，墓内填土较乱，为褐色杂土，带有黄斑，土质较软，结构疏松，包含有大量空心砖残片。

葬具：不详。

葬式、性别及年龄：由于盗扰严重，未见人骨。

2. 随葬品

未发现随葬品。

一九、M26

1. 墓葬概况

位于2012XXST0502西北部。开口于②层下，南部打破M28，向下打破生土，口部距地表0.8米，方向270°（图2-56）。

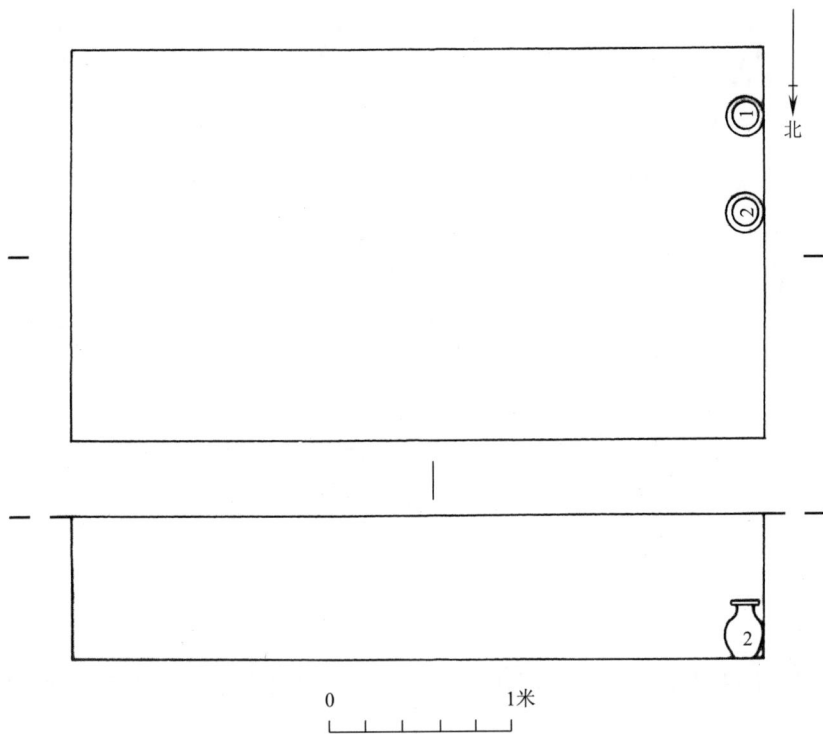

图2-56　M26平、剖面图
1、2.陶盘口罐

墓葬形制：该墓为长方形竖穴土坑墓。口部平面形状呈长方形，直壁，平底。长3.5、宽1.9、残深0.7米。

填土：为褐色杂土，带有黄斑，土质较软，结构疏松，包含有少量料姜石颗粒。

葬具：不详。

葬式、性别及年龄：墓葬被盗严重，未见人骨，故其葬式、性别及年龄等均不详。

2. 随葬品

墓室西南部发现陶盘口罐2件，均为泥质灰陶。

盘口罐　2件。直口微侈，沿面微凹，圆唇，唇面下勾，束颈，溜肩，鼓腹，平底。

M26：1，口径13.6、底径12、高26.4厘米（图2-57，1；图版五二，4）；M26：2，底部边沿斜削一周，口径13.6、底径10.2、高27.5厘米（图2-57，2；图版五二，5）。

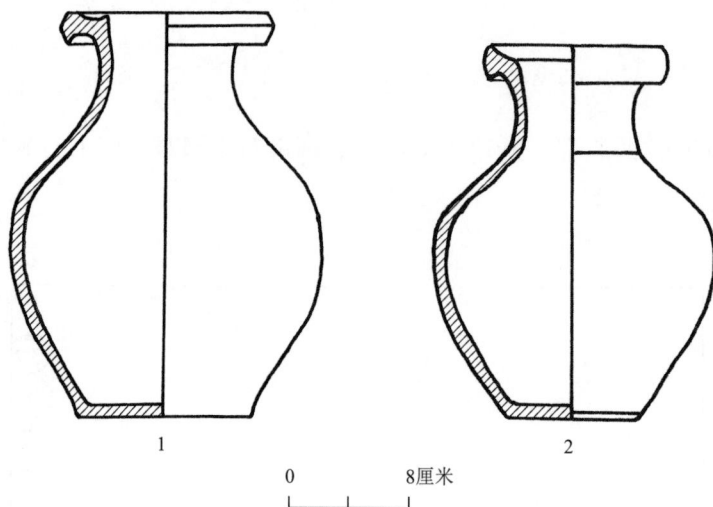

图2-57　M26出土遗物
1、2.陶盘口罐（M26：1、2）

二〇、M27

1.墓葬概况

位于2012XXST0401东北部。开口于②层下，向下打破生土，口部距地表0.8米，方向0°（图2-58；图版三三，3）。

墓葬形制：该墓为长方形竖穴土坑墓。口部平面形状呈长方形，口大底小，斜壁，平底。口部长2.7、宽1.4；底部长2.5、宽1.1、深2米。东南角东、南两壁分别两个有脚窝，拱形，上下间距0.9米，脚窝宽0.2、高0.16、进深0.1米。

填土：为褐色杂土，带有黄斑，土质较硬，结构致密，似经过夯打，包含有少量料姜石颗粒。

葬具：木棺一具。仅余朽痕，朽痕长2.4、宽1、厚0.1米。

葬式、性别及年龄：墓底发现人骨一具，葬式为仰身直肢，头北足南，面向上。由于腐朽较甚，性别及年龄等不详。

2.随葬品

在人骨足端左侧发现铜镜1面及铜钱1枚；墓主头端发现随葬陶器一组。

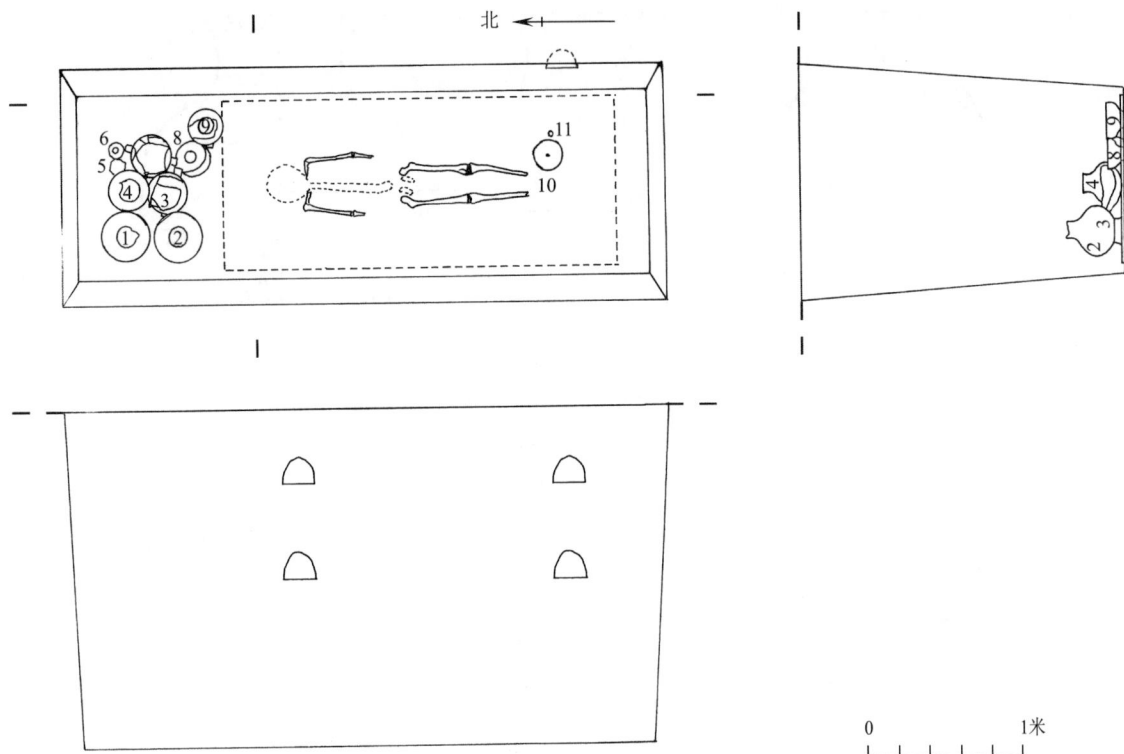

图2-58 M27平、剖面图
1、2.大陶壶 3、7.陶鼎 4.陶圜底罐 5、6.小陶壶 8、9.陶盒 10.铜镜 11.铜钱

（1）陶器

器型有圜底罐、壶、鼎、盒，均为泥质灰陶。

圜底罐 1件。M27：4，侈口，方圆唇，直领，束颈，斜折肩，圆腹，圜底。下腹部饰横向中绳纹，底饰交错中绳纹。口径12.5、腹径23、高25.7厘米（图2-59，3；图版五三，3）。

大壶 2套。器形较大，器身磨光，口部承盖，内有子口。侈口，平沿内勾，尖唇，束颈，鼓腹，圜底，高圈足外撇。肩与中腹有两组凹弦纹，每组两周，两组弦纹之间饰对称兽面铺首。M27：1，口径19.2、圈足径18、盖径19.2、通高44.7厘米（图2-59，5；图版五二，6）；M27：2，口径19.2、圈足径18、盖径19.2、通高44.4厘米（图2-59，4；图版五三，1）。

小壶 2件。器形较小，器身磨光。侈口，尖唇，束颈，溜肩，鼓腹，假圈足外撇。M27：5，侈口，口径5.6、底径5.6、高10厘米（图2-59，2；图版五三，4）；M27：6，直口微侈，口径4.4、底径5.4、高9.5厘米（图2-59，1；图版五三，5）。

鼎 2套。口部承盖，子口内敛，长方形对称附耳外撇，附耳下半部中空，鼓腹，腹中部有一周凸棱，圜底，底部附有三个矮兽蹄形足，鼎足断面呈半圆形；盖弧顶，直口，方唇。M27：3，口径15.2、盖径19、通高17厘米（图2-60，3；图版五三，2）；M27：7，口径16.4、盖径19、通高19.4厘米（图2-60，1；图版五三，6）。

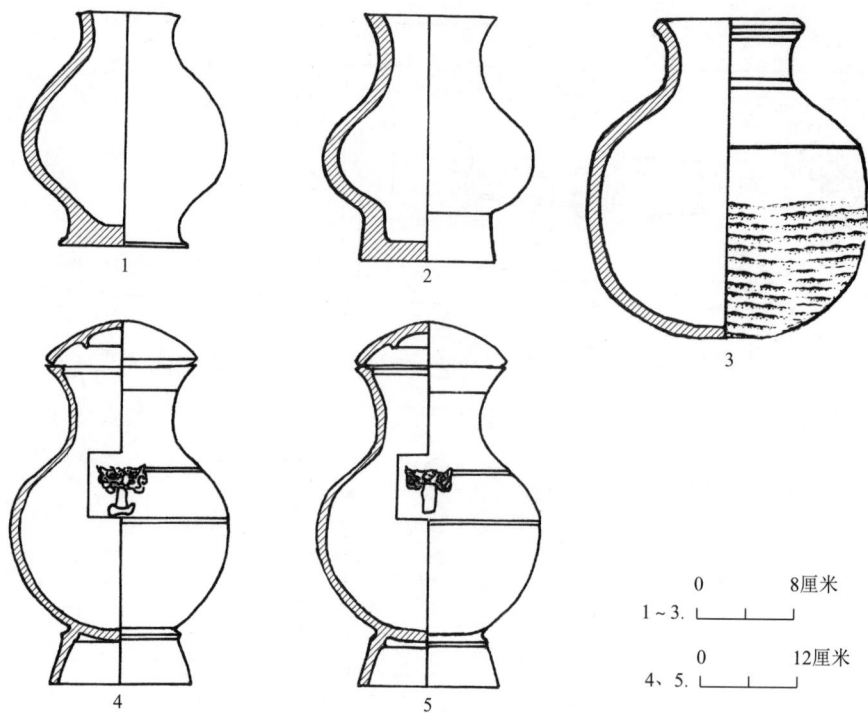

0　　　　8厘米
1～3. └─┴─┘

0　　　　12厘米
4、5. └─┴─┘

图2-59　M27出土遗物（一）
1、2.小陶壶（M27：6、5）　3.陶圜底罐（M27：4）　4、5.大陶壶（M27：2、1）

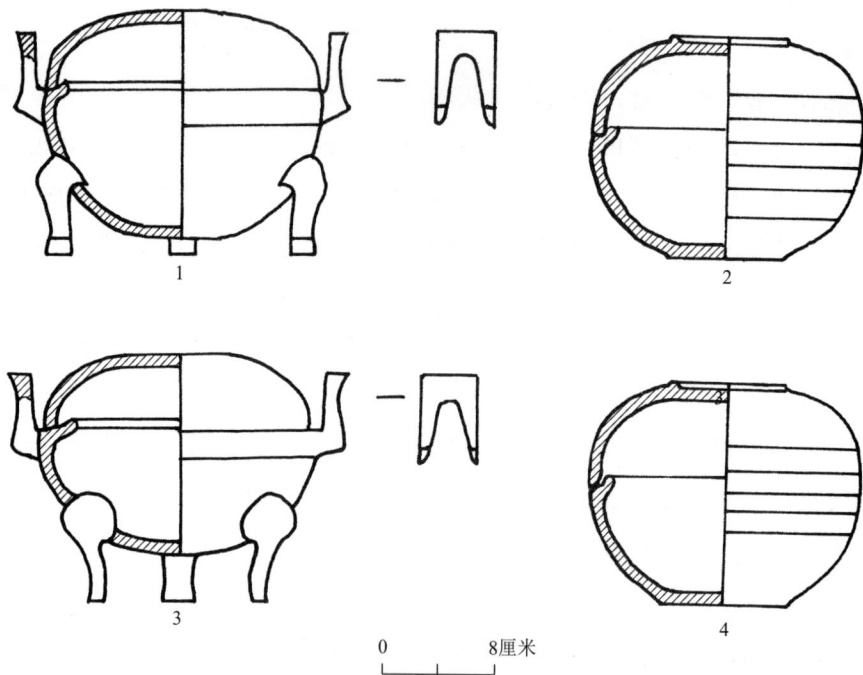

0　　　8厘米
└─┴─┘

图2-60　M27出土遗物（二）
1、3.陶鼎（M27：7、3）　2、4.陶盒（M27：8、9）

盒　2套。口部承盖，子口内敛，圆唇，弧腹斜收，底部有皿座；盒盖为直口，斜方唇，直腹内收，弧顶，饼状盖纽；器腹和盖腹分别饰两周凹弦纹。M27：8，口径15.2、圈足径8、盖径18.8、通高15厘米（图2-60，2；图版五四，1）；M27：9，口径15.2、圈足径8.8、盖径19.2、通高15厘米（图2-60，4；图版五四，2）。

（2）铜器

镜　1面。M27：10，圆形，面近平，桥形纽，背素面。直径8.8、厚0.1厘米（图2-61；图版五四，3）。

铜钱　2枚（图版五四，4）。圆形方穿，正反两面皆无内外郭，钱文"半两"；M27：11-1，钱径2.2、穿径1厘米，重2.2克（图2-62）；M27：11-2，钱径2.2、穿径1厘米，重2.3克。

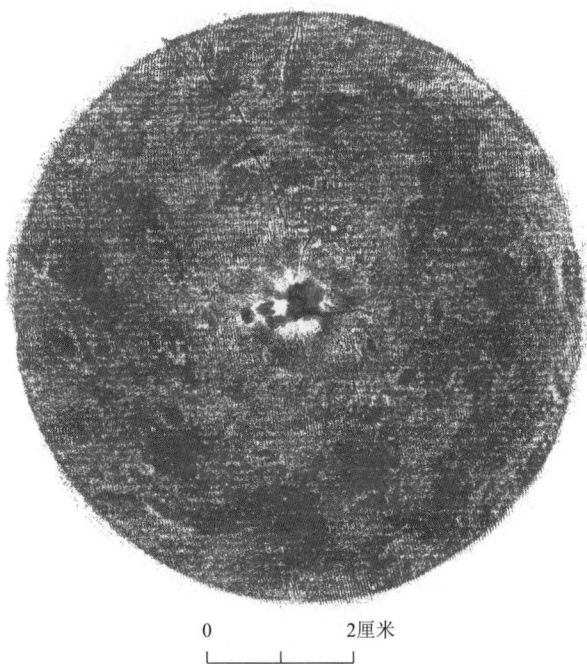

0　　　　　　2厘米

图2-61　M27出土铜镜拓本（M27：10）

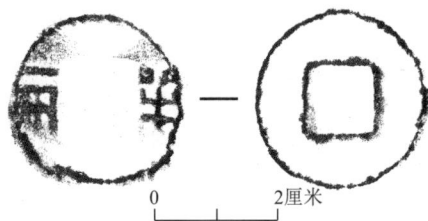

0　　　　2厘米

图2-62　M27出土铜钱拓本（M27：11-1）

二一、M28

1. 墓葬概况

位于2012XXST0502西部偏北，开口于②层下，北部被M26打破，向下打破生土，口部距地表0.8米，方向0°（图2-63；图版三三，4）。

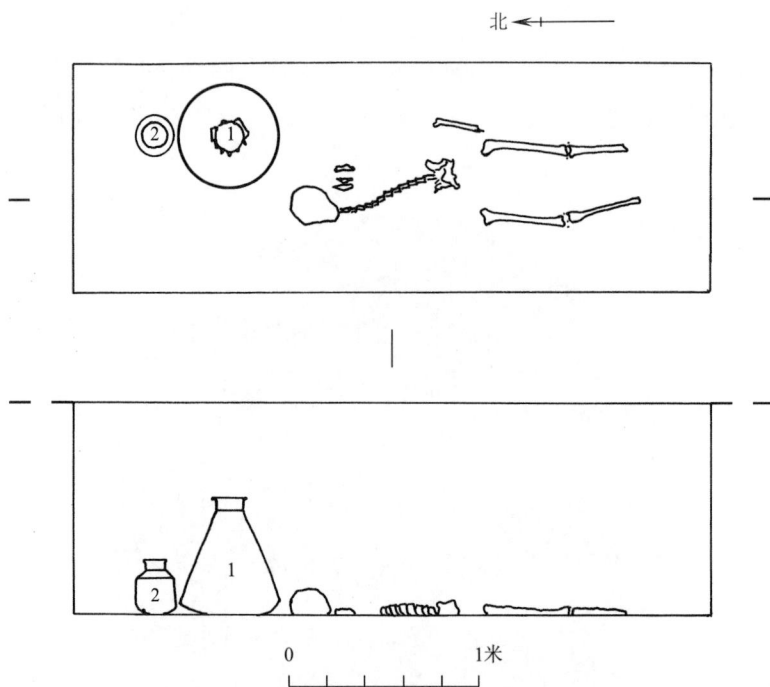

图2-63　M28平、剖面图
1、2.陶圜底罐

墓葬形制：该墓为长方形竖穴土坑墓。口部平面形状呈长方形，直壁，平底。长3.01、宽1.08、残深1米。

填土：为褐色杂土，带有黄斑，土质较硬，结构致密，似经过夯打，包含有少量料姜石颗粒。

葬具：不详。

葬式、性别及年龄：墓底发现人骨一具，葬式为仰身直肢，头北足南。由于腐朽较甚，其性别及年龄等均不详。

2. 随葬品

墓主头端东部发现陶罐2件。均为泥质灰陶，但二者形态差别较大。

圜底罐　2件。侈口，束颈，直领，折肩，圜底。M28：1，宽平沿，方唇，斜肩较广。肩部饰两组凹弦纹，两组凹弦纹之间阴刻繁体"陳"字，反书；底部饰交错中绳纹。口径20.4、高31.8厘米（图2-64，1；图版五四，5）；M28：2，方圆唇，腹近直，上腹有轮修痕迹，下腹饰横向中绳纹，底部饰交错中绳纹。口径12、通高26厘米（图2-64，2；图版五四，6）。

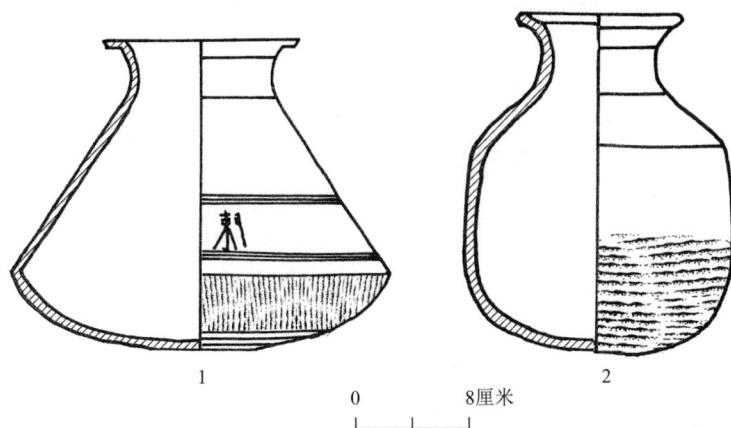

图2-64　M28出土遗物
1、2.陶圜底罐（M28：1、2）

二二、M29

1. 墓葬概况

位于2012XXST2808南部，开口于②层下，向下打破生土，口部距地表0.6米，方向270°。由墓道、封门和墓室三部分组成（图2-65；图版三四，1）。

墓道：位于墓室西部。口部平面形状呈长方形，直壁，平底。墓道西端距口部0.4米处有生土台，宽0.5米。墓道长3.7、宽0.8、残深1.2米。

封门：位于墓道尽端。残存一层封门砖，呈"八"字形侧砌于铺地砖上。封门砖正面模印有门楼、树叶纹，两窄端有横向子母口，余素面。长0.46、宽0.2、厚0.08米（图2-67；图2-68）。

墓室：砖砌墓室位于墓道东部。底部平面形状呈长方形，直壁，平底。长3.24、宽1.88、残高1.2米。墓室西部残存一层壁砖，与封门砖规格一样，顺壁纵向侧砌。铺地砖为纵向顺缝平铺，墓室中部铺地砖缺失，烧制火候低。长0.4、宽0.22、厚0.05米，素面。

填土：由于盗扰严重，墓室和墓道内填土较乱，为褐色杂土，带有黄斑，土质较软，结构疏松，包含有碎砖块以及少量碎骨。

葬具：不详。

葬式、性别及年龄：由于盗扰严重，未见人骨。

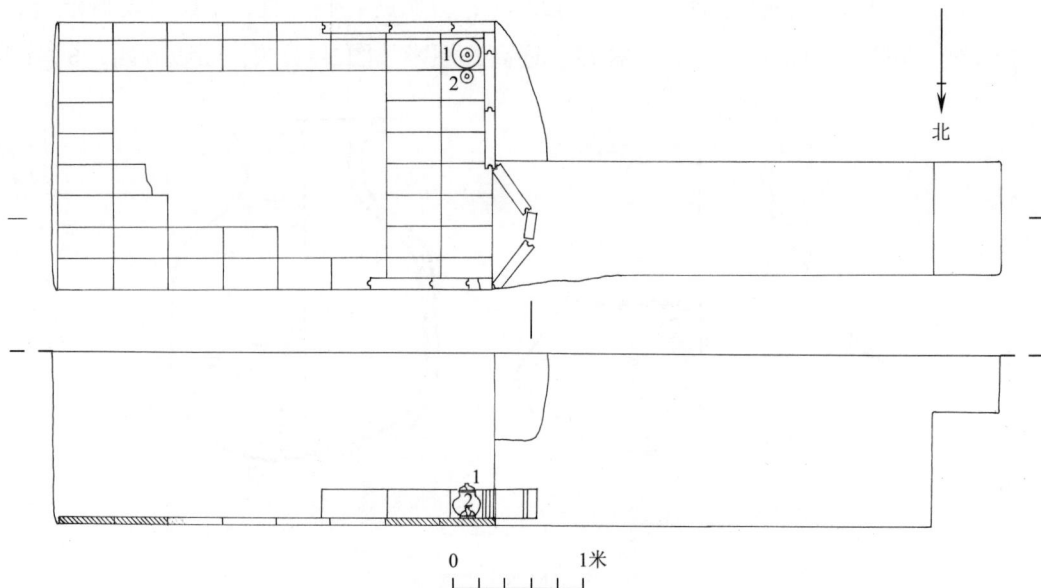

图2-65　M29平、剖面图
1.陶敛口罐　2.陶器盖

2. 随葬品

在墓室西南角发现随葬陶器2件（套），均为泥质灰陶。

敛口罐　1件（套）。M29∶1，敛口，方唇，溜肩，斜腹，平底；口部承盖，盖直口，斜方唇，弧顶，柱状捉手，捉手顶部微凹。口径10.4、底径11.8、盖径11.2、通高23.2厘米（图2-66，1；图版五五，1）。

器盖　1件。M29∶2，直口微侈，斜方唇，弧顶，柱状捉手，捉手顶部微凹。口径11.6、纽径3.2、高5.6厘米（图2-66，2；图版五五，2）。

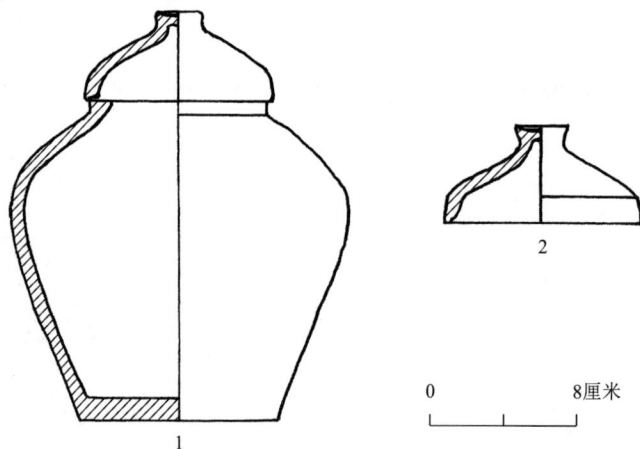

图2-66　M29出土遗物
1.陶罐（M29∶1）　2.陶器盖（M29∶2）

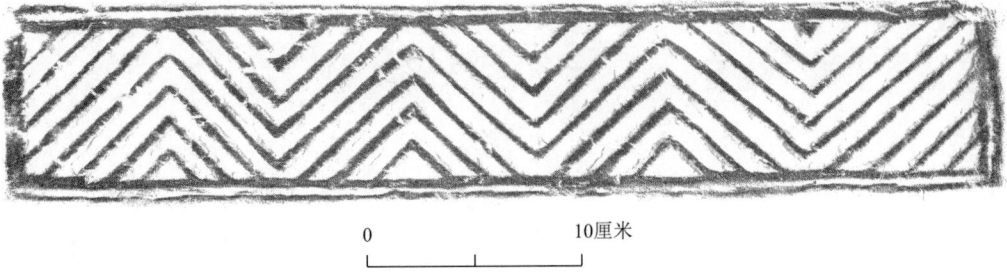

0　　　　　　　　10厘米

图2-67　M29出土墓砖纹饰拓本（一）

0　　　　　　　　10厘米

图2-68　M29出土墓砖纹饰拓本（二）

二三、M30

1. 墓葬概况

位于2012XXST2807西南部，开口于②层下，向下打破生土，口部距地表0.8米，方向5°（图2-69）。

墓葬形制：该墓为长方形竖穴土坑墓，口部平面形状呈长方形，口大底小，直壁，平底。距底部0.7米处的东、西、南三壁分别留有宽0.1~0.2米的生土二层台。口部长3.4、宽2.6米；底部长3.2、宽2.1、深2米。

填土：由于盗扰严重，填土较乱，为褐色杂土，带有黄斑，土质较软，结构疏松，包含有少量料姜石颗粒。

葬具：不详。

葬式、性别及年龄：由于盗扰严重，未见人骨。

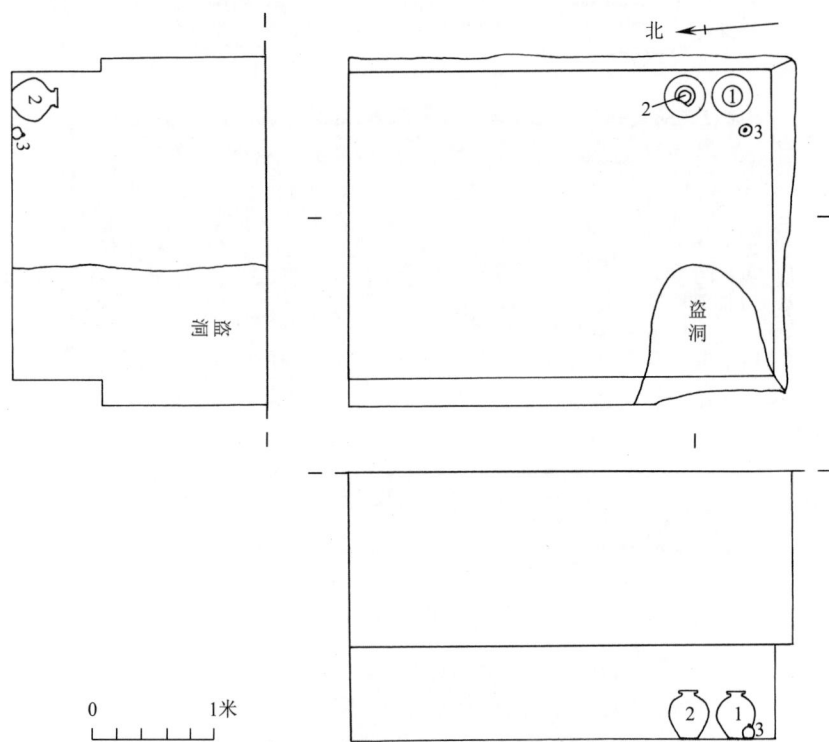

图2-69　M30平、剖面图
1~3.陶盘口罐

2. 随葬品

在墓底东南角发现陶器一组，器型均为盘口罐，均为泥质灰陶。

盘口罐　3件。直口微侈，束颈，溜肩，弧腹，平底微凹。肩及上腹有轮修痕迹。M30：1，侈口，平折沿，方唇。下腹饰浅显的竖向中绳纹。口径14.4、底径13、高33.6厘米（图2-70，2；图版五五，3）；M30：2，侈口，平折沿微凹，方唇。下腹饰浅显的竖向中绳纹。口径13.2、底径12、高33厘米（图2-70，1；图版五五，4）；M30：3，口残，腹微折。素面。腹径9.2、底径6、残高9.8厘米（图2-70，3；图版五五，5）。

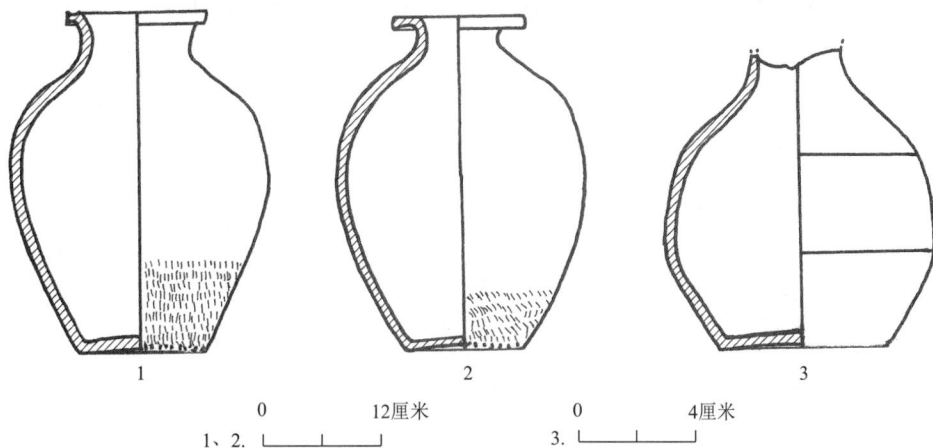

图2-70　M30出土遗物

1~3.陶盘口罐（M30：2、1、3）

二四、M31

1. 墓葬概况

位于2012XXST2908南部，开口于②层下，向下打破生土，口部距地表0.5米，方向93°。由墓道、封门和墓室三部分组成（图2-71；图版三四，2）。

墓道：斜坡墓道位于墓室东部。口部平面形状呈长方形，直壁，坡底较缓，近封门处为平底。口部长5.15、宽0.8~0.9、残深0.5~1.62米。

封门：位于墓道和墓室之间。残存两层封门砖，与壁砖连为一体。残高0.4米。

墓室：砖砌墓室位于墓道西部。底部平面形状呈长方形，直壁，平底。长3.45、宽2.37~2.5、残高1.62米。残存壁砖为长方形画像砖，正面模印马拉车出行场景，另有门楼、树木、朱雀、玄武等图案，砖体两窄端有横向子母口。砖长0.46、宽0.17、厚0.09米（图2-75，1、2；图版三四，3）。壁砖最高残存6层，残高1.07米，为单砖顺壁纵向错缝侧砌，两砖之间以子母口相接，与东壁残存的两层封门砖连为一体。券顶多已不存，仅存东端一部分，倒塌在东壁墓门处，其砌造方法为单砖对缝子母口衔接起券。正面模印水波纹，砖体两侧面和两窄端均有子母口。券顶砖长0.46、宽0.1、厚0.08米（图2-7，3）。铺地砖保存比较完整，南北两壁之下各有一排为横向平铺，中间五排为对缝纵向平铺。铺地砖正面中间模印"S"纹，首尾相连，四周则为水波纹。铺地砖长46、宽29、厚4厘米。

填土：墓道填土为褐色杂土，带有黄斑，土质较硬，结构致密，似经过夯打，包含有少量料姜石颗粒。由于盗扰严重，墓室内填土较乱，包含大量碎砖块。

葬具：不详。

葬式、性别及年龄：墓室内发现人骨两具，一具位于南壁下居中位置，残存头骨、上肢骨及部分下肢骨，可辨葬式为仰身葬，下肢弯曲，头东足西，面向上，经鉴定为壮年男性；另一具位于北壁居中位置，人骨呈东西向堆放在一起，系二次迁葬所致，此具人骨头向东，经鉴定为壮年女性。

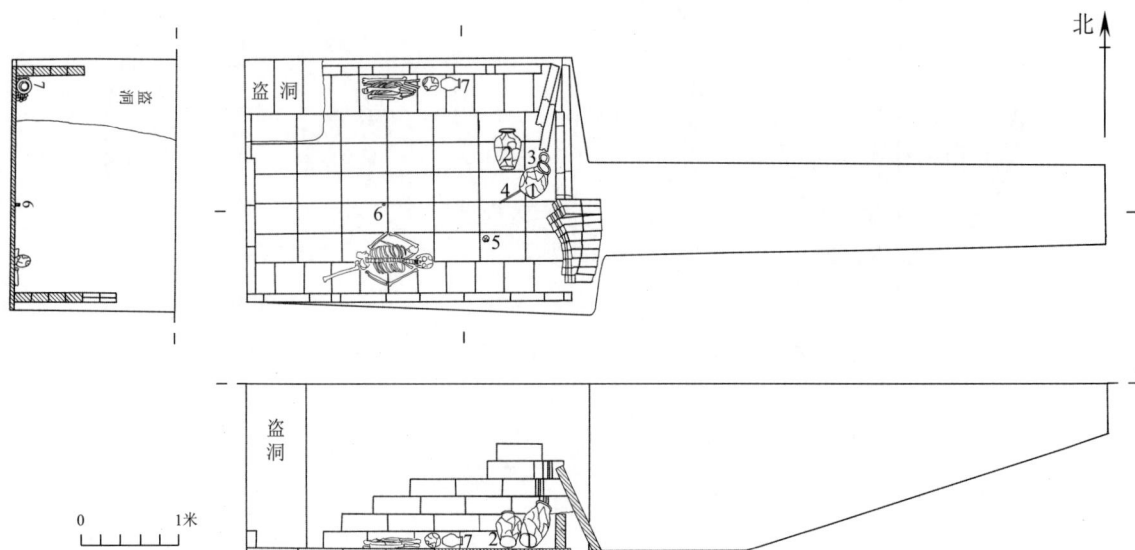

图2-71　M31平、剖面图
1～3、7.陶盘口罐　4.铁削　5.铜镜　6.铜钱（8枚）

2. 随葬品

北侧墓主头端发现盘口罐2件；墓道口部发现铁削1件、盘口罐2件；南侧墓主东部和北部分别发现铜镜1件、铜钱8枚。

（1）陶器

器型均为盘口罐，均为泥质灰陶。

盘口罐　4件。直口微侈，平折沿，方唇，束颈，直领，溜肩，弧腹，平底。M31：1，中上腹有数周瓦楞纹。口径16.2、底径16、高37.2厘米（图2-72，3；图版五五，6）；M31：2，中上腹有数周瓦楞纹。口径16.6、底径15、高37厘米（图2-72，4；图版五六，1）；M31：3，口径12.8、底径9.2、高22厘米（图2-72，1；图版五六，2）；M31：7，口径11.2、底径7.2、高19.6厘米（图2-72，2；图版五六，5）。

（2）铜器

镜　1面。M31：5，圆形，镜面微凸，半球形纽，圆纽座，外饰一周连弧纹，其外两周短斜线纹间有"见日之光、天下大明"篆书铭文带，最外侧有窄素缘。直径6.5、缘厚0.15厘米

（图2-73；图版五六，3）。

（3）铁器

削　1件。M31：4，锈蚀严重，直刃。残长39、宽2.3～3.8厘米（图2-72，5）。

（4）铜钱

五铢钱　8枚（图版五六，4）。圆形，方穿。正、背面均有外郭，穿背面有郭。钱文均为"五铢"。M31：6-1，钱径2.5、穿径0.95、厚0.11厘米，重2.5克（图2-74，1）；M31：6-2，钱径2.5、穿径0.96、厚0.1厘米，重2.4克（图2-74，2）；M31：6-3，钱径2.5、穿径0.95、厚0.1厘米，重2.4克（图2-74，3）；M31：6-4，钱径2.5、穿径0.96、厚0.12厘米，重2.5克（图2-74，4）；M31：6-5，钱径2.5、穿径0.95、厚0.11厘米，重2.6克（图2-74，5）；M31：6-6，穿上一横，钱径2.5、穿径0.95、厚0.11厘米，重2.6克（图2-74，6）；M31：6-7，穿上一横，钱径2.5、穿径0.96、厚0.1厘米，重2.6克（图2-74，7）；M31：6-8，穿上一横，钱径2.45、穿径0.96、厚0.11厘米，重2.5克（图2-74，8）。

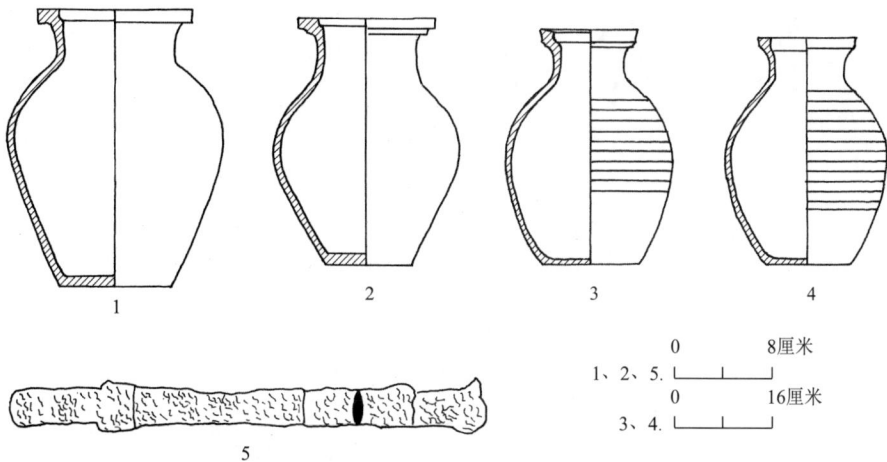

图2-72　M31出土遗物

1～4.陶盘口罐（M31：3、7、1、2）　5.铁削（M31：4）

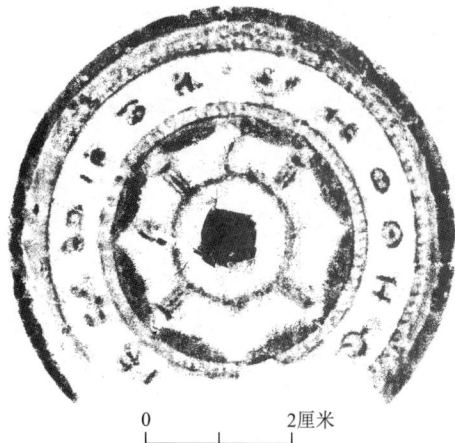

图2-73　M31出土铜镜纹饰拓本（M31：5）

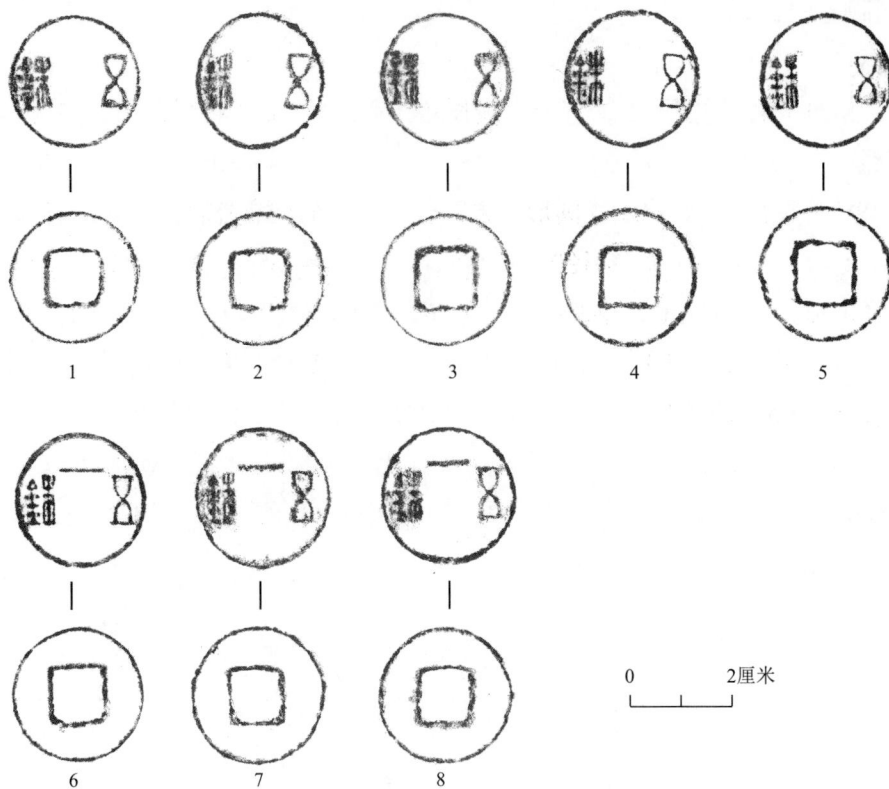

图2-74　M31出土铜钱拓本
1~8.五铢钱（M31：6-1~8）

图2-75　M31出土墓砖纹饰拓本

二五、M32

1. 墓葬概况

　　位于2012XXST2807西北部和2012XXST2808西南部，开口于②层下，向下打破生土，口部距地表0.8米，墓道延伸至T2808，方向5°。由墓道和墓室两部分组成（图2-76）。

　　墓道：斜坡墓道位于墓室北部。口部平面形状呈长方形，直壁，坡底。长2.9、宽0.86～1、残深0.25～1.4米。

　　墓室：土洞墓室位于墓道南部。由于塌陷，洞顶不存，残存墓室底部平面呈近正方形，直壁，平底。边长2.5～2.7，残高1.4米。

　　填土：由于盗扰严重，填土较乱，为褐色杂土，带有黄斑，土质较软，结构疏松，包含有少量料姜石颗粒。

　　葬具：不详。

　　葬式、性别及年龄：由于盗扰严重，未见人骨。

2. 随葬品

　　未发现随葬品。

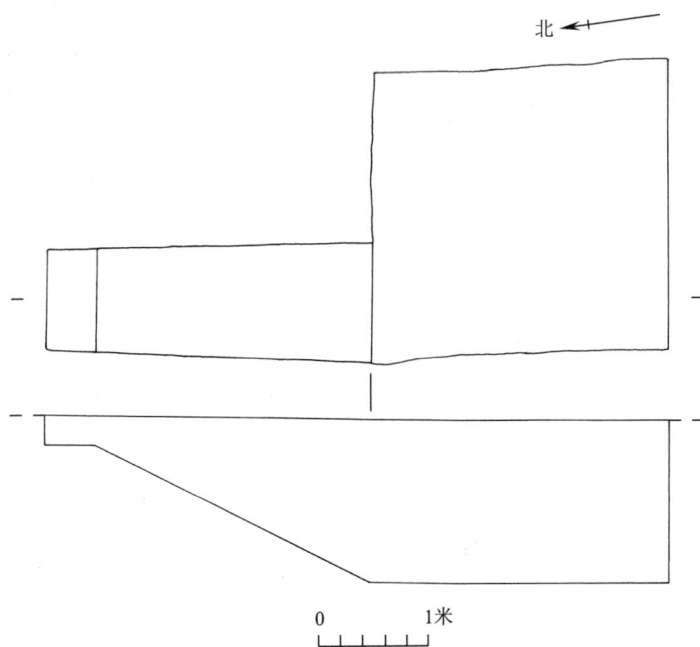

图2-76　M32平、剖面图

二六、M33

1. 墓葬概况

位于2012XXST2808中部，开口于②层下，向下打破生土，口部距地表0.6米，方向270°。由墓道、封门和墓室三部分组成（图2-77）。

墓道：竖井墓道位于墓室西部。口部平面形状呈长方形，直壁，平底微斜，墓道最西端距口部0.4米处留有一级宽0.7米的生土台。墓道长3、宽0.88、最深1.3米。

封门：位于墓道与墓室之间。残存两层封门砖，封门砖呈"人"字形放置于铺地砖上，砖体一侧模印"五"字纹，余素面。砖长46、宽12、厚8厘米（图2-78）。

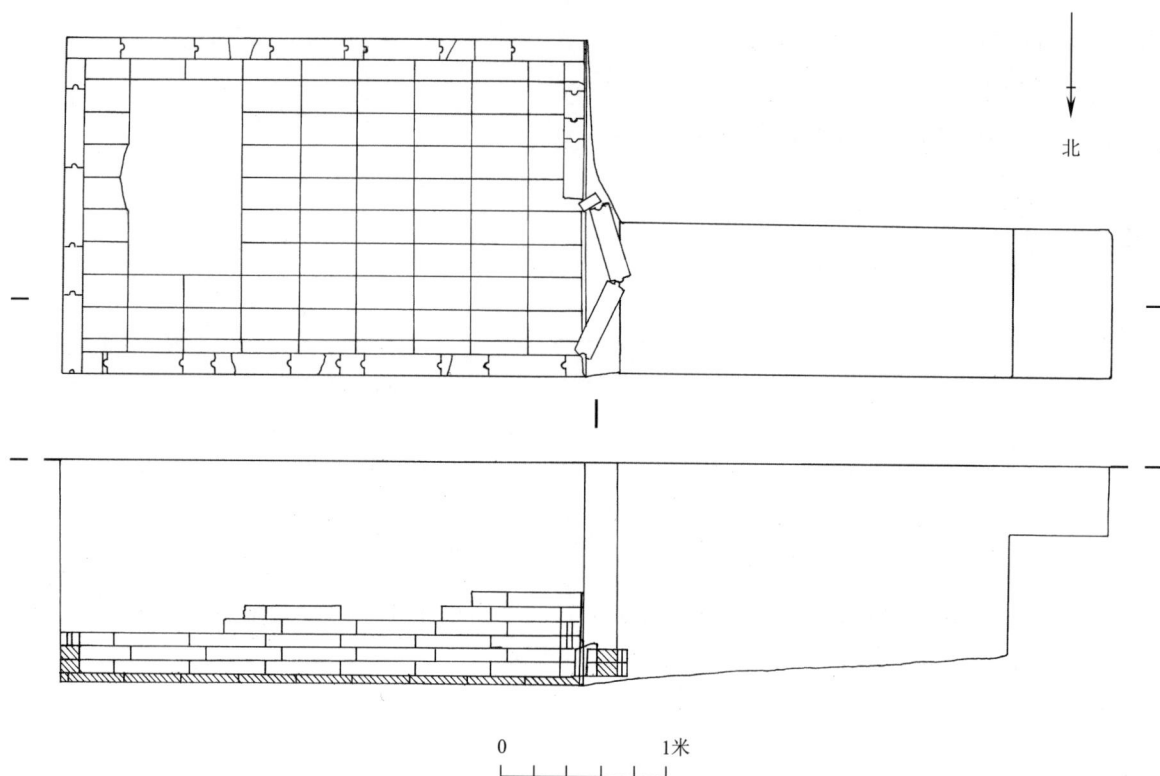

图2-77　M33平、剖面图

墓室：砖砌墓室位于墓道东部。底部平面形状呈长方形，直壁，平底。长3.2、宽1.96、残高1.3米。壁砖最高残存6层，高0.5米，为单砖顺墓壁纵向错缝侧砌于铺地砖上，子母口对接。壁砖一侧模印钱形纹，余素面，砖体两窄端有横向子母口。壁砖长47、宽12、厚6厘米。残存铺地砖为纵向顺缝平铺，东部铺地砖部分缺失，铺地砖正面，中间模印"S"纹，首尾相连，四周则为水波纹。铺地砖长39、宽22、厚5厘米。

填土：由于盗扰严重，墓室和墓道内填土较乱，为褐色杂土，带有黄斑，土质较软，结构疏松，包含有碎砖块及少量碎骨。

葬具：不详。

葬式、性别及年龄：由于盗扰严重，未见人骨。

2. 随葬品

未发现随葬品。

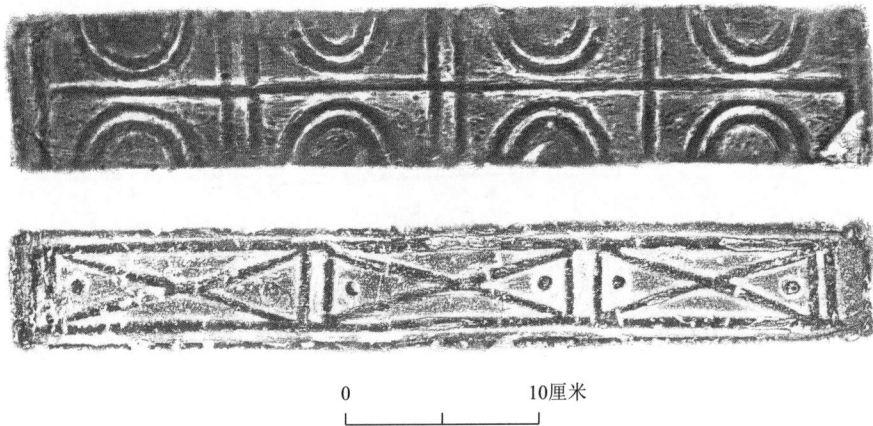

图2-78　M33出土墓砖纹饰拓本

二七、M34

1. 墓葬概况

位于2012XXST2908东北部，开口于②层下，向下打破生土，口部距地表0.5米，方向2°。由墓道和墓室两部分组成（图2-79）。

墓道：竖井墓道位于墓室北部。口部平面形状呈长方形，直壁，平底。长1.58、宽1.04、残深1.4米。

墓室：位于墓道南部。底部平面形状呈长方形，直壁，平底，长3.12、宽1.72～1.79、残高1.4米。由于盗扰严重，墓底近墓道处残存方形铺地砖一块，边长36、厚4厘米。

填土：由于盗扰严重，墓室和墓道内填土较乱，为褐色杂土，带有黄斑，土质较软，结构疏松，包含有碎砖块及少量碎骨。

葬具：不详。

葬式、性别及年龄：由于盗扰严重，未见人骨。

2. 随葬品

　　铜钱　2枚（图版五六，6）。圆形，方穿。正、背面均有外郭，穿背面有内郭。均为大泉五十。M34：1-1，钱径2.7、穿径0.95、厚0.11厘米，重2.8克（图2-80，1）；M34：1-2，钱径2.7、穿径0.95、厚0.11厘米，重2.7克（图2-80，2）。

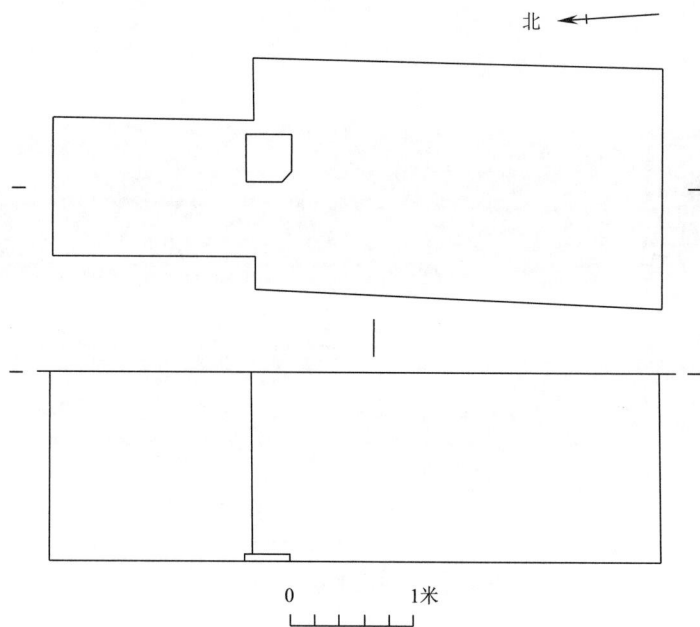

图2-79　M34平、剖面图

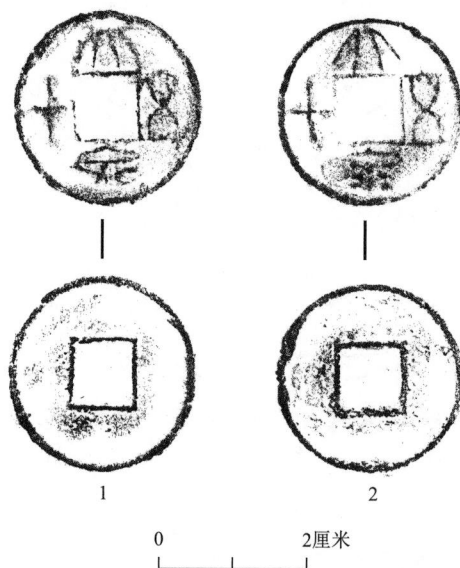

图2-80　M34出土铜钱拓本
1、2.M34：1-1、2

第四章　宋代墓葬

宋代墓葬发现数量比较少，共4座，即M3、M6、M7、M10，现分述如下。

一、M3

1. 墓葬概况

位于2012XXST1305东南部和2012XXST1304东北部，开口于②层下，向下打破生土，口部距地表0.8米，方向180°。由墓道、甬道和墓室三部分组成（图2-81）。

墓道：竖井墓道位于墓室南部。口部平面形状近正方形，壁近直，坡底。口部长0.7、宽0.7、残深1.1～1.4米。

甬道：位于墓道与墓室之间。底部平面形状呈横长方形，壁近直，坡底。长1.3、宽1.6～1.84、残深1.4～1.74米。甬道西壁残存少量壁砖，为纵向错缝平铺。砖长32、宽17、厚5厘米。

墓室：砖砌墓室位于墓道北部，最北端被前期施工破坏。墓室建造于土圹之中，土圹呈多边形，壁近直，平底。南北残长3.68、东西宽1.84～3.4、残深1.74米。由于盗扰严重，只有墓室西南角残存少量壁砖，不甚规整，内壁抹有白灰，似有壁画，模糊不清。残存壁砖高0.48、宽0.64米，壁砖规格与甬道处一致。

填土：由于盗扰严重，墓室和墓道内填土较乱，为褐色杂土，带有黄斑，土质较软，结构疏松，包含有少量碎砖块。

葬具：不详。

葬式、性别及年龄：墓葬被盗严重，未见人骨，故其葬式、性别及年龄不详。

2. 随葬品

未发现随葬品。

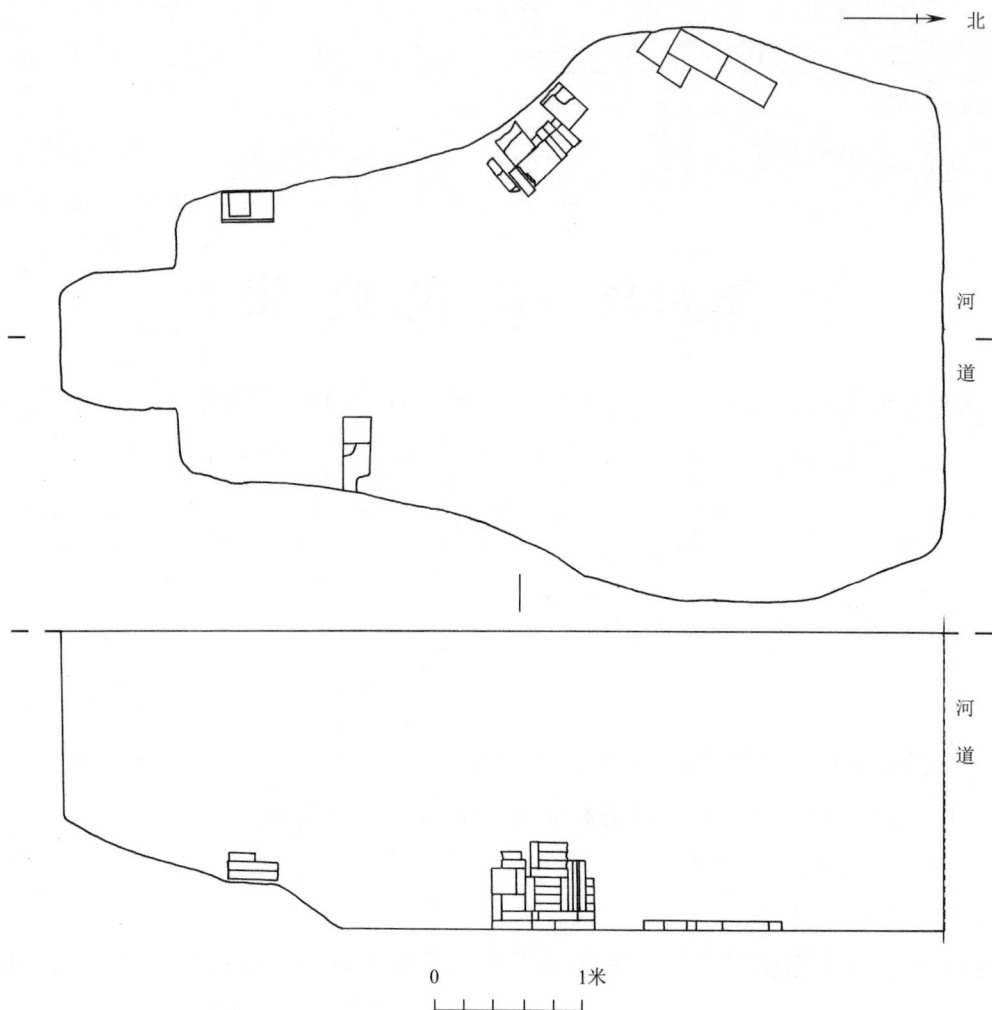

图2-81　M3平、剖面图

二、M6

1. 墓葬概况

位于2012XXST1405东南部。开口于②层下，向下打破生土，口部距地表0.43米，方向180°。由墓道和墓室两部分组成（图2-82）。

墓道：竖井墓道位于墓室南部。口部平面形状略呈方形，直壁，坡底。长1.03、宽0.8～1.08、残深0.4～1.15米。

墓室：砖砌墓室位于墓道北部。墓室建于土圹之中，土圹底部平面形状呈多边形，壁近直，平底，底部略低于墓道。南北长4.47、东西宽1.08～3.04、残深1.55米。由于盗扰严重，墓底只残存部分铺地砖，散乱无序。其中完整者长34、宽16、厚5厘米。

填土：由于盗扰严重，墓室和墓道内填土较乱，为褐色杂土，带有黄斑，土质较软，结构疏松，包含有少量碎砖块。

葬具：不详。

葬式、性别及年龄：由于被盗严重，未见人骨。

2. 随葬品

未发现随葬品。

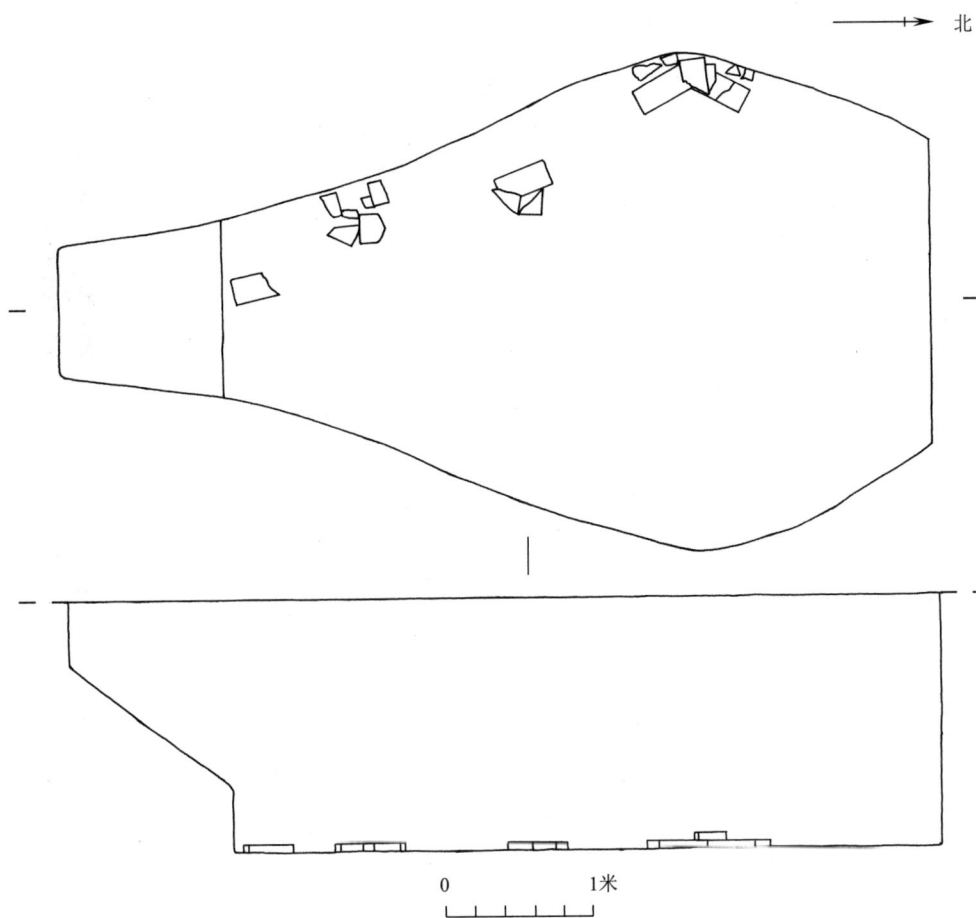

图2-82 M6平、剖面图

三、M7

1. 墓葬概况

位于2012XXST1305南部和2012XXST1304北部，开口于②层下，向下打破生土，口部距地

表0.8米，方向180°。由墓道和墓室两部分组成（图2-83）。

墓道：竖井墓道位于墓室南部。口部平面形状呈梯形，直壁，平底。南北长1、东西宽0.6～1.4、残深0.4米。

墓室：砖砌墓室位于墓道北部。墓室建于土圹之中，底部平面形状近椭圆形，直壁，平底。口径2.4～2.56、残深0.4米。墓室南部残存四块较完整的壁砖，长34、宽16、厚5厘米。

填土：由于盗扰严重，墓室和墓道内填土较乱，为褐色杂土，带有黄斑，土质较软，结构疏松，包含有少量碎砖块。

葬具：不详。

葬式、性别及年龄：由于盗扰严重，未见人骨。

2. 随葬品

未发现随葬品。

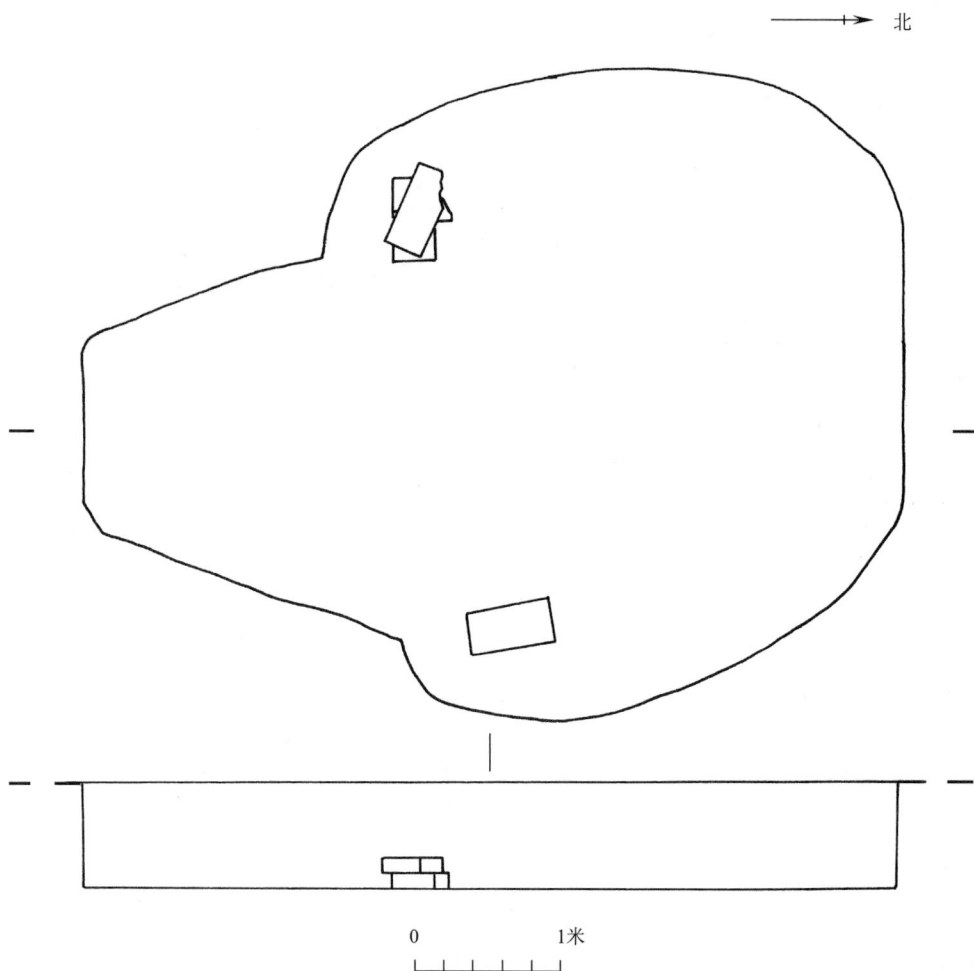

图2-83　M7平、剖面图

四、M10

1. 墓葬概况

位于2012XXST1405西部，开口于②层下，向下打破生土，口部距地表0.65米，方向180°。由墓道和墓室两部分组成（图2-84）。

墓道：竖井墓道位于墓室南部。口部平面形状呈梯形，直壁，底部微斜。南北长1.2、东西宽0.8～1.32、残深0.2～0.4米。

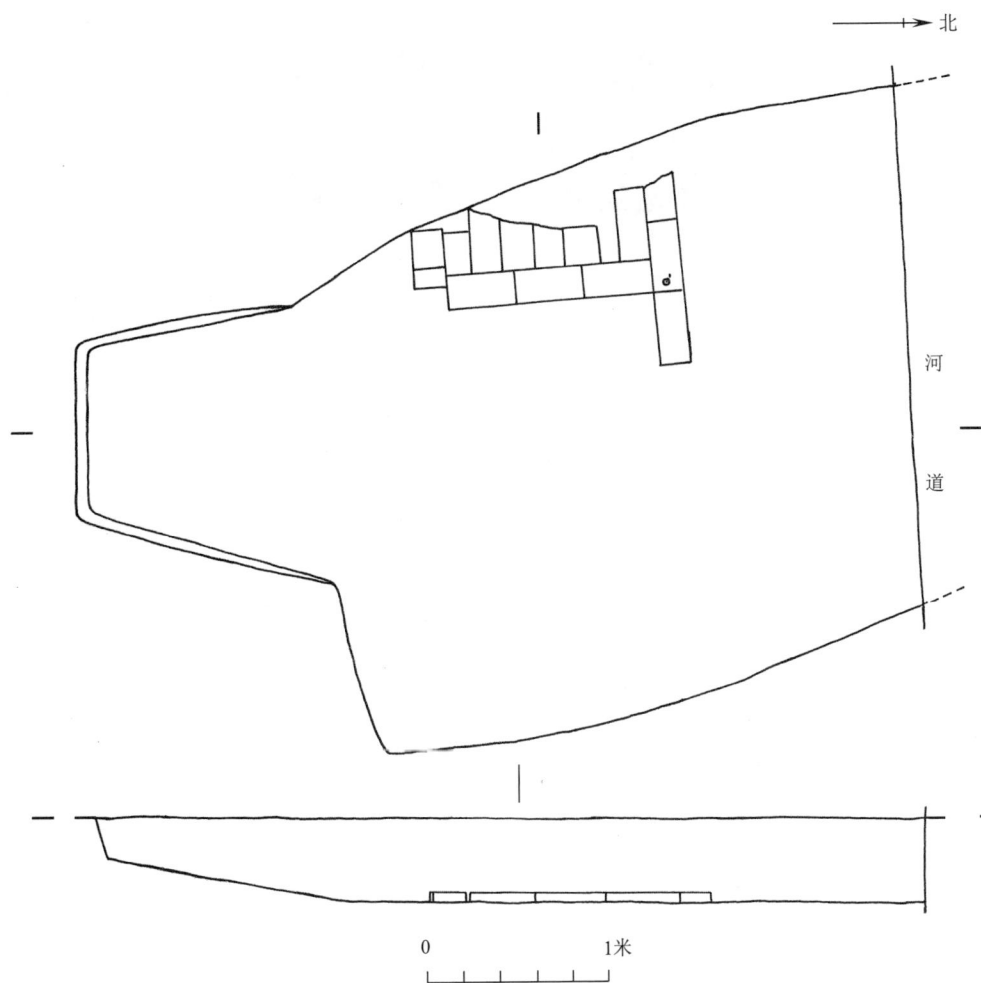

图2-84　M10平、剖面图

墓室：砖砌墓室位于墓道北部，北部被前期施工破坏。墓室建于土圹之中，土圹底部平面形状近长方形，直壁、平底。南北残长2.76～3.1、东西宽2.2～2.46、残深0.4米。墓室西部残存部分铺地砖，一部分为纵向平铺，另一部分为横向平铺。铺地砖有两种规格，一类长34、宽

15、厚5厘米；另一类长36、宽16、厚5厘米。

填土：由于盗扰严重，墓室和墓道内填土较乱，为褐色杂土，带有黄斑，土质较软，结构疏松，包含有少量碎砖块。

葬具：不详。

葬式、性别及年龄：由于盗扰严重，未见人骨。

2. 随葬品

铜钱　1枚，圆形方穿，正、背面均有内外郭，钱文"开元通宝"。钱径2.45、穿长1.7、厚0.1厘米，重3克（图2-85）。

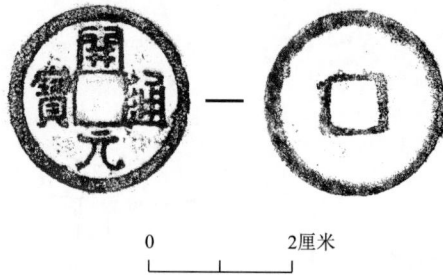

图2-85　M10出土铜钱拓本（M10∶1）

第五章　时代不详墓葬

发现3座，即M5、M8、M15。现分述如下。

一、M5

1. 墓葬概况

位于2012XXST1405东南部。开口于②层下，向下打破生土，口部距地表0.56米，方向180°（图2-86）。

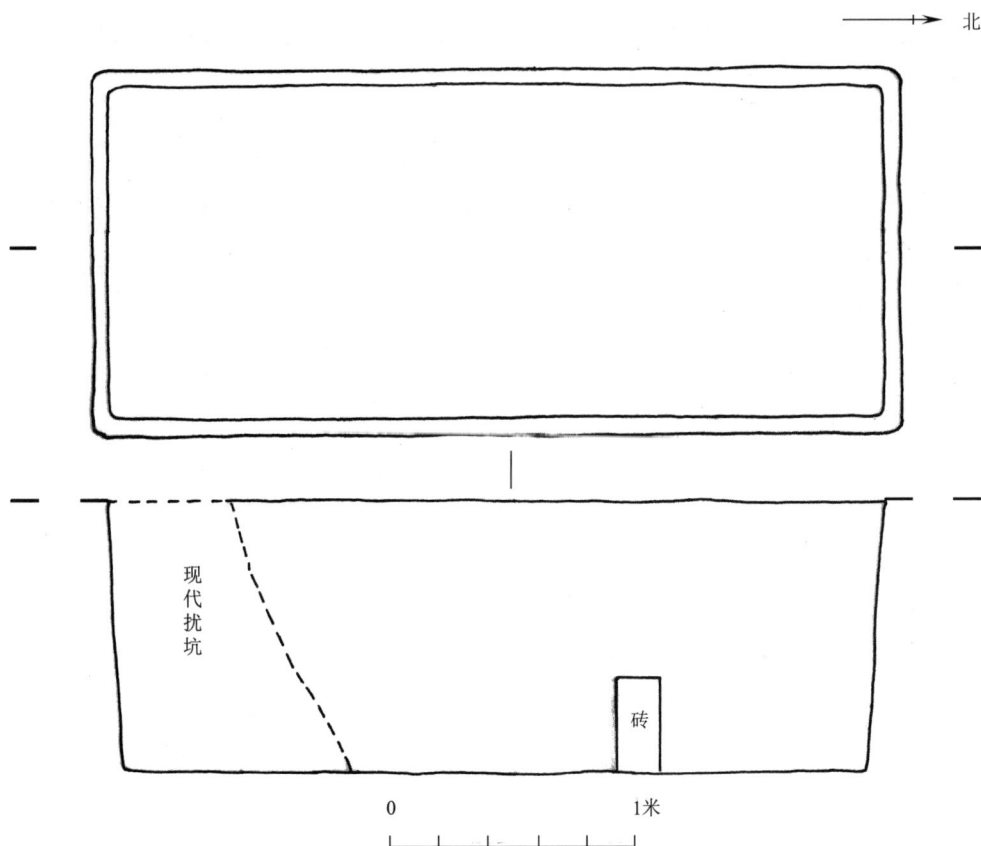

图2-86　M5平、剖面图

墓葬形制：该墓为长方形竖穴土坑墓，口部平面形状呈长方形，口大底小，直壁微斜，平底。长3.02、宽1.32、深1米。墓圹东壁下嵌有长方形青砖一块，长32、宽15、厚5厘米。

填土：由于盗扰严重，填土较乱，为褐色杂土，带有黄斑，土质较软，结构疏松，包含有少量料姜石颗粒。

葬具：不详。

葬式、性别及年龄：由于盗扰严重，未见人骨。

2. 随葬品

未发现随葬品。

二、M8

1. 墓葬概况

位于2012XXST1304东部偏南，开口于②层下，向下打破生土，口部距地表0.8米，方向270°（图2-87）。

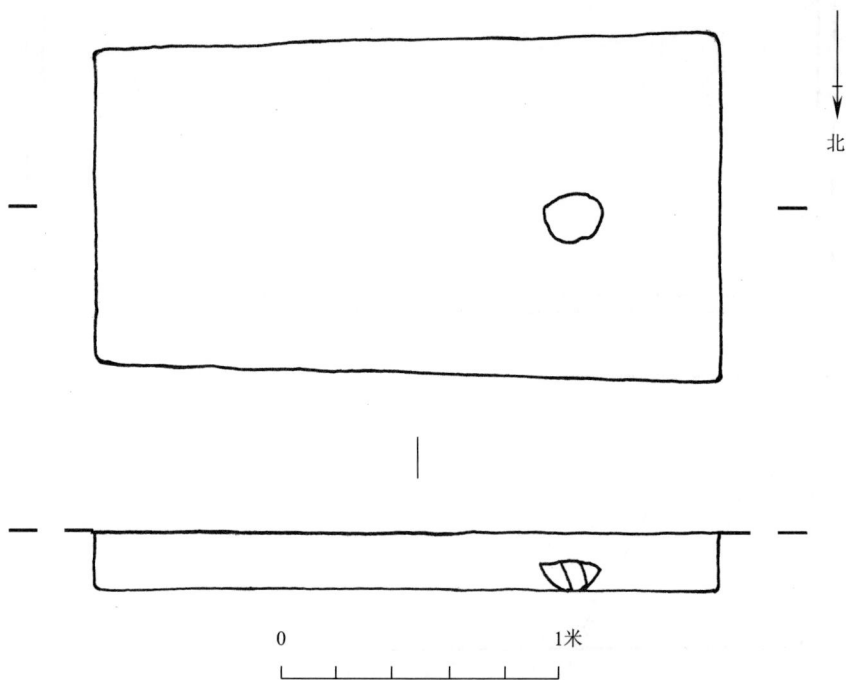

图2-87　M8平、剖面图

墓葬形制：该墓为长方形竖穴土坑墓。口部平面形状呈长方形，直壁，平底。长2.3、宽1.2、残深0.2米。

填土：由于破坏严重，填土较乱，为褐色杂土，带有黄斑，土质较软，结构疏松，包含有少量料姜石颗粒。

葬具：不详。

葬式、性别及年龄：墓葬被盗严重，仅在墓室西部发现人头骨一个。性别及年龄等不详。

2. 随葬品

未发现随葬品。

三、M15

1. 墓葬概况

位于2012XXST1003东北部和2012XXST1103西北部，开口于②层下，向下打破生土，口部距地表0.6米，方向0°（图2-88）。

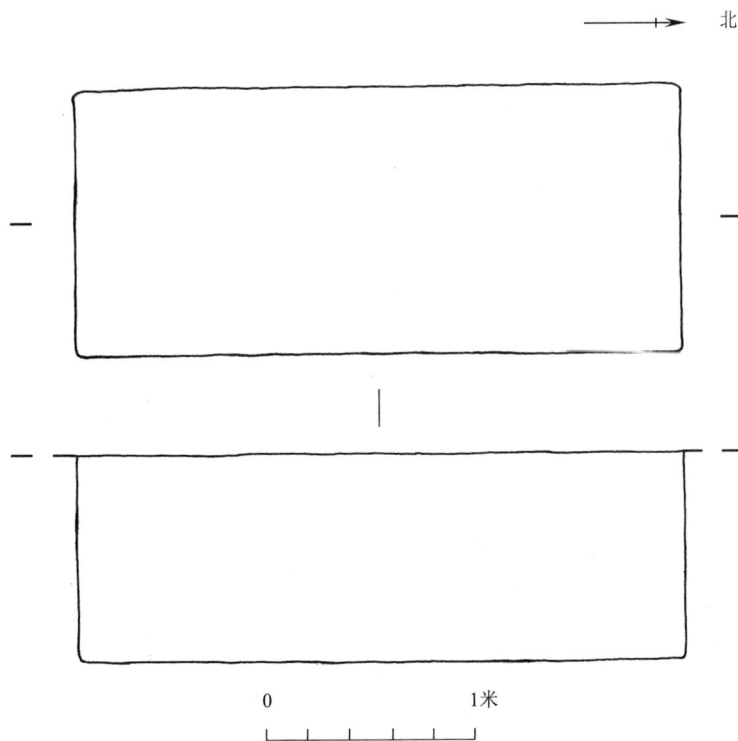

图2-88　M15平、剖面图

墓葬形制：该墓为长方形竖穴土坑墓，口部平面形状呈长方形，直壁，平底。长3、宽1.28、深1米。

填土：由于盗扰，墓内填土较乱，主要为褐色杂土，土质较软，结构疏松。

葬具：不详。

葬式、性别及年龄：由于盗扰严重，未见人骨。

2. 随葬品

未发现随葬品。

第六章 结 语

　　十王墓地共发现各时期遗迹42处，其中灰坑7个、灰沟1条、墓葬34座。时代自新石器时代至宋代，同时出土了一批重要遗物。

1. 关于新石器时代遗存的认识

　　本次发掘清理的灰坑、灰沟集中于发掘区的西部，灰坑平面形状大部分为圆形和椭圆形，另有一座不规则形，灰沟也为不规则形。由于原始地层遭到破坏，现存遗迹均开口于扰土层下。圆形灰坑有H3、H5、H6，均口小底大，呈袋状，坑壁经过整修较规整，底部平坦，H3、H6坑壁均有圆形柱洞，从形状结构看应是当时储物窖藏废弃后所形成；椭圆形坑有H1、H2、H4，口大底小或直壁平底，底较平坦；不规则形的有H7，斜壁不规整，底不甚平坦；H1、H2、H4、H5、H7应该均为当时垃圾坑或自然坑（沟）废弃后所形成。这次所清理灰坑出土遗物大部分为陶片，完整及可复原器物较少，陶色主要为灰陶，可分为泥质和夹砂两种，其中以泥质陶为大宗，夹砂陶次之，前者以灰陶为主，另有较多的黑皮陶，红陶相对较少；后者仍以灰陶为主，红陶次之，黑皮陶最少有一部分遗物陶土经过淘洗，纯净细腻，胎质较硬，陶胎较薄。器型主要有折沿罐、敛口钵、敛口盆，另外有碗、纺轮、豆、鼎足等，多见平底器和三足器，另外还有圈足器；器表装饰简单，多为素面，另有绳纹、弦纹、附加堆纹、磨光等，彩陶均红衣黑彩，有细线网格状纹饰，也见宽窄不一的带状纹饰。

　　从出土遗物的特征来看，十王墓地发现的新石器时代遗存的年代应为仰韶文化晚期。至于其文化类型，从以往学者研究的结果来看，应属仰韶文化大河村类型[①]，研究者对该类型的文化特征已作出较为精辟的总结，"该类型的陶器以素面为大宗，部分器表磨光。纹饰以弦纹、附加堆纹、绳纹和篮纹多见，较早时期前两者所占比例较大，较晚时期后两者比例显著增加而成为主要纹饰，此外还见有极少量的方格纹。彩陶数量较多，均为单彩，不见复合彩，以红彩居多，黑彩较少；有少量红衣彩陶，而白衣彩陶已经绝迹；花纹图案主要有网格纹、平行线纹、水波纹、禾苗纹、重叠八字形纹、⌒X纹和变形索纹等。陶器群中鼎的数量较多，可分为罐形鼎、盆形鼎、折腹鼎等不同的形制；豆、盆以折腹者较为常见；尖底瓶已基本消失，而口外带鹰嘴形突饰的大

[①] 仰韶文化大河村类型指以大河村第四期为代表的一类遗存，由阎村类型直接发展而来的。详靳松安：《河洛与海岱地区考古学文化的交流与融合》，科学出版社，2006年。

口尖底缸却较为盛行；深折腹彩陶盆、尊形甑、管状流罐形盉等是该类型所特有的器物。此外，较晚时期还见有来自于东方大汶口文化的背壶、宽肩壶、圈足尊、平底尊、浅盘豆和来自于南方屈家岭文化的高圈足杯、尖底锅等，表明其在这一时期曾受到了周邻文化的较强影响。"十王墓地发现的新石器时代遗存的整体特征与仰韶文化大河村类型文化特征较为一致。此外从出土器物的具体器形亦可证明，如H3出土的彩陶罐（H3：8）无论从器形还是纹饰的装饰风格，和大河村[①]出土的同类器（T54⑤：16）极为近似，G1①层出土的鼎足（G1①：3）和江汉地区的屈家岭文化同类器较为一致，表明此类型确实受到周临文化的影响。

2. 关于汉代遗存的认识

十王墓地古墓葬分布范围较广，虽然发掘的墓葬盗扰严重，但墓葬形制保存基本完整。其中发现汉代墓葬共27座，平面形状主要有长方形、"凸"字形和"刀"形三类。长方形竖穴墓共11座，又分长方形竖穴土坑墓和长方形竖穴空心砖室墓，其中长方形竖穴土坑墓有M11、M21、M23、M24、M26、M27、M28、M30共8座，直壁或斜壁，平底；长方形竖穴空心砖室墓有M1、M12、M25共3座，均为直壁平底，土圹底部用空心砖垒砌墓室。"凸"字形墓共6座，又分砖室墓和土洞墓，墓道则分为斜坡墓道和竖穴墓道两种，其中砖室墓有M4、M20、M29、M31、M34共5座，砖室一般呈长方形或椭圆形，用长方形青灰砖垒砌；土洞墓只有M9一座，土洞结构，洞顶已完全破坏，残存洞室内也盗扰一空。"刀"形墓共10座，也分砖室墓和土洞墓，均有斜坡墓道或竖穴墓道，其中砖室墓有M13、M18、M33共3座，墓室均呈长方形，用长方形青灰砖垒砌或铺底；土洞墓有M2、M14、M16、M17、M19、M22、M32共7座，土洞结构，洞室顶已完全破坏，残存洞室呈长方形，直壁平底。

墓地同一时期墓葬基本无打破和叠压现象，因此大多数墓葬当时均应有封土或明显标记。墓葬方向南北向或东西向者居多，大部分墓葬由于盗扰严重，葬具、葬式多不详，个别残存木棺灰痕，多数墓葬人骨保存较差，可辨明葬式者均为仰身直肢，并且多数为单人葬，双人合葬者较少。

汉代墓葬发现的随葬品主要为陶器，另外还有铜器和铁器，其中陶器型有罐、壶、鼎、钫、瓮、盒、杯、匜等，器表以素面为大部，少部分饰有彩绘、绳纹或弦纹等，陶器大部分为冥器，另外还有实用器，如M23清理出的圜底罐，造型规整，器表有烟炱痕迹，或许为实用器；铜器器形有洗、铜镜、带钩等；铁器主要为刀、削、铲、镰等。由于这些墓葬扰乱严重，多数墓葬未出土随葬品；其中M1、M11、M14、M16、M17、M21、M23、M24、M27、M28保存较好，随葬品组合也较完整，最多的随葬品组合有30件（套），少的有2件（套）。

这批墓葬由于盗扰严重，出土遗物不甚丰富，况且没有出土具有明确纪年的遗物，故其时代只能根据墓葬形制结构及出土遗物等进行综合分析，大体可将十王墓地汉代遗存分为两期。

第一期：西汉早期。包括M1、M11、M12、M21、M23、M24、M25、M27、M28。上述墓葬均为长方形竖穴土坑墓或长方形竖穴空心砖室墓，集中分布于发掘区西部，均为单人葬，

---

① 郑州市文物考古研究所：《郑州大河村》，科学出版社，2001年。

方向基本相同，除M25为10°外，余则均为0°；空心砖室墓所用空心砖形制、纹饰基本相同，随葬品大部分均为陶器，每个墓葬均随葬有下腹及底部饰绳纹的直腹圜底罐，陶器组合较完整，其中M1、M24、M27还出土有鼎、壶、杯、匜、盒等仿铜礼器，器型基本一致，表明其时代大体相当。M24出土的陶俑首和西汉早期出土的同类遗物特征一致，另外M27出土有西汉文帝前元五年（前175年）铸行的"半两"钱，因此上述9座墓葬应为西汉文帝前元五年（前175年）前后，时代应为西汉早期。

　　第二期：新莽至东汉早期。包括M2、M4、M9、M13、M14、M16、M17、M18、M19、M20、M22、M26、M29、M30、M31、M32、M33、M34。上述墓葬平面形状分为长方形、"刀"字形和"凸"字形三种，主要分布于发掘区的中部及东部，分布比较分散，盗扰较为严重，除M14、M16、M17扰乱较轻外，其余墓葬多被盗扰一空，个别仅残存少量陶器，出土遗物的特征基本一致。M17出土的星云镜（M17：10）和烧沟汉墓第三型铜镜基本相同[1]，其流行时代在西汉武帝、昭帝时期；M31出土的日光镜（M31：1）和烧沟汉墓第四型第一式同类器几乎一致，其流行的年代在西汉武帝之后至新莽时期。M14出土有铸行于新莽时期的"大泉五十"铜钱，根据《洛阳烧沟汉墓》对"五铢"钱研究的结果，东汉时期"五"字交笔弯曲，"铢"字偏旁的"金"字头部较西汉的大，四点较长，"朱"字头为圆折，中间直笔，两段较细。M14、M17出土的个别铜钱均有上述特征，和烧沟汉墓出土"五铢"钱第三型特征较为近似。从出土陶器特征来看，上述墓葬均出土有束颈鼓腹平底罐，器形相似，表明其时代大体相当。综上所述，上述18座墓葬的年代大体在新莽至东汉早期。

3. 关于汉代以后遗存的认识

　　M3、M6、M7、M10均位于发掘区中部，分布比较集中，带有墓道的平面形状均呈"凸"字形，墓道位于墓室南部，这4座墓葬被盗扰极为严重，砖砌墓室仅残存少量壁砖和铺地砖，基本不见随葬品，根据墓葬形制及分布、长方形青砖的特征等综合推测，这批墓葬的年代大体为宋代。

---

　　① 洛阳区考古发掘队：《洛阳烧沟汉墓》，科学出版社，1959年。凡参考本书者，均不赘注。

附　表

附表一　十王墓地灰坑（沟）统计表

编号	形状	灰坑结构（单位：米）			结构	时代
		口径	底径	深		
H1	椭圆形	1.16～2.22	1～1.65	0.4	口大底小，底部平坦	仰韶文化晚期
H2	椭圆形	1.3～1.84	1.35	0.4	口大底小，底部平坦	仰韶文化晚期
H3	圆形	1.2	1.88	0.9	口小底大，底部平坦	仰韶文化晚期
H4	椭圆形	1.16～1.9	1.16～1.9	0.4	口底一致，底部平坦	仰韶文化晚期
H5	近圆形	1.6	1.78	0.7	口小底大，底部平坦	仰韶文化晚期
H6	圆形	1.08	2	1.1	口小底大，底部平坦	仰韶文化晚期
H7	不规则形	2.25～2.94		1.26～1.5	斜壁不规整，底不平坦	仰韶文化晚期
G1	不规则形	清理长度3.5		1.5	斜壁不规整，圜底不平坦	仰韶文化晚期

附表二　十王墓地墓葬登记表

墓号	层位	方向	形状结构	墓道（单位：米）			墓室（单位：米）			葬式	随葬品	时代
				长	宽	深	长	宽	深			
M1	②层下	0°	长方形竖穴空心砖室墓				4	1.72	2.4	不详	匜2、小壶2、杯2、钫2、大壶2、鼎2、盒2、圈底罐1	西汉早期
M2	②层下	100°	"刀"形竖穴墓道土洞墓	口:3.06 底:3	口:1.15~1.26 底:1~1.05	残1	3	1.78~1.86	残1	不详	无	新莽至东汉早期
M3	②层下	180°	"凸"字形斜坡墓道砖室墓	0.7	0.7	残1.1~1.4	3.68	1.84~3.4	残1.74	不详	无	宋代
M4	②层下	180°	"凸"字形竖穴墓道砖室墓	1.5	1.2~1.58	残0.8	2.84~3.2	2.46~2.9	残0.8	不详	无	新莽至东汉早期
M5	②层下	180°	长方形竖穴土坑墓				3.02	1.32	1	不详	无	不详
M6	②层下	180°	"凸"字形斜坡墓道砖室墓	1.03	0.8~1.08	残0.4~1.15	4.47	1.08~3.04	残1.55	不详	无	宋代
M7	②层下	180°	"凸"字形竖穴墓道砖室墓	1	0.6~1.4	残0.4	2.56	2.4	残0.4	不详	无	宋代
M8	②层下	270°	长方形竖穴土坑墓				2.3	1.2	残0.2	不详	无	不详
M9	②层下	90°	"凸"字形斜坡墓道土洞墓	4	0.8~1.44	残0.8	3.7	1.5	残0.8	不详	无	新莽至东汉早期
M10	②层下	180°	"凸"字形斜坡墓道砖室墓	1.2	0.8~1.32	残0.2~0.4	2.76~3.1	2.2~2.46	残0.4	不详	铜钱1	宋代
M11	②层下	0°	长方形竖穴土坑墓				1.9	0.4~0.43	残0.4	仰身直肢	盘口罐1、圈底罐1	西汉早期
M12	②层下	0°	长方形竖穴空心砖室墓				3.8	1.44	残0.6	不详	无	西汉早期

续表

墓号	层位	方向	形状结构	墓道（单位：米）			墓室（单位：米）			葬式	随葬品	时代
				长	宽	深	长	宽	深			
M13	②层下	275°	"刀"形竖穴墓道砖室墓	残1.7	残1.6	残0.4	3.4	残1.4~2.6	残0.4	不详	无	新莽至东汉早期
M14	②层下	170°	"刀"形斜坡墓道土洞墓	2.84~3.1	1~1.15	残0.7~1.05	4.3~4.8	2.8~3.14	残1.16	不详	盘口罐6、敛口罐5、瓮1、镇墓石1、铁削1、铜钱34	新莽至东汉早期
M15	②层下	0°	长方形竖穴土坑墓				3	1.28	1	不详	无	不详
M16	②层下	90°	"刀"形斜坡墓道土洞墓	4.7	1.12	0~1.8	3.3	1.86~1.92	残1.2	仰身直肢	敛口罐2、盘口罐3、壶1、铜洗1	新莽至东汉早期
M17	②层下	182°	"刀"形竖穴墓道土洞墓	2.9	0.74~0.76	1.7	3.5	2.36~2.62	残1	仰身直肢	盘口罐9、铜镜1、铜带钩1、铜钱14、铁刀2	新莽至东汉早期
M18	②层下	273°	"刀"形斜坡墓道砖室墓	4	1.18	残0.71~1.2	3.6	2.3	残1.2	不详	无	新莽至东汉早期
M19	②层下	180°	"刀"形竖穴墓道土洞墓	0.8	1.24	残0.25	3	1.4	残0.3	仰身直肢	盘口罐2、瓮1、铁刀1、铜带钩1	新莽至东汉早期
M20	②层下	180°	"凸"字形斜坡墓道砖室墓	3	0.72	残0.8	2.9	0.72~1.08	残0.8	不详	无	新莽至东汉早期
M21	②层下	0°	长方形竖穴土坑墓				3	1.4	1.1	仰身直肢	盘口罐1、圜底罐1	西汉早期
M22	②层下	270°	"刀"形竖穴墓道土洞墓	5	1.2	残0.22~1.6	3.6	2.8	残1.6	不详	盘口罐4、铜带钩1、铁釜1	新莽至东汉早期
M23	②层下	0°	长方形竖穴土坑墓				口：3.5 底：2.5	口：2.2~2.38 底：1.2~1.32	2	仰身直肢	盘口罐2、圜底罐2、铁釜1	西汉早期
M24	②层下	0°	长方形竖穴土坑墓				3.8	1.52	1.8	不详	大壶4、小壶2、杯1、圜底罐1、匜1、盒1、鼎2、瓮1、器盖1、人俑首14、铜带钩1	西汉早期

续表

墓号	层位	方向	形状结构	墓道（单位：米）			墓室（单位：米）			葬式	随葬品	时代
				长	宽	深	长	宽	深			
M25	②层下	10°	长方形竖穴空心砖墓				3.1	1.2	1.2	不详	无	西汉早期
M26	②层下	270°	长方形竖穴土坑墓				3.5	1.9	残0.7	不详	盘口罐2	新莽至东汉早期
M27	②层下	0°	长方形竖穴土坑墓				口：2.7 底：2.5	口：1.4 底：1.1	2	仰身直肢	圜底罐1、大壶2、小壶2、鼎2、盒2、铜镜1、铜钱2	西汉早期
M28	②层下	0°	长方形竖穴土坑墓				3.01	1.08	残1	仰身直肢	圜底罐2	西汉早期
M29	②层下	270°	"凸"字形竖穴墓道砖室墓	3.7	0.3	1.2	3.24	1.88	残1.2	不详	敛口罐1、器盖1	新莽至东汉早期
M30	②层下	5°	长方形竖穴土坑墓				口：3.4 底：3.2	口：2.6 底：2.1	2	不详	盘口罐3	新莽至东汉早期
M31	②层下	93°	"凸"字形斜坡墓道砖室墓	5.15	0.8~0.9	残0.5~1.62	3.45	2.37~2.5	残1.62	仰身直肢	盘口罐4、铜镜1、铁削1、铜钱8	新莽至东汉早期
M32	②层下	5°	"刀"形斜坡墓道土洞墓	2.9	0.86~1	残0.25~1.4	2.7	2.5	残1.4	不详	无	新莽至东汉早期
M33	②层下	270°	"刀"形竖穴墓道砖室墓	3	0.88	残1.3	3.2	1.96	残1.3	不详	无	新莽至东汉早期
M34	②层下	2°	"凸"字形竖穴墓道砖室墓	1.58	1.04	残1.4	3.12	1.72~1.79	残1.4	不详	铜钱2	新莽至东汉早期

后　记

　　襄城前顿墓地和许昌十王墓地考古发掘工作的顺利进行，得益于河南省文物局南水北调文物保护办公室、河南省文物考古研究院的大力帮助和支持。许昌市文物考古研究管理所（原许昌市文物工作队）克服重重困难，在时间紧、任务重的情况下，尽力保证一线工作的顺利开展。同时我们也得到了许昌市文物局、襄城县文物管理所、许昌县文物保护管理所、南水北调受水区15号口门、17号口门项目部、襄城县王洛乡政府及前顿村委会、许昌县尚集镇政府及十王村委等单位对我们的配合与帮助，对此我们表示衷心的感谢！在发掘和整理过程中还得到了河南省文物局南水北调文物保护办公室张志清、孔祥珍、董睿，以及河南省文物考古研究院孙新民等先生的帮助，在此一并致谢！

　　考古发掘总负责人为姚军英，参加发掘人员主要有文春峰、赵广杰、段志强、李耀峰、胡亚军等；摄影赵广杰；安保邸玉金；测绘王书安；后期资料整理赵广杰、段志强、李耀峰、胡亚军等。

许昌市文物考古研究管理所

2014年5月

1. 发掘前全景

2. 勘探场景

前顿墓地发掘前及勘探场景

1. 发掘场景

2. 发掘场景

前顿墓地发掘场景

1. 发掘场景

2. 工作场景

前顿墓地发掘现场及工作场景

1. 十王墓地地貌

2. 许昌文物局领导视察工作

十王墓地概况

1. T2808墓葬分布

2. 工作现场

十王墓地概况

1. M1全景

2. M11全景

3. M14随葬器物

十王墓地M1、M11全景及M14随葬器物

1. M15全景

2. M16全景

3. M17全景

4. M19全景

前顿墓地M15、M16、M17及M19全景

1. M21全景

2. M22全景

3. M23全景

4. M24全景

前顿墓地M21、M22、M23及M24全景

1. M26全景

2. M27全景

3. M28全景

4. M29全景

前顿墓地M26、M27、M28及M29全景

1. 瓷瓶 (M2：2)

2. 铜钱 (M3：1)

3. 陶俑 (M6：1)

4. 陶灶 (M6：3)

5. 陶圈厕 (M6：2)

6. 陶圈厕 (M6：2)

前顿墓地M2、M3、M6出土遗物

1.陶博山炉 (M6：4)

2.陶盘 (M6：5)

3.陶鸡 (M6：6)

4.铜钱 (M6：7)

5.陶猪 (M6：8)

6.陶狗 (M6：9)

前顿墓地M6出土遗物

1. 铜钱 (M7：1)

2. 铁犁铧 (M7：2)

3. 瓷碗 (M13：1)

4. 瓷碗 (M13：2)

5. 陶豆 (M15：1)

6. 陶豆 (M15：2)

前顿墓地M7、M13、M15出土遗物

1. 陶壶圈足 (M15：3)

2. 陶壶圈足 (M15：4)

3. 陶敦 (M15：5)

4. 陶敦 (M15：6)

5. 陶匜 (M15：7)

6. 陶匜 (M15：8)

前顿墓地M15出土遗物

1. 陶匜 (M20：1)

2. 陶豆 (M20：2)

3. 陶豆 (M20：3)

4. 陶壶盖 (M20：4)

5. 陶壶盖 (M20：5)

6. 陶壶 (M22：1)

前顿墓地M20、M22出土遗物

1. 陶豆 (M22：2)

2. 陶匜 (M22：3)

3. 陶鼎盖 (M22：4)

4. 陶鼎盖 (M22：5)

5. 陶壶 (M23：1)

6. 陶壶 (M23：2)

前顿墓地M22、M23出土遗物

1. 陶壶 (M24：1)

2. 陶盂 (M24：2)

3. 陶豆 (M26：1)

4. 陶豆 (M26：2)

5. 陶鼎盖 (M27：1)

6. 陶豆 (M27：2)

前顿墓地M24、M26、M27出土遗物

1. 陶敦 (M27：3)

2. 陶壶底部 (M27：4)

3. 陶鼎 (M28：1)

4. 陶鼎 (M28：2)

5. 陶壶 (M28：3)

6. 陶豆 (M28：4)

前顿墓地M27、M28出土遗物

1. 陶匜 (M28：5)

2. 陶豆 (M28：6)

3. 陶豆 (M29：1)

4. 陶匜 (M29：2)

5. 陶敦 (M29：3)

6. 陶高柄壶 (M29：4)

前顿墓地M28、M29出土遗物

1. 铜环 (M29：5)

2. 铜钱 (M30：1)

3. 陶器盖 (M32：1)

4. 陶匜 (M32：2)

5. 陶鼎 (M32：3)

6. 陶盂 (M32：4)

前顿墓地M29、M30、M32出土遗物

1. 陶豆（M42：1）

2. 陶敦（M42：2）

3. 陶壶（M42：3）

4. 陶鼎（M43：1）

5. 陶鼎（M43：2）

6. 陶豆（M43：3）

前顿墓地M42、M43出土遗物

1. 陶豆 (M43：4)

2. 陶壶圈足 (M43：5)

3. 陶壶盖 (M43：6)

4. 陶壶盖 (M43：7)

5. 陶高柄壶 (M43：8)

6. 陶敦 (M43：9)

前顿墓地M43出土遗物

1. 铜环 (M43：10)

2. 铜铃 (M43：11)

3. 蚌饰 (M43：12)

4. 陶豆 (M44：2)

5. 陶盘 (M44：3)

6. 陶器盖 (M44：4)

前顿墓地M43、M44出土遗物

1. 铜钱 (M45：1)

2. 陶耳杯 (M45：2)

3. 陶盘 (M45：3)

4. 陶耳杯 (M45：4)

5. 陶耳杯 (M45：5)

6. 陶奁 (M45：6)

前顿墓地M45出土遗物

1. M29全景

2. M31全景

3. M31墓砖

十王墓地M29、M31全景及M31墓砖

1. 陶钵 (H3：1)

2. 陶钵 (H3：2)

3. 陶钵 (H3：3)

4. 陶罐 (H3：4)

5. 陶纺轮 (H3：5)

十王墓地H3出土遗物

1. 陶匜 (M1：1)

2. 陶匜 (M1：2)

3. 陶壶 (M1：3)

4. 陶壶 (M1：4)

5. 陶杯 (M1：5)

6. 陶杯 (M1：6)

十王墓地M1出土遗物

1. 陶钫 (M1：7)

2. 陶钫 (M1：8)

3. 陶壶 (M1：9)

4. 陶壶 (M1：10)

5. 陶圜底罐 (M1：11)

6. 陶鼎 (M1：12)

十王墓地M1出土遗物

1. 陶鼎 (M1:13)

2. 陶盒 (M1:14)

3. 陶盒 (M1:15)

4. 陶盘口罐 (M11:1)

5. 陶圜底罐 (M11:2)

6. 陶盘口罐 (M14:1)

十王墓地M1、M11、M14出土遗物

1. 陶盘口罐 (M14：2)

2. 陶敛口罐 (M14：3)

3. 陶敛口罐 (M14：4)

4. 陶敛口罐 (M14：5)

5. 陶盘口罐 (M14：6)

6. 陶盘口罐 (M14：7)

十王墓地M14出土遗物

1. 陶盘口罐 (M14：8)

2. 陶敛口罐 (M14：9)

3. 陶敛口罐 (M14：10)

4. 陶盘口罐 (M14：11)

5. 铜钱 (M14：12)

6. 铜钱 (M14：13)

十王墓地M14出土遗物

1.铁削 (M14：14)

2. 陶瓮 (M14：15)

3. 陶敛口罐 (M16：1)

4. 陶敛口罐 (M16：2)

5. 陶盘口罐 (M16：4)

6. 陶盘口罐 (M16：5)

十王墓地M14、M16出土遗物

1. 陶壶 (M16：6)

2. 陶盘口罐 (M16：7)

3. 陶盘口罐 (M17：1)

4. 陶盘口罐 (M17：2)

5. 陶盘口罐 (M17：3)

6. 陶盘口罐 (M17：4)

十王墓地M16、M17出土遗物

1. 陶盘口罐 (M17：5)

2. 陶盘口罐 (M17：6)

3. 陶盘口罐 (M17：7)

4. 陶盘口罐 (M17：8)

5. 陶盘口罐 (M17：9)

6. 铜镜 (M17：10)

十王墓地M17出土遗物

1. 铜带钩 (M17：11)

2. 铜钱 (M17：12)

3. 铁刀 (M17：13)

4. 铁刀 (M17：14)

5. 陶盘口罐 (M19：1)

十王墓地M17、M19出土遗物

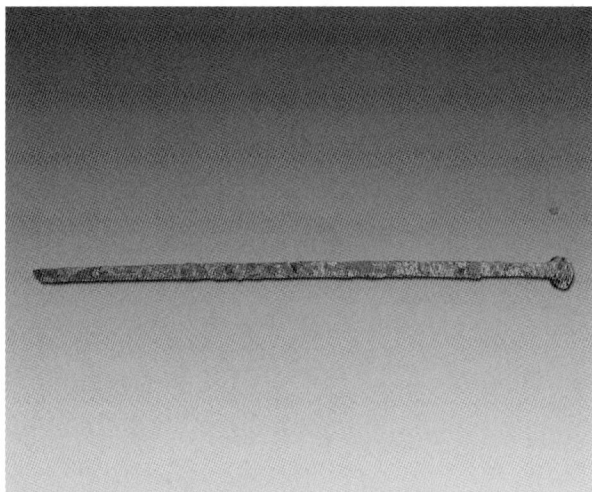
1. 铁刀 (M19：3)

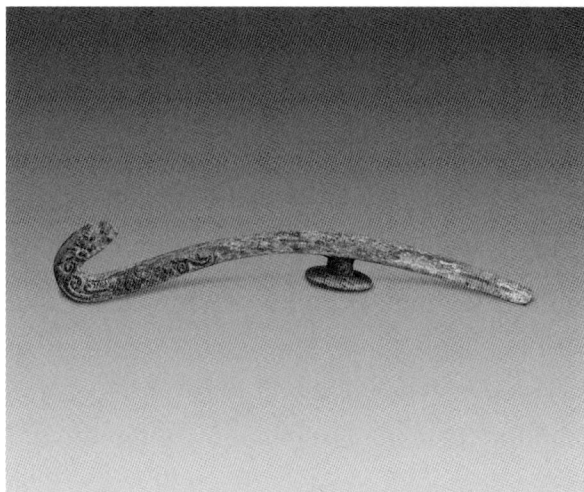
2. 铜带钩 (M19：4)

3. 陶盘口罐 (M21：1)

4. 陶盘口罐 (M21：2)

5. 陶盘口罐 (M22：1)

6. 陶盘口罐 (M22：2)

十王墓地M19、M21、M22出土遗物

1.陶盘口罐 (M22：3)

2.陶盘口罐 (M22：4)

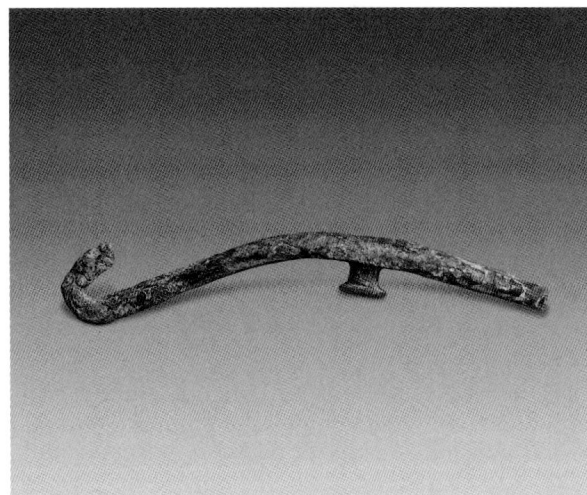

3.铜带钩 (M22：5)

4.铁臿 (M22：6)

5.陶圜底罐 (M23：1)

6.陶圜底罐 (M23：2)

十王墓地M22、M23出土遗物

1. 陶盘口罐 (M23：3)

2. 陶盘口罐 (M23：4)

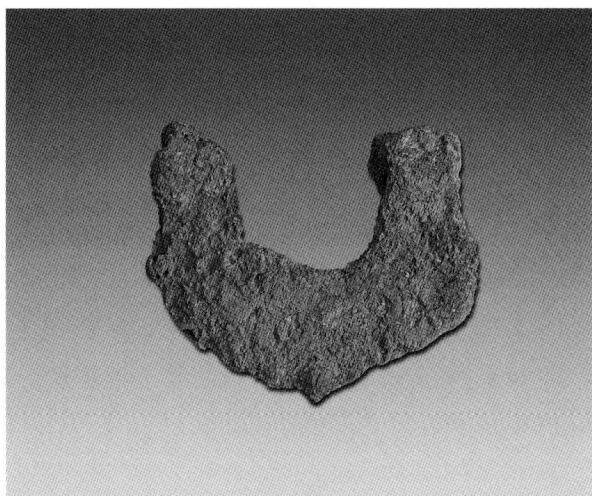

3. 铁甾 (M23：5)

4. 人俑首 (M24：1)

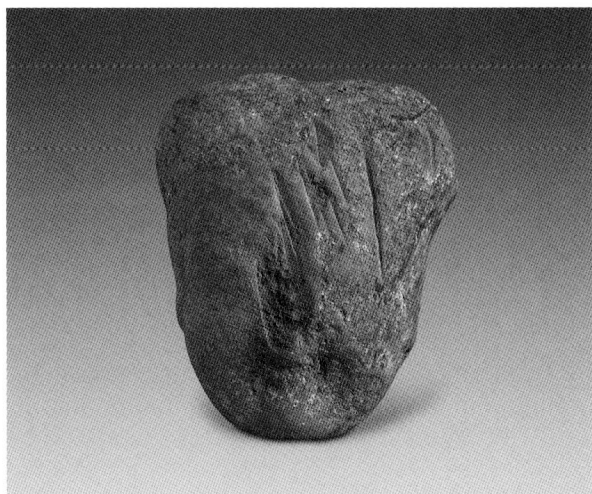

5. 人俑首 (M24：2)

6. 人俑首 (M24：3)

十王墓地M23、M24出土遗物

1. 人俑首 (M24：4)

2. 人俑首 (M24：5)

3. 人俑首 (M24：6)

4. 人俑首 (M24：7)

5. 人俑首 (M24：8)

6. 陶人俑首 (M24：9)

十王墓地M24出土遗物

1. 人俑首 (M24：10)

2. 人俑首 (M24：11)

3. 人俑首 (M24：12)

4. 人俑首 (M24：13)

5. 人俑首 (M24：14)

6. 陶盒盖 (M24：15)

十王墓地M24出土遗物

1. 铜带钩 (M24：16)

2. 陶壶 (M24：18)

3. 陶鼎 (M24：19)

4. 陶壶 (M24：20)

5. 陶壶 (M24：21)

6. 陶杯 (M24：22)

十王墓地M24出土遗物

1.陶匜 (M24：23)

2.陶壶 (M24：24)

3.陶壶 (M24：25)

4.陶壶 (M24：26)

5.陶圜底罐 (M24：27)

6.陶杯 (M24：28)

十王墓地M24出土遗物

1. 陶盒 (M27：8)

2. 陶盒 (M27：9)

3. 铜镜 (M27：10)

4. 铜钱 (M27：11)

5. 陶圜底罐 (M28：1)

6. 陶圜底罐 (M28：2)

十王墓地M27、M28出土遗物

1. 陶敛口罐 (M29：1)

2. 陶器盖 (M29：2)

3. 陶盘口罐 (M30：1)

4. 陶盘口罐 (M30：2)

5. 陶盘口罐 (M30：3)

6. 陶盘口罐 (M31：1)

十王墓地M29、M30、M31出土遗物

1. 陶盘口罐 (M31：2)

2. 陶盘口罐 (M31：3)

3. 铜镜 (M31：5)

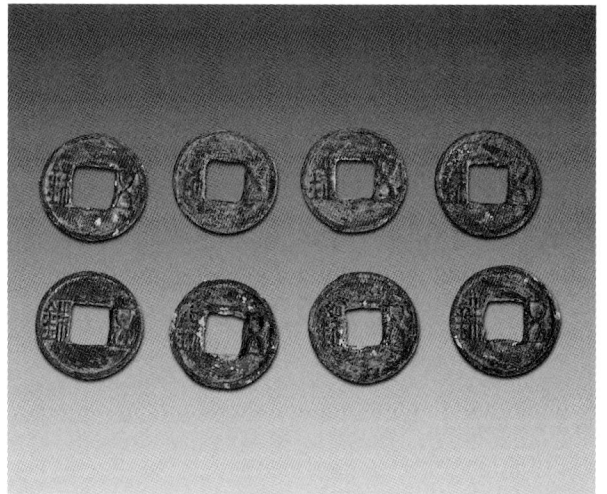

4. 铜钱 (M31：6)

5. 陶盘口罐 (M31：7)

6. 铜钱 (M34：1)

十王墓地M31、M37出土遗物